DISZIPLIN, RESPEKT
UND GUTE NOTEN

Detlef Träbert

DISZIPLIN, RESPEKT UND GUTE NOTEN

Erfolgreiche Schüler
brauchen klare Erwachsene

Von Detlef Träbert erschienen bereits im Beltz Verlag: »Wenn es mit dem Lernen nicht klappt. Schluss mit Schulproblemen und Familienstress« (2009, gemeinsam mit Jochen Klein) und »Null Bock auf Lernen? So fördern Eltern die schulische Leistung ihrer Kinder« (2010).

Dieses Buch ist auch als E-Book erhältlich
(ISBN 978-3-407-22477-4)

www.beltz.de

1. Auflage 2012

Alle Rechte der deutschsprachigen Ausgabe
© 2012 Beltz Verlag, Weinheim und Basel
Umschlaggestaltung: www.stefanielevers.de (Gestaltung),
www.stephanengelke.de (Beratung)
Umschlagabbildung: © plainpicture/Birgid Allig
Herstellung: Nancy Püschel
Druck und Bindung: Beltz Druckpartner GmbH & Co.KG, Hemsbach
Printed in Germany

ISBN 978-3-407-85945-7

Inhalt

VERSTÄNDIGUNG ÜBER DIE BEGRIFFE

PRAKTISCHE ANREGUNGEN FÜR ERZIEHUNG UND UNTERRICHT

TEIL III

MEHR MENSCHLICHKEIT IN SCHULE UND GESELLSCHAFT

Einleitung

Dies ist ein Schubs-Buch. Schubs ist zum einen der Name meiner Einrichtung, mit der ich Beratung im Bildungsbereich u. a. in Buchform leiste – eine Abkürzung für »Schulberatungsservice«. Zum anderen bedeutet Schubs für mich, Anstöße zu geben, auf den Weg zu bringen und (kinetische) Energie weiterzugeben. Im Rahmen meiner Schubs-Tätigkeit habe ich in Gesprächen, bei Vorträgen und Fortbildungen immer wieder erlebt, wie verunsichert Eltern und auch Lehrerinnen und Lehrer heutzutage sind. Verunsicherung ist meinem Eindruck nach die vorherrschende Gemütslage bei Erwachsenen, die als Eltern oder auch professionell mit Kindern zu tun haben. Es ist ja auch nicht einfach, in einer ungeheuer schnell und komplex gewordenen Welt die nahezu ins Unermessliche gestiegenen Ansprüche an perfektes Erziehen und das erfolgreiche Gestalten von Bildungsprozessen zu erfüllen. Aber Unsicherheit unter Erwachsenen ist das Gegenteil jener Klarheit, die Kinder und Jugendliche von uns brauchen.

Die Idee zu diesem Buch ist über lange Zeit hinweg gewachsen. Gekeimt ist sie aus zahlreichen Erlebnissen und Erfahrungen wie diesen beiden: Eine Mutter fragt mich am Rande eines Vortrags, wie sie ihrem Kind *rasch* zu mehr Frustrationstoleranz verhelfen könne. – Ein Gymnasiallehrer erwartet, von einer dreistündigen kollegiumsinternen Fortbildung das konkrete Handwerkszeug zu erhalten, damit seine Achtklässler ab morgen endlich wie gewünscht funktionieren und er sich aufs Unterrichten konzentrieren könne.

Pädagogik wäre so schön einfach, wenn die Kinder nicht wären …

Ihre Lebendigkeit, ihr Eigensinn, ihre Kreativität stehen unseren erzieherischen Plänen immer wieder im Weg. Kein Wunder, dass die Fragen nach Verbesserung ihrer Disziplin, nach mehr Respekt von ihrer Seite und nach Möglichkeiten zur Verbesserung ihrer Schulleistungen (und damit ihrer Karrierechancen) im Mittelpunkt der Anliegen an meine Schubs-Arbeit stehen.

Schubs-Buch bedeutet auch, dass es zwar Anstöße, aber keine fertigen Rezepte bietet, die man nur anzuwenden braucht. Zahlreiche Bücher und Seminare versprechen sie zwar, doch könnten sie diese Versprechen tatsächlich einlösen, gäbe es die Sehnsucht nach den Rezepten nicht mehr. Sie wären nämlich in Windeseile flächendeckend verbreitet, die erfolgreichen Autoren und Seminaranbieter wären steinreich und Eltern wie Lehrer zufrieden. Damit scheint mir empirisch nachgewiesen, dass es die gewünschten Rezepte nicht geben *kann*. Was dieses Buch jedoch leistet, ist eine Orientierungshilfe für die Suche nach dem eigenen Weg samt den Anstößen, um sich auf selbigen zu machen.

Die letzte Strophe des vielleicht bekanntesten Liedes von Bettina Wegner, »Kinder«, lautet:

»Gerade, klare Menschen
wär'n ein schönes Ziel.
Leute ohne Rückgrat
hab'n wir schon zu viel.«

Wir haben zu viele Erwachsene ohne Rückgrat, meint die Liedermacherin. Sollen sich wenigstens in der jetzt heranwachsenden Generation möglichst viele zu geraden und klaren Menschen entwickeln, erfordert das gerade, klare Erwachsene; fordert es uns heraus, uns klar darüber zu werden, wie wir mit Kindern und Jugendlichen umgehen wollen, damit sie in dieser Welt sowohl eine gute Gegenwart als auch eine gute Zukunftsperspektive haben. Wir können sie nicht diszipliniert, respektvoll und erfolgreich »machen«. Wir können aber versuchen, so zu sein, wie wir sie uns wünschen, und wir können gute Beziehungen zu ihnen gestalten, damit sie uns nacheifern und unsere Anregungen aufgreifen wollen.

Über *Disziplin* wird heute vielfach und vehement diskutiert. Entsprechende Bücher, ob die Streitschrift »Lob der Disziplin« (BUEB 2006), »Warum unsere Kinder Tyrannen werden« (WINTERHOFF 2008) oder »Die Mutter des Erfolgs. Wie ich meinen Kindern das Siegen beibrachte« (CHUA 2011), erreichten enorm hohe Auflagen und wurden in allen Medien ausführlich vorgestellt. Doku-Soaps wie die (inzwischen glücklicherweise eingestellte) »Super-Nanny« erzielten hohe Einschaltquoten mit ihrem Konzept, Kinder mit unangepasstem Verhalten vorzuführen und zu zeigen, wie Eltern aus ihnen brave Kinder machen können.

Doch es geht nicht nur um angepasstes Verhalten in der aktuellen Disziplindiskussion, sondern auch – und vielleicht sogar mehr noch – um Leistung und Erfolg. Mit dem Untertitel »Wie ich meinen Kindern das Siegen beibrachte« macht die aus China stammende amerikanische Hochschullehrerin und Autorin Amy Chua ihre Intention deutlich: Ihre Töchter sollten sich gegen andere durchsetzen und besser sein. Sie hatte eine Karriere als Musikerinnen für sie im Kopf. Diesem Plan musste sich alles unterordnen. Die »Tigermutter« scheute auch nicht vor drakonischsten Erziehungsmaßnahmen zurück, die in Deutschland nach den Bestimmungen unseres Bürgerlichen Gesetzbuches strafbar wären.

In der Verlagswerbung zu »Warum unsere Kinder Tyrannen werden« des Bonner Kinder- und Jugendpsychiaters Michael Winterhoff heißt es: »Sind unsere Kinder überhaupt noch zukunftsfähig?« Und weiter: »Kleinkinder außer Rand und Band, Zehnjährige, für die Respekt vor Eltern und Lehrern ein Fremdwort ist, 17-Jährige, die nicht mehr arbeitsfähig sind – Kinder an die Macht?« Und das Folgebuch »Tyrannen müssen nicht sein« (WINTERHOFF 2009) verspricht, aufzuzeigen, wie »aus Kindern psychisch gesunde Kinder werden, *die unsere Gesellschaft tragen können*« (Hervorhebung: D. T.).

Da klingt eine Sorge an, die mich an den folgendem Wortlaut erinnert: »Die heutige Jugend ist von Grund auf verdorben, sie ist böse, gottlos und faul. Sie wird niemals so sein wie die Jugend vorher, und es wird ihr niemals gelingen, unsere Kultur zu erhalten.«

Dieses Zitat stammt weder aus diesem noch aus einem der letzten Jahrhunderte, sondern fand sich auf einer babylonischen Tontafel, die mindestens 3.000 Jahre alt ist (vgl. GRIESE/MANSEL 2003, S. 170). Es ist eines der ältesten Zeugnisse für ein Phänomen, das jeder von uns aus seiner eigenen Jugendzeit kennt: Die Erwachsenen jeglicher Generation sind überzeugt davon, dass die Jugend von heute schlechter ist, als sie selbst es in ihrer Jugend waren. Offensichtlich existiert diese Überzeugung, seit Menschen in der Lage sind, über sich selbst zu reflektieren. Auch wir gehören also einer Generation an, die als Jugendliche heftig kritisiert wurde – eine beruhigende Einsicht, die uns hoffentlich hilft, gelassen mit dem Thema umzugehen.

Das Stichwort *Respekt* scheint nahe dran zu sein am Disziplinthema. Disziplin- und Respektlosigkeit werden oft in einen Topf geworfen, und ohne Disziplin und Respekt werden unsere Kinder schwerlich Erfolg in der Schule wie auch später im Berufsleben ernten. Aber ist es so einfach? Haben wir denn den richtigen Maßstab, um mangelnden Respekt heutiger Jugendlicher als Defizit zu werten?

Im ersten Teil des Buches schauen wir uns in drei Kapiteln die Begriffe Disziplin, Respekt und gute Noten genauer an und versuchen, zu einem besseren Verständnis zu kommen. Auf dieser Basis gebe ich im zweiten Teil (Kapitel 4-8) praktische Anregungen zur Förderung von Disziplin und Respekt. Wie gesagt – es sind keine Rezepte, sondern Anstöße. Allerdings werden Sie etliche ganz konkrete Vorschläge darunter finden, die im häuslichen Erziehungsalltag wie auch in der praktischen Schularbeit umgesetzt werden können. Ihr Sinn liegt im exemplarischen Aufzeigen von Handlungsmöglichkeiten für klare Erwachsene. Im abschließenden dritten Teil formuliere ich Forderungen für mehr Menschlichkeit in der Schule.

TEIL I

VERSTÄNDIGUNG ÜBER DIE BEGRIFFE

In der demokratisch-pluralistischen
Gesellschaft ist die Forderung nach
Disziplin im Sinne preußischer
Tugenden eine Undiszipliniertheit.

1

Disziplin wie bei den alten Preußen?

Disziplinierung ist kontraproduktiv für Disziplin.

Dass eine jede Gemeinschaft Disziplin braucht, um zu funktionieren, ob es sich um die kleine Gemeinschaft einer Schulklasse oder die große eines Staatswesens handelt, dürfte unumstrittenes Allgemeingut sein. Was aber unter einer solchen funktional sinnvollen Disziplin zu verstehen ist, darüber herrscht durchaus keine Einigkeit. Ein kleines Gedankenexperiment mag dies verdeutlichen. In der folgenden Liste finden Sie eine Reihe von Stichwörtern. Bitte tippen Sie mit geschlossenen Augen darauf und überlegen Sie dann einmal für zwei Minuten, wie es um Ihre persönliche Disziplin in Bezug auf dieses Stichwort bestellt ist.

- Haushaltspflichten (Putzen, Bügeln …)
- Süßigkeiten
- Körperliche Bewegung
- Planvoller Umgang mit der Zeit
- Umgang mit Provokationen
- Einhalten von Versprechen gegenüber Kindern
- Geschwindigkeitsbeschränkungen beim Autofahren
- Fernseh- u. a. Bildschirmkonsum
- Shoppen
- Pünktlichkeit
- Ernährung
- Im Stau auf der Autobahn

Diese Liste von Stichwörtern ist zufällig zusammengestellt; sie könnte kürzer, länger oder ganz anders zusammengestellt sein. Sie können das Gedankenexperiment gerne noch ein wenig fortsetzen und berufsbezogene Verhaltensweisen selbstkritisch unter die Lupe nehmen. In meinen Fortbildungen mit Lehrer/innen frage ich auch nach zeitnahen Korrekturen, Unterrichtsvorbereitung oder Verhalten in der Gesamtlehrerkonferenz.

In einer repräsentativen FORSA-Studie (DPA 2010) monieren 42 Prozent aller Schüler/innen an weiterführenden Schulen bezüglich des Faches Mathematik eine nur unregelmäßige Kontrolle ihrer Hausaufgaben. 71 Prozent beklagen, dass Fehler aus Klassenarbeiten nicht besprochen würden. Als Verbindungslehrer (in manchen Bundesländern auch Vertrauenslehrer genannt) habe ich es oft erlebt, dass Schüler sich über mehrere Wochen lange Wartezeiten bis zur Rückgabe einer Klassenarbeit beklagten. Welche Kraftausdrücke und Beleidigungen manche Lehrperson verwendet, darüber geben Schülerzeitungen und Schüler-Internetforen beredte Auskunft.

Es geht hier nicht um Lehrerschelte. Ich könnte natürlich genauso gut Klagen von Lehrern über Schüler zusammenstellen oder solche von Lehrern über Eltern. Es geht darum, zu erkennen, dass wir alle, jede und jeder von uns, im Alltag in den verschiedensten Situationen und Lebensbereichen mehr oder weniger diszipliniert sind. »Nobody is perfect« – die Redensart trifft zu bis in die höchsten Funktionsbereiche von Politik, Wirtschaft und Gesellschaft. Dabei ist eine Unterscheidung nach »Disziplin« und »Selbstdisziplin« allenfalls theoretischer Natur. Wer sich undiszipliniert ernährt, fällt letztlich über steigende Gesundheitskosten auch der Allgemeinheit zur Last. Die Undiszipliniertheit von zockenden Bankern verursacht in Einzelfällen Milliardenschäden, die von Wirtschaftsbossen kostet Arbeitsplätze. Aber was hat das mit der Disziplin von Schülerinnen und Schülern zu tun?

Was Disziplin heißt

Was Disziplin *nicht* heißt, lässt sich vermutlich leichter beschreiben als das, was sie ist. Schon in der Einleitung zitierte ich eine entsprechende Klage aus dem alten Babylon. Ein anderes und berühmteres Zitat wird Sokrates zugeschrieben:

> *»Die Jugend liebt heute den Luxus,*
> *sie hat schlechte Manieren,*
> *verachtet die Autorität,*
> *hat keinen Respekt vor älteren Leuten*
> *und plaudert, wo sie arbeiten sollte.*
> *Sie verschlingt die Speisen,*
> *legt die Beine übereinander*
> *und tyrannisiert die Eltern«*
> *(zit. n. PREUSS-LAUSITZ 1999, S. 1).*

Das ist 2.400 Jahre her. Eine andere Formulierung lautet:

> *»Die Jugend achtet das Alter nicht mehr,*
> *zeigt bewusst ein ungepflegtes Aussehen,*
> *sinnt auf Umsturz, zeigt keine Lernbereitschaft*
> *und ist ablehnend gegen übernommene Werte«*
> *(zit. n. KELLER 2003, S. 10).*

Was vielen Leuten wie eine Beschreibung der Achtundsechzigerzeit des 20. Jahrhunderts vorkommt, wurde tatsächlich in der Pharaonenzeit vor etwa 3.500 Jahren auf einem altägyptischen Papyrus notiert. Solche Negativbeschreibungen lassen sich also immer wieder finden. Nur helfen sie uns wenig bei der Antwort auf die Frage: Was ist denn nun Disziplin?

Das Wort stammt vom lateinischen Nomen »disciplina« ab und bedeutet zweierlei: erstens Unterricht, Unterweisung, auch Kenntnis und Bildung sowie Unterrichtsfach und Schule; zweitens Erziehung, Zucht, dazu Lebensweise, Ordnung und unter anderem sogar Staatsverfassung. Die erste Bedeutung umfasst weitgehend das, was wir heute als Kompetenz und Struktur bezeichnen; im Ordnungsbegriff der verschiedenen wissenschaftlichen oder sportlichen Disziplinen findet sich dieser Aspekt wieder, auch in den unterschiedlichen »Schulen« eines Fachgebietes, z. B. den verschiedenen Richtungen der Psychoanalyse nach Freud, Jung, Adler usw. Die zweite Bedeutung entspricht vor allem dem Disziplinverständnis, das aus dem alten Preußen überliefert ist: Kriegs- und Manneszucht. Dazu gehört aber auch ein entsprechendes Verständnis der Organisation einer Gemeinschaft.

Angesichts dieser zweifachen Bedeutung ist zu vermuten, dass schon den Römern der Antike ein Zusammenhang zwischen Kompetenz und Können einerseits sowie Zucht andererseits bewusst war. Könnerschaft erwirbt man nicht ohne sie, wie uns jede Leistungssportlerin und jeder professionelle Künstler bestätigen werden. »Wer glaubt, dass nettes Aussehen und ein paar coole Sprüche für den Erfolg ausreichen, hat sich geschnitten. Ausdauer und Disziplin sind gefragt«, hat Schwimm-Champion Franziska van Almsick einmal gesagt. Selbst der nicht gerade als disziplinierter Mensch geltende Fußballer Stefan Effenberg weiß: »Disziplin, das ist der erste Schritt zum Erfolg.« Gerade an seinem Beispiel zeigt sich, dass Disziplin ein normativer Begriff ist: Sie beschreibt die Norm eines Verhaltens in einem ganz bestimmten Kontext. Mag »Effe« sich auch Publikum und Schiedsrichtern gegenüber gelegentlich undiszipliniert verhalten haben, als Sportler hat er sicher diszipliniert trainiert und sich selbst oft genug in Zucht genommen, sich alles abverlangt.

In einem Fernsehinterview wurde der Schauspieler Götz George gefragt, wie er es schaffe, bei Dreharbeiten in einen See mit nur 12 Grad warmem Wasser zu springen. »Das ist halt die Disziplin des Schauspielers«, antwortete er lapidar. Auch Schauspieler nehmen sich in Zucht bei ihrer Arbeit. Sie ordnen sich der Disziplin am Set unter. Entscheidend ist dabei jedoch, dass sie selbst es sind, die diese Unterordnung in dieser Situation bejahen. Gerade von Götz George wissen wir, dass er im Laufe seiner Karriere sehr viele Stunts selber machte und dabei erhebliche Verletzungsrisiken einging. Aber er wollte das – seine Motive dafür spielen hier keine Rolle. Er würde jedoch sicher nicht ohne Sicherung aus dem Fenster im zehnten Stock springen, nur weil ein weltberühmter

Regisseur ihn dazu auffordert. Zu seiner Disziplin als Schauspieler gehört neben einem gesunden Selbsterhaltungstrieb schließlich auch die Verantwortung gegenüber seiner Familie. Der disziplinierte Schauspieler ist nicht unkritisch gehorsam gegenüber der Autorität des Regisseurs, er ist auch nicht total abhängig von ihm oder hörig. Er wägt ab und trifft eine selbstverantwortete Entscheidung. Disziplin ist dann im Spiel, wenn diese Entscheidung bedeutet, innere Strebungen wie Bequemlichkeit oder Unlust zu überwinden.

Wider die preußische Disziplin

In einem Lesebuch für Erstklässler um 1930 stand folgendes Gedicht:

>*»Der Knabe lernt daheim mit Fleiß,*
>*bis ganz genau er alles weiß.*
>*Und dann er gern zur Schule geht*
>*und betet fromm das Schulgebet.*
>
>*Und in der Schule gibt er acht,*
>*dass er dem Lehrer Freude macht,*
>*schreibt seine Aufgab' mäuschenstill,*
>*wie es die Ordnung haben will.«*
>*(zit. nach Jürg RÜEDI 2012, angepasste Rechtschreibung: D. T.)*

Wenn ich Lehrer/innen frage, wie ihnen diese Beschreibung von Schülerdisziplin gefällt, ernte ich teilweise ein sehnsuchtsvolles Seufzen. Es überwiegt jedoch die Meinung, solch ein Unterricht sei zu langweilig, die Kinder seien nicht lebendig genug. Das klingt sympathisch und nach Überwindung veralteter Verhaltensnormen, trifft allerdings noch nicht den Kern einer heutigen Kritik an diesem Verständnis von Disziplin.

Wenn schon im alten Rom »disciplina« die Nebenbedeutung von »Staatsverfassung« hatte, können wir aus der gegenwärtigen Staatsverfassung und den von ihr garantierten Grundwerten auf entsprechend andere Verhaltensnormen und mithin auf ein anderes Disziplinverständnis schließen. Oder wollen wir doch immer noch die preußische Disziplin? Wie oft wird leichthin gesagt, dass es »früher« mehr Disziplin gab! Gerade in meiner Generation – Kinder der ersten zehn Nachkriegsjahre, die noch überwiegend autoritär erzogen wurden – herrscht eine regelrechte Allergie gegen das Wort Disziplin, weil damit persönliche Erfahrungen von körperlichen Strafen und Willkür verbunden sind.

O König von Preußen

O König von Preußen, du großer Potentat,
Wie sind wir deines Dienstes so überdrüssig satt!
Was fangen wir nun an in diesem Jammertal,
Allwo ist nichts zu finden als Not und lauter Qual.

Und kommt ein' frisch' Parad', tut man ein falschen Schritt,
Dann hört man es schon rufen: »Der Kerl muss aus dem Glied!«
Patronentasche runter, den Säbel abgelegt,
Und tapfer drauf geschmissen, bis er sich nicht mehr regt.

Ihr Herren, nehmt's nicht wunder, wann einer desertiert.
Wir werden wie die Hunde mit Schlägen strapleziert.
Und kriegen sie uns ein, sie hängen uns nicht auf,
Das Kriegsrecht wird gesprochen: »Der Kerl muss Gassen lauf!«

Und werden wir dann alt, wo wenden wir uns hin?
Die Gesundheit ist verloren, die Kräfte sind dahin!
Und endlich wird es heißen, ein Vogel und kein Nest!
Geh, Alter, nimm den Bettelsack, bist auch Soldat gewest!
(fränkisches Volkslied, 18. Jahrhundert; gekürzt)

Im alten Preußen (und nicht nur dort) brauchten die Monarchen junge Männer, die als Soldaten für sie in die Schlacht zogen. Diese Kriege waren nie die Kriege des Volkes gewesen, sodass es keine Identifikation der Soldaten mit den Kriegszielen »ihres« Königs gab. Da Kriege in jenen Zeiten wirklich ein Schlachten waren und überwiegend Mann gegen Mann gekämpft wurde, wären die meisten nur allzu gerne dem Militär entflohen. Um das zu verhindern, gab es die preußische Disziplin, die mit militärischem Drill und drakonischen Strafen aufrechterhalten wurde. Und von der Bevölkerung wurden sie akzeptiert, weil die Gesellschaftsordnung damals als von Gott gegeben galt. Diese Ideologie wurde von der Kirche getragen; bei der Krönung von Kaisern und Königen gab es immer den Segen der höchsten kirchlichen Instanzen. Ein gottgefälliges Leben war daher nicht denkbar ohne Gehorsam gegenüber der Obrigkeit.

Im zivilen Leben wurden die militärischen Prinzipien der Disziplin übernommen, zumal die Bibel sie forderte. Der Vater hatte in der Familie die Rolle der Obrigkeit inne. Er durfte Frau und Kinder züchtigen, und es galt selbst bei liebevollen Beziehungen innerhalb der Familie die Regel: »Wer sein Kind liebt, der züchtigt es.« Im Alten Testament finden sich Aussagen wie: »Wer die Rute spart, hasst seinen Sohn, wer ihn liebt, nimmt ihn früh in Zucht« (*Sprüche 13, 24*). Selbst im Neuen Testament heißt es: »Denn wen der Herr liebt, den züchtigt er; er schlägt mit der Rute jeden Sohn, den er gern hat. Haltet aus, wenn ihr gezüchtigt werdet. Gott behandelt euch wie Söhne. Denn wo ist ein Sohn, den sein Vater nicht züchtigt? Würdet ihr nicht gezüchtigt, wie es doch bisher allen ergangen ist, dann wäret ihr nicht wirklich seine Kinder, ihr wäret nicht seine Söhne« (*Hebräer 12, 6–8*).

Wer nach Zucht ruft, vertritt das Prinzip der Züchtigung. Doch die ist in Deutschland verboten, allerdings noch gar nicht sehr lange. Erst am 2. November 2000 trat das »Gesetz zur Ächtung von Gewalt in der Erziehung« in Kraft. Es beinhaltet eine radikale Änderung des § 1631 BGB (Bürgerliches Gesetzbuch), in dem es seither im Abs. 2 heißt: »Kinder haben ein Recht auf gewaltfreie Erziehung. Körperliche Bestrafungen, seelische Verletzungen und andere entwürdigende Maßnahmen sind unzulässig.« Gleichzeitig wurden in der Sozialgesetzgebung Hilfen verankert, um Familien aufzuzeigen, wie sie Konfliktsituationen gewaltfrei lösen können.

Bibeltexte werden in unserer Kultur nicht mehr wörtlich genommen – Gott sei Dank. Die oben zitierten Bibelsprüche sind unter völlig anderen kulturellen und gesellschaftlichen Bedingungen entstanden und können nicht eins zu eins auf unseren Alltag übertragen werden. Selbst sehr gläubige Christen sehen das so, abgesehen von Fundamentalisten wie beispielsweise den Mormonen.

Allerdings gibt es auch Fundamentalisten in der Pädagogik. Sie vertreten zwar nicht mehr die Prügelstrafe, aber ein ausgesprochen autoritäres »Zurück zur Erziehung«. So äußerte Bernhard Bueb in einem Interview mit der Wochenzeitung DIE ZEIT (2007) die Ansicht: »Ein Kind braucht Unterordnung, um in die Freiheit zu finden.« Er begründet sein Credo damit, dass Erwachsene grundsätzlich wüssten, was für ein Kind gut sei. Abgesehen davon, dass viele Eltern und Lehrer mit diesem Ansinnen überfordert sind, gibt es eine große Verunsicherung auch bei solchen Erwachsenen, die wach und reflektiert mit ihren Kindern leben. Wie kann man in der heutigen Zeit, deren einzige Kontinuität im immer rascheren Wandel besteht, wirklich wissen, was für sein Kind gut ist?

Sein Kind zu lieben und mit Blick auf seine Bedürfnisse zu begleiten ist grundsätzlich möglich. Aber wenn ich nicht weiß, was meinem Kind in der Welt von morgen nützlich ist, kann ich nicht in jeder Hinsicht wissen, was für es gut ist. Es braucht also Freiräume zum Ausprobieren und Sammeln von Erfahrungen, es braucht Ermutigung und Trost. Unterordnung hieße jedoch, ihm erst seinen Selbstwert zu nehmen, um ihn dann im Erziehen Stück für Stück zurückzugeben. So funktioniert Persönlichkeitsbildung aber nicht. Wenn Eltern systematisch Unterordnung und absoluten Gehorsam fordern, zerstören sie nach und nach das Selbstwertgefühl des Kindes. Spätestens in der Pubertät merken sie dann, dass es sie nicht mehr akzeptiert.

»Mir liegt viel daran, besonders den Vätern deutlich zu machen, dass die Gehorsamspädagogik zuerst das Vertrauen der Kinder zerstört und dann ihre eigene Autorität« (BERGMANN 2007, S. 11).

Ein anderer Fundamentalist, der Kinderpsychiater Michael Winterhoff, beschreibt Kinder als Tyrannen. Kinderpsychologe Wolfgang BERGMANN (2008a) kritisiert an dessen Thesen: »Sein Rat lautet stets: Grenzen, Konsequenz, Kontrollieren. Wer sich je mit schwierigen Familien befasst hat, weiß, dass solche Empfehlungen sie endgültig entgleiten lassen können. Winterhoff hat nicht verstanden, dass Kinder einen Wunsch nach ermutigendem Gehorsam haben. Nicht nach einem, der sie duckt und klein macht. Kinder wollen Autorität, aber eine richtige, keine aufgeblasene. Väter mit hochrotem Kopf, die sich ›mal richtig durchsetzen‹, sind für Kinder nur albern. Sie wollen aber Respekt vor ihren Eltern haben.«

Autorität heißt für Winterhoff, Erwachsene sollten »autonom handeln«, also sich gar nicht vom Kind beeinflussen lassen. Er geht sogar so weit, in einer Sammlung von Tipps, was Eltern unbedingt vermeiden sollten, davor zu warnen, das »Kind im Alltag mitentscheiden (zu) lassen« (BILD 2008). Schlimmer kann man Kinder in ihren Persönlichkeitsrechten kaum beeinträchtigen. Es gibt offenbar einen Trend in unserer Gesellschaft hin zu einem kalten, technokratischen Verständnis von Kindererziehung, das dem Machbarkeitswahn in der Welt der Technologie entspricht. Hohe Auflagen und Einschaltquoten für diese reaktionären Medienprodukte zeigen weniger ein großes Interesse von Eltern und Schulen als vielmehr große Hilf- und Ratlosigkeit. Wer schnelle und einfache Rezepte verspricht, kann zwar mit großem Zuspruch rechnen. Aber wie der Machbarkeitswahn in der Technologie seine Folgen in Form von Atomkatastrophen und Klimawandel zeigt, so zeitigt die fundamentalistische Pädagogik menschliche Katastrophen. Zudem können wir jungen Menschen auf diese Weise nicht die Entwicklung jener Haltungen und Kompetenzen ermöglichen, die zur Bewältigung der Herausforderungen von Gegenwart und Zukunft nötig sind. Pädagogikprofessor Rolf ARNOLD (2007) warnt: » ›Disziplin‹ hat … den Vorzug, dass jeder weiß oder zu wissen scheint, was damit gemeint ist. Es ist ein Erleichterungsbegriff – gerade für gestresste Erzieher, Eltern und Lehrer. ›Disziplin‹ geht nämlich mit einem heimlichen Versprechen einher, dem Versprechen, endlich Handlungsgewissheit,

Wirksamkeit und Ruhe zu schaffen. Ein *Lob der Disziplin* rennt deshalb offene Türen bei denen ein, die überfordert und ratlos sind. Doch erliegen sie einer Illusion, der Illusion eines pädagogischen Passepartouts, so, als gäbe es für alle Erziehungsprobleme nur eine einzige Lösung: die ›Wiederherstellung der Disziplin‹ « (S. 12).

Disziplin herstellen wollen

Allerdings kann sich in unserer Kultur längst nicht jeder vorstellen, dass Disziplin ohne Sanktionen möglich ist. Wenn sie eine Verhaltensnorm beschreibt, die in bestimmten Situationen gilt, scheint es uns völlig normal zu sein, dass sie mit Strafen verbunden sein muss. Jeder Arbeitnehmer weiß um die Betriebsdisziplin an seinem Arbeitsplatz. Lässt er sie außer Acht, ist er von Abmahnung oder gar Kündigung bedroht. Auch Lehrerinnen und Lehrer unterliegen der Betriebsdisziplin, die von Schulgesetz und Beamtenrecht (bei Angestellten vom Tarifvertrag) definiert ist. Bei Dienstvergehen werden disziplinarrechtliche Verfahren eingeleitet. Schülerinnen und Schüler kennen gleichfalls eine Betriebsdisziplin, die in Klassenregeln oder in der Schul- und Hausordnung beschrieben ist. Verstoßen sie dagegen, hat das Folgen in Form von pädagogischen Maßnahmen oder, wenn diese nicht ausreichen, von »Erziehungs- und Ordnungsmaßnahmen«, die das Schulgesetz beschreibt. Sie können bis zum Schulausschluss von allen Schulen des Landes reichen. Sogar in den meisten Familien gilt eine »Betriebsdisziplin«, die sich in Regeln für Essenszeiten, Schlafengehen, Haushaltspflichten oder gutes Benehmen zeigt.

Nicht immer versuchen Eltern und Lehrerinnen, die Disziplin der Kinder und Jugendlichen mit Strafen herzustellen. Oft verstehen sie es als einen pädagogisch höherwertigen Weg, zur Disziplin zu verlocken. »Wenn ihr in dieser Stunde so gut mitarbeitet, dass wir den Stoff durchbekommen, den ich vorgesehen habe, braucht ihr keine Hausaufgaben für morgen zu machen«, ist einer dieser Lockversuche, die in der Schule weitverbreitet sind. Stempel für gut erledigte Hausaufgaben, Sticker und andere Belohnungsinstrumente sind gang und gäbe. Clevere Verlage bieten sie den Schulen als pädagogisch wertvolle Hilfsmittel an. Allerdings verkaufen sie auch kritisierende Stempel. Sabine HERGESELL (2011, S. 17), eine in der Aktion Humane Schule engagierte Mutter, berichtet und kommentiert eine entsprechende Erfahrung:

Abb. 1: Stempelbild im Mathematikheft eines Drittklässlers

»Dies war der Kommentar eines Lehrers in Form eines Stempels im Heft eines Schülers der 3. Klasse Grundschule. Die Mutter des Kindes zeigte mir – sichtlich betroffen – das Heft. Zum Heulen finde ich die ›Arbeitsweise‹ dieses Lehrers – was er mit solch einem Kommentar im Heft erreichen will, ist mir ein Rätsel. Was er damit Schlimmes anstellt, ist ja wohl offensichtlich. Solch ein Kommentar unter einer Arbeit kann sogar einen Erwachsenen verletzen. Das Selbstbewusstsein eines kleinen Kindes kann durch solche Äußerungen – vor allem, wenn sie oft vorkommen – dauerhaft geschädigt werden.«

Ob nun Lob oder Strafe, Zuckerbrot oder Peitsche – Maßnahmen beider Art sind Formen der Fremdsteuerung, deren Zweck es ist, Disziplin herzustellen. Das erinnert an Dressur und ruft bei vielen Menschen ein berechtigtes Unbehagen hervor. Außerdem funktioniert es nicht zufriedenstellend, wie ein Blick auf unseren Alltag zeigt.

Der im Hinblick auf Disziplin augenfälligste Lebensbereich ist der Straßenverkehr. Wie oft erleben wir es, im Überholverbot oder trotz einer Geschwindigkeitsbeschränkung überholt zu werden? Wie oft geschieht es, dass Fahrzeuge plötzlich stark abbremsen, weil die Fahrer einen Blitzer entdeckt haben? Dann passieren sie die Radarfalle oft deutlich langsamer als nötig, um hinterher wieder aufs Gas zu steigen und mit überhöhtem Tempo weiterzufahren.

Gerade dieses Beispiel zeigt, dass Disziplin im Alltagsverständnis häufig nicht dem Einhalten der Regeln gilt, sondern lediglich dem Nicht-erwischt-Werden. Wo Regeln nicht akzeptiert sind, werden sie so lange missachtet, wie es keine Gefahr eines daraus resultierenden Nachteils gibt oder das Risiko der Konsequenzen nicht allzu hoch und kalkulierbar ist.

Nichts anderes hat Bernhard Bueb, von den Medien als »strengster Lehrer Deutschlands« bezeichnet, als Leiter der Internatsschule Schloss Salem disziplinarisch erreicht. Unbewusst entlarvte das sein ehemaliger Schüler Dustin Klinger, damals Sprecher der dortigen Kollegstufe, in einem Artikel für die Frankfurter Allgemeine Zeitung: »Salem ist konsequent, auf einen Verstoß gegen die Alkoholregel folgt ein Alkoholverbot, Strafwerkarbeitsstunden beim Hausmeister oder, wenn man Pech hat, bei der Hausdame und je nach Promillewert ein Vermerk auf dem Punktekonto. Ist dieses voll, verlässt man die Schule. Als Schüler weiß man, womit man es zu tun hat. *Deshalb kann man auch spekulieren.*« (FAZ v. 18.01.2007, S. 29; Hervorhebung: D. T.)

Ein nach diesem Verständnis disziplinierter Mensch spekuliert im Umgang mit den Regeln so, dass er die letzte Konsequenz vermeidet. Es gibt Arbeitnehmer, die ihre Fehlzeiten derart ausreizen, dass sie immer gerade so ohne Abmahnung davonkommen. Das hat aber nichts mehr mit dem Einhalten einer Verhaltensnorm in einem bestimmten Kontext zu tun, denn das würde die Einsicht voraussetzen, dass die Verhaltensnorm im Interesse der Gemeinschaft bzw. der Kollegenschaft sinnvoll ist. Sinnvolle Disziplin dient dem Zusammenleben und setzt ein Verantwortungsgefühl für die Gemeinschaft voraus. Doch wie oft erleben wir im Alltag die egoistische Durchsetzung individueller Interessen zum Nachteil der Mitmenschen? Nur ein paar wenige Beispiele: Vordrängeln an der Supermarktkasse; Überholen mit knappestmöglichem Einscheren unmittelbar vor der Autobahnausfahrt; Schummeln bei Angaben zur Steuererklärung; Tricksereien in der Hausrat- oder Haftpflichtversicherung …

Solche Verhaltensweisen sind Ausdruck der sogenannten Ellbogenmentalität, die offenkundig zum Zeitgeist gehört. Der Begriff bezeichnet das »Recht des Stärkeren«, das es in unserem Rechtssystem natürlich nicht gibt. Wer es sich dennoch nimmt, demonstriert damit eine unsoziale Haltung. Wer auf diese Weise erfolgreich ist, bezieht seine Befriedigung nicht allein aus dem materiellen Gewinn, sondern vor allem aus der Differenz zum Ertrag der anderen. Viele riskante Überholmanöver bringen im Endeffekt ja gar keinen nennenswerten Zeitvorteil, sondern vor allem das Erfolgsgefühl, viele andere hinter sich gelassen zu haben. Viele Finanzschummeleien bringen keinen erheblichen Mehrbetrag, aber befriedigen das Gefühl, den »Gangstern da oben« keinen Cent zu viel überlassen zu haben.

Die Ursachen der Ellbogenmentalität sind sehr komplex und haben unter anderem mit dem durch unser Wirtschaftssystem geschürten Konkurrenzdenken zu tun. Das wird nicht unbedingt mit der Muttermilch aufgesogen, wohl aber mit der Schulmilch. Wenn es schon in der Grundschule um Zehntelnoten geht, von denen scheinbar die Zukunft abhängt, muss ja wohl jede Art von Ellbogeneinsatz gerechtfertigt sein. Das bekommen Lehrerinnen und Lehrer dritter und vierter Klassen besonders stark in jenen Bundesländern zu spüren, in denen es keinen freien Elternwillen bei der Wahl der weiterführenden Schule gibt.

Im Alltag zeigt sich allerdings auch eine Form von Undiszipliniertheit und Rücksichtslosigkeit, die nichts mit Konkurrenz, wohl aber mit Gleichgültigkeit zu tun hat. Dafür ein Beispiel aus dem Rektorat einer Grundschule: Die Schulleiterin hat einen Vater zu Besuch, den sie eingeladen hat, um mit ihm über seinen Sohn zu sprechen. Der Zweitklässler kann sich nämlich nicht an Regeln halten. Doch kaum haben sie die ersten Worte gewechselt, klopft der Hausmeister an die Tür: Ob die Schulleiterin wisse, wem der dicke SUV in der Schulbuseinfahrt gehöre. Der Bus könne nämlich nicht vorfahren, um die Kinder sicher aussteigen zu lassen. Da musste dieser Vater erst einmal sein Auto regulär parken.

Ein anderes Beispiel: Ein Mann sitzt auf der Bank am Spielplatz und schaut seinem Söhnchen beim Spielen zu. Da läuft der Kleine, er mag vielleicht vier Jahre alt sein, zu ihm hin und fragt nach einem Bonbon. Sein Papa gibt es ihm, der Kleine packt es aus, steckt es in den Mund und gibt das Bonbonpapier zurück. Papa sagt »Danke« und wirft es über die Schulter hinter sich in den Sand.

Sowohl der Papa mit dem SUV als auch der vom Spielplatz haben kein Unrechtsbewusstsein bezüglich ihres Verhaltens. »Ich hab doch gar nichts gemacht!«, ist die übliche Reaktion, wenn man Menschen auf solche Dinge anspricht. »Ach, so eine Kleinigkeit«, wird auch gerne beschwichtigt. Vor vielen Jahren war ich Zeuge folgender Situation: Der Pausenaufsicht führende Lehrer steht am Schulhoftor zur Straße. Ein Mann um die 50 hält sein Auto im schraffierten Bereich davor an, der zusätzlich durch ein Schild »absolutes Halteverbot« gekennzeichnet ist, und steigt aus. Als er das Auto abschließt, spricht ihn der Lehrer an, doch der Mann geht, ohne zu reagieren, über die Straße, wo er in einer Arztpraxis verschwindet. Als er nach etwa drei Minuten wiederkommt, spricht ihn der Lehrer erneut darauf an, dass er die Schulhofzufahrt zugeparkt habe, was bei einem Notfall dramatische Folgen haben könne. Daraufhin beschimpft der Mann den Kollegen als »typisch Lehrer« und »kleinlichen Korinthenkacker«. Der Lehrer fragt zurück: »Was wäre denn, wenn Ihr Enkelkind hier in der Schule bei einem Brand nicht gerettet werden könnte, weil jemand wie Sie die Feuerwehrzufahrt zugeparkt hat?« Da lacht der Mann und meint, er habe nur ein Rezept abgeholt, in der Zeit könne kein Brand ausbrechen.

Aus dem Erziehungsalltag kennen es Eltern wie auch Lehrerinnen: »Ich hab doch gar nichts gemacht!«, »Was weiß denn ich?« oder einfach nur ein Achselzucken sind häufige Reaktionen von Kindern auf die Frage, warum sie etwas angestellt haben.

Dieses Verhalten haben sie sich bei uns Erwachsenen im Alltag abgeschaut.

Ein zeitgemäßes Disziplinverständnis

Für ein zeitgemäßes Verständnis von Disziplin reicht es offensichtlich nicht aus, Strafen und Belohnungen einzusetzen, also Mittel, die das Verhalten fremdsteuern. Wer Einsicht entwickeln soll, muss die Augen aufmachen und seine Umwelt wahrnehmen. Etwas für wahr zu nehmen heißt, es so anzuschauen, wie es ist, und nicht, wie es mir passt. Das setzt eine starke Persönlichkeit mit einem stabilen Selbst voraus, das es nicht nötig hat, sich ständig gegenüber anderen aufzuwerten. Solche Menschen mit Selbstwertgefühl entwickeln sich auf der Basis einer guten, liebevollen und zuverlässigen Bindung an Mutter und Vater. Disziplinierung hingegen verhindert den Aufbau von Selbstwert. Disziplinierung kann keine Disziplin aus Einsicht erzeugen, sondern allenfalls eine aus Angst vor Strafe oder Anpassung um einer Belohnung willen.

Herausforderungen wie die sich immer weiter öffnende Schere zwischen Reich und Arm, der Klimawandel, Aids, internationale bewaffnete Konflikte u. a. m. erfordern es, dass wir Menschen mehr Verantwortung entwickeln und mit höchster (Selbst-)Disziplin an der Bewältigung dieser existenziellen Bedrohungen arbeiten. Da darf man nicht »spekulieren«, wenn das Leben auf dieser Erde einen Wert darstellen soll.

Für eine Gemeinschaft, in der man sich wohlfühlen kann und die gut funktioniert, braucht man Regeln und Ordnungen. Diese müssen sich jedoch unseren Werten als Leitideen unterordnen, etwa »Die Würde des Menschen ist unantastbar« oder – konkreter, um auf den Boden der Realität einer Schulklasse zu kommen – Inklusion (»Jeder gehört dazu«) und Solidarität (»Wir lassen niemanden im Stich«), Gewaltfreiheit (»Wir stehen jedem bei, der bedroht wird«) und erfolgreiches Lernen für alle (»Wir sorgen dafür, dass niemand sitzen bleiben muss«).

Genau das ist das Ziel der Pädagogik: Kinder zur *Selbstdiszip-*

lin zu führen. Disziplin ist im Zusammenhang mit Schule notwendig und muss eingefordert werden, aber sie darf kein pedantisch erzwungener Selbstzweck sein, was Jürg RÜEDI (2008) als ihren »antinomischen Charakter« bezeichnet. Rolf WERNING (2002) ergänzt: »Disziplin ist niemals ein Wert an sich. Sie beschreibt vielmehr eine Herausforderung: Die Herausforderung zur *Gestaltung von Beziehungen*« (S. 6; Hervorhebung: D. T.). In Gemeinschaften, ob Familie, Klasse oder Schule, müssen die Beziehungen untereinander geregelt sein. Dafür braucht man nach Werning *zwei Ebenen*: die der *Regeln, Vorschriften und Vereinbarungen* sowie die der *Ziele und Leitorientierungen*. Die zweite Ebene zwingt dazu, immer wieder darüber nachzudenken und zu diskutieren, wofür eine bestimmte Regel oder Vorschrift sinnvoll ist und welchem Zweck sie dient. In der Familie gibt es diese Diskussionen, wenn es um Schlafens- und Ausgehzeiten oder Haushaltspflichten geht. In der Schulklasse wird etwa im Wochenschlusskreis überlegt, ob die Regel zum Ausredenlassen in dieser Woche gut funktioniert hat, wem man helfen muss, sie noch besser einzuhalten, oder ob sie vielleicht geändert werden sollte.

Autoren wie Bernhard BUEB (2006) im »Lob der Disziplin« lassen diese zweite Ebene außen vor. Seine prinzipielle Disziplin in Form von bedingungslosem Gehorsam und unhinterfragter Anpassung geht davon aus, dass die Erwachsenen ihre Macht grundsätzlich verantwortungsbewusst ausüben, weshalb sich Diskussionen um Leitorientierungen erübrigen. Diese Haltung passt – wie die oft gelobten »preußischen Tugenden« – zu einer in der westlichen Welt weitgehend überwundenen absolutistischen Gesellschaft, aber nicht in eine pluralistische und sich ständig weiterentwickelnde demokratische Gemeinschaftsform. Diese Haltung passt auch nicht zu den Erfahrungen, die wir in Deutschland in der jüngeren Vergangenheit mit sexuellem Missbrauch im Raum der Kirche oder in der Odenwaldschule gemacht haben.

Aber wie gelangen wir dann zu zeitgemäßer Disziplin im Sinne von Rüedi und Werning? »Sinnvolle Disziplin hat viel mit *Dialog* und *emotionaler Nähe* zu tun. Ich muss verständlich machen, was ich fordere, und auf den Dialogpartner eingehen. Und ich muss *Vertrauen* aufbauen, damit derjenige, den ich führe, spürt, dass mir auch seine Interessen wichtig sind« (RÜEDI 2003, S. 6; Hervorhebungen: D. T.).

Vertrauen, Dialog, emotionale Nähe – das sind Begriffe, die ganz vage eine notwendige liebevolle Grundhaltung charakterisieren. Doch in der Pädagogik weiß man: »Liebe allein genügt nicht« (BETTELHEIM 2007). Wer Disziplin bei Kindern und Jugendlichen stärken will, benötigt außer Liebe auch eine Menge Handwerkszeug. Einiges davon wird ausführlich im Praxisteil (Kapitel 4 ff.) vorgestellt.

Disziplin des Ungehorsams

Noch ein Aspekt scheint mir wesentlich zu sein, wenn es darum geht, was wir unter Disziplin verstehen wollen: Gehorsam und Ungehorsam. In Zeiten der autoritären Erziehung war es üblich, von Kindern Gehorsam einzufordern. Auch mein Grundschullehrer Anfang der Sechzigerjahre schnauzte uns oft genug an: »Wollt ihr wohl gehorchen!?« Der Gehorsam von Kindern galt vielen als Prinzip; das wird heute von der Mehrheit in unserer Gesellschaft zum Glück nicht mehr so gesehen. Aber was halten Sie von der folgenden (wahren) Geschichte?

1990 gab es in Baden-Württemberg noch die Orientierungsarbeiten. Alle 85.000 Schülerinnen und Schüler der vierten Klassen mussten zu Beginn des zweiten Schulhalbjahres zentral vom Kultusministerium erstellte Arbeiten in Mathematik, Aufsatz und Diktat schreiben. Ein Mädchen fand die Themen einfach blöd und schrieb nichts dazu, sondern u. a. folgende Sätze: »Ich wollte Ihnen noch etwas mitteilen: Wieso gibt es Arbeiten und Noten? Die Kinder stehen so unter Druck! Schreibe ich eine 6 oder eine 1? Die Schüler werden oft geschlagen, bekommen Hausarrest, Fernsehverbot usw. usw. usw. Außerdem sind die Orientierungsarbeiten das Schlimmste. Sie müssen sich das mal vorstellen: Alle Schüler schreiben am selben Tag Aufsatz usw. Wissen Sie schon, dass die meisten Schüler Medikamente nehmen? Nur wegen der Noten!« (Humane Schule, 16. Jg., Okt. 1990, S. 14; Rechtschreibung korrigiert).

Die Zehnjährige wusste genau, welche Folgen ihr Ungehorsam haben würde. Sie berechnete auch nicht, ob sie nun trotzdem noch eine Gymnasialempfehlung erhalten würde. Sie wollte einfach ihren Protest kundtun und handelte aus Überzeugung und mit Zivilcourage. Taktisch denkende Menschen hingegen würden abwägen, ob die Folgen ihres Handelns das Risiko lohnten. Sie wären nur dann ungehorsam, wenn es nicht um eine existenziell bedeutsame Note ginge. Sie würden sich während der Orientierungsarbeit selbst disziplinieren, also gegen ihre inneren Strebungen handeln, um sich zu schützen. Diese Schülerin jedoch zeigte die Disziplin einer konsequent ungehorsamen Haltung ohne Rücksicht auf sich selbst, weil es ihr um das Schicksal von Schülern allgemein ging.

Die Geschichte lehrt uns, dass Disziplin kein absoluter Wert ist. Aus der Perspektive des Lehrers war das Verhalten des Mädchens undiszipliniert, weil ungehorsam; aus der des Mädchens diszipliniert ungehorsam. Oben habe ich definiert: Disziplin »beschreibt die Norm eines Verhaltens in einem bestimmten Kontext, in einem situativen Zusammenhang«. Aber wer bestimmt die Norm? Und ist die Mehrheitsauffassung immer moralisch richtig?

Prinzipieller Gehorsam ist Unterordnung, abgeleitet aus der militärischen Tradition von Befehl und Gehorsam. Diese Haltung hat Kriege, Judenverfolgung, Völker- und Massenmord möglich gemacht. Sie ist nicht vereinbar mit selbstbewusst-kritischer, eigenverantwortlicher Entscheidung. Genau zu dieser Entscheidungsfähigkeit aber wollen wir mehrheitlich unsere Kinder erziehen. Wie anders sollten sie beispielsweise der Aufforderung zu ungewollten Zärtlichkeiten widerstehen, egal, ob von Fremden oder Verwandten? Das kann auch ein Nein zum Wunsch der Oma nach einem Kuss zur Folge haben. Wie anders sollten sie lernen, Unrecht als solches wahrzunehmen und sich dagegen zu wehren? Das kann auch ein Nein zur Orientierungsarbeit bedeuten.

Hier gibt es einen Berührungspunkt zwischen Disziplin und Sozialverhalten. Sozial verhält sich, wer sich einer sozialen Norm anpasst. Aber oft gibt es widerstreitende Normen, die zu einem Dilemma führen:

- Sollte man in der Nazizeit Freundschaften mit Juden beenden oder fortsetzen?
- Soll man als Ägypter oder Tunesier im Arabischen Frühling die Herrschenden oder die Aufständischen unterstützen?
- Soll man als Schüler protestieren, wenn ein Mitschüler ungerecht gemaßregelt wird, oder ihm lieber nicht zur Seite stehen?
- Soll man als Mutter beim Elternabend einer Freundin öffentlich widersprechen, wenn sie sich darüber beklagt, dass die türkischen Kinder die deutschen beim Lernen aufhielten, oder um der Freundschaft willen schweigen?
- Soll ein Fußballprofi ein Handspiel um der Fairness willen gegenüber dem Schiedsrichter zugeben oder des Vorteils der eigenen Mannschaft wegen abstreiten?

Es ist die Eigenart solcher Dilemmata, dass jede der beiden jeweils möglichen Entscheidungen der Überwindung eines inneren Widerstands bedarf. So oder so erfordert die Entscheidung Disziplin, Selbstzucht. So oder so erweist sich der Handelnde als kompetent – im Sinne der einen oder der anderen Norm, im Sinne von Zivilcourage oder Anpassung. Diese Sicht auf Disziplin ist fundamental anders als jene im alten Preußen und in der von seiner Tradition geprägten »schwarzen Pädagogik« (RUTSCHKY 1977), die nur eine – die von oben vorgegebene – Norm akzeptierte.

Zivilcourage ist so etwas wie der »kleine Widerstand«, bei dem niemand sein Leben riskieren muss. Aber weil es vielen schwerfällt, sie in der Öffentlichkeit aufzubringen, gibt es Kampagnen wie »Hinsehen! Handeln! Hilfe holen«. Kinder können Zivilcourage lernen, wenn ihre Eltern den Widerspruchsmut als Tugend ansehen und unterstützen, wie es bei Sophie Scholl gewesen war. Als Neunjährige ging sie mit ihrer Schwester Elisabeth in die gleiche Schulklasse. Ihr Lehrer handelte nach dem damals üblichen Lokationsprinzip und versetzte die Kinder den Noten entsprechend im Klassenzimmer, bei guten Zensuren nach vorn, bei schlechten nach hinten. Als er Elisabeth ausgerechnet an ihrem Geburtstag einen Platz herunterstufte, stand Sophie empört auf, ging vor zum Lehrer und protestierte: »Meine Schwes-

ter Elisabeth hat heute Geburtstag, die setze ich wieder hinauf!«
(vgl. SINGER 1995, S. 4).

Dies ist ein weiteres Beispiel für eine Undiszipliniertheit im
Sinne der herrschenden Norm. Es erfordert große Selbstdisziplin,
sich ihr im Dienste der Menschenwürde entgegenzustellen. Bei
Sophie Scholl war die Disziplin des Ungehorsams schließlich so
unbeugsam, dass sie ihr Engagement gegen die Nazis 1943 mit
dem Leben bezahlte – ein Schicksal, das zahlreiche Widerstands-
kämpfer teilten. Solche Menschen sind Beispiele dafür, wie wichtig Ungehorsam für Moral und Kultur unserer Gesellschaft ist.

Wollen wir unsere Jugend in diesem Sinne stärken, brauchen
wir in Schulen eine gänzlich andere Haltung, als sie die immer
noch hierarchischen Verwaltungsstrukturen und das Beamtenrecht produzieren. Wir brauchen Lehrerinnen und Lehrer mit
Zivilcourage und pädagogischen Idealen:

»Lehrer müssen widerständig sein, widerborstig gegenüber
ihren vorgesetzten Bürokratien, auch gegenüber den Eltern. Lehrer müssen eigenwillige Personen und Persönlichkeiten sein – wie
sollen sie denn sonst als Orientierung oder gar Vorbild für die
kleinen und die großen Schüler taugen … Er nimmt sich Zeit,
während die Bürokratien um ihn herum auf mechanische spurge-
naue Eile beim Lernen drängen. Er kümmert sich, während das
System, in dem er arbeitet, gleichgültig ist und das je einzelne
Kind kaum mehr zur Kenntnis nimmt … Er ist irgendwie ein Au-
ßenseiter, dieser gute Lehrer … So einer macht Lust auf ein mu-
tiges und geordnet-widerständiges Leben. So einer wird gehört,
auch von den Ungehorsamen, die auf nichts hören oder horchen.
Solch eine Eigenart des Lebens ist ein großes Versprechen an
die Kinder, Schule verfehlt es meist, gute Lehrer verkörpern es«
(BERGMANN 2008b, S. 11).

»Gute Lehrer« sind ungehorsam – ein ungehöriger Gedanke?
Lehrer sind schließlich Beamte und auf die Verfassung vereidigt.
Sie müssen Gehorsam geloben, weil sie staatserhaltende hoheitli-
che Funktionen ausüben, indem sie rechtsrelevante Versetzungs-,
Übergangs- oder Abschlussentscheidungen treffen. Und genau da
setzen ungehorsame Lehrer ein Zeichen, so wie Gerhard Senn-
laub: »Dies ist kein Bericht über den Ungehorsam von Lehre-

rinnen und Lehrern. Es ist ein Bericht über den Respekt für die Interessen und Bedürfnisse der Kinder. Von der Achtung ihrer Rechte. Vom Gehorsam gegen die eigenen Ideale. Und vom Mut« (zit. n. STÄHLING/WENDERS 2011, S. 1).

Die Disziplin des ungehorsamen Lehrers steht im Dienst der Kinder und eines pädagogischen Ideals. Ohne diesen Widerstand gegen das bürokratische System Schule hätte es sich vermutlich bis heute nicht so weit reformieren lassen, wie wir es jetzt kennen. Und es muss weiter reformiert werden, denn es gibt noch viele Zustände, die die Interessen, Bedürfnisse und Rechte der Kinder systematisch missachten. Dazu braucht man Mut. Als solche Ermutigung empfand ein Rezensent von »Ungehorsam im Schuldienst« (STÄHLING/WENDERS 2011) die Lektüre des Buches: »Die authentischen Schilderungen ließen mich teilhaben an politischen Kämpfen, Zweifeln und persönlichem Wachstum. Da gibt es Menschen, die sich mit Zuständen und Strukturen nicht abfinden konnten und wollten. Menschen, die sich durchgesetzt haben, nicht zerbrochen sind. Manchmal mussten sie klug handeln: zwei Schritte zurück, bevor es wieder einen Schritt weitergehen konnte. Aber sie sind gegangen. Aufrecht. Haben sich nicht verbiegen lassen. Haben für ihre Ideen und um ihren Platz, an dem sie arbeiteten und lebten, gekämpft« (SCHMIDT-FALCK 2009, S. 3 f.).

Natürlich ist nicht jeder Ungehorsam ein Ausdruck von Disziplin gegen die herrschende Norm. Alkoholiker beispielsweise, die sich der Disziplin der Arbeitswelt nicht mehr stellen können und häufig blaumachen, sind nicht diszipliniert im Sinne einer konsequenten Ungehorsamshaltung, sondern lassen sich treiben. Kinder und Jugendliche, die regelmäßig den Unterricht stören, weil sie ihren Spaß daran haben, zeigen lediglich Ich-Bezogenheit. Schüler, die ihre eigentlich bejahten schulischen Ziele verfehlen, weil sie es nicht schaffen, den Verlockungen der Medien zu widerstehen und kontinuierlich zu lernen, sind nicht diszipliniert ungehorsam gegenüber Eltern und Lehrern, sondern schwach. Natürlich gibt es für all diese Beispiele biografische Gründe, denn man wird nicht süchtig, egoistisch oder schwach geboren. Aber ein disziplinierter Ungehorsam steckt deswegen nicht dahinter, weil eine sozial positive Norm fehlt, die als Ideal gelten kann. Die zehnjährige Viertklässlerin trat mit ihrem Ungehorsam für das Ideal von mehr Menschlichkeit in der Schule ein. Sophie widersetzte sich, weil sie für die Würde ihrer Schwester handelte. Die Aufständischen im Arabischen Frühling kämpfen für die Freiheit ihrer Völker von Unterdrückung. Der ungehorsame Lehrer im bergmannschen Sinn schützt und stärkt die Individualität seiner Schüler gegen die Gleichgültigkeit des Verwaltungsapparats, den nur die funktionierenden Abläufe interessieren.

Disziplin ist für mich insofern mehr als ein veraltetes Wort für Eigenverantwortung. Sie ist Ausdruck einer Haltung der Balance zwischen Eigen- und Gemeinschaftswohl. Der rasende Autofahrer hat mit seiner Forderung nach Freiheit von jeglichem Tempolimit nicht die Menschenrechte auf seiner Seite. Bombende Terroristen können sich nicht glaubwürdig auf das Ideal einer gerechteren Welt berufen. Wo Schüler sich aus Schwäche oder Egoismus selbst- oder fremdschädigend verhalten, finde ich pädagogische Einflussnahme auf der Basis von Dialog, emotionaler Nähe und Vertrauen notwendig. Es wird Zeit, dass wir den Staub der Unterordnungsideologie vom Begriff Disziplin abklopfen.

2

Respekt gebührt Kindern und Erwachsenen

Wer respektiert,
wird respektiert.

»Nun hat die Schule angefangen, man sollte eigentlich voller Energie und Tatendrang arbeiten, doch wenn man merkt, dass nur mehr respektlose und ›verhaltenskreative‹ Kinder herumlaufen, die sich für nichts und niemanden interessieren, so hat man schnell die Motivation verloren (…). Es muss doch eine Möglichkeit geben, wie man solche Kinder wenigstens ein bisschen unter ›Kontrolle‹ bringen kann« (PUSCHI 2004).

Solche Klagen findet man zuhauf in Lehrerforen im Internet, aber man hört sie auch ständig in persönlichen Gesprächen. Selbst Erzieherinnen in Kindertagesstätten beklagen sich, dass ihnen etliche Kinder einfach heftig auf den Po schlagen oder gegen das Bein treten, in der Bauecke anderen ihre Bauten umreißen und nicht steuerbar sind.

Aus meiner eigenen Schulzeit an einem ehrwürdigen humanistischen Gymnasium erinnere ich mich an eine Situation in der sechsten Klasse, der Quinta. Ein Mitschüler wurde vom Herrn Studienrat, wie wir unsere Lehrer anreden mussten, wegen Störens getadelt. »Deswegen kriegst du jetzt einen Eintrag im Klassenbuch«, sagte er. Der Mitschüler legte erst den Kopf auf die Arme, um sein Heulen zu verbergen, dann sprang er auf und rannte aus der Klasse mit dem Ruf: »Sie können mich mal am

Arsch lecken!« Sind das alles Respektlosigkeiten? Es fällt auf, dass in solchen Klagen auf Pädagogenseite Störungen, Verhaltensauffälligkeiten, Empörung oder Aufbegehren, Disziplinlosigkeit und fehlender Respekt meist in einen Topf geworfen werden. »Respektlose und ›verhaltenskreative‹ Kinder« beklagte der zitierte Lehrer aus einem Internetforum. In diesem Kontext kommt mir das Attribut »verhaltenskreativ« ironisch vor. Drückt Ironie im zwischenmenschlichen Umgang nicht auch häufig fehlenden Respekt aus? Haben Erwachsene das Recht, von Minderjährigen grundsätzlich Respekt zu verlangen? Was ist Respekt?

Der Begriff Respekt

Auch »Respekt« stammt aus dem Lateinischen. Das Nomen respectus ist vom Verb respicere abgeleitet und bedeutet Rücksicht, Zurückblicken, Berücksichtigung.

Nimmt man diese Herkunft wörtlich, dann meint Respekt gegenüber einem Menschen vor allem, ihn zu berücksichtigen, auf ihn und seine Bedürfnisse Rücksicht zu nehmen, ihm Aufmerksamkeit zu schenken. Darüber hinaus hat Respekt auch noch den Beiklang von Wertschätzung und Anerkennung oder gar Ehrerbietung bis hin zur Ehrfurcht. Anerkennung meinte Jean-Jacques Rousseau mit seiner Aussage: »Es ist viel wertvoller, stets den Respekt der Menschen als gelegentlich ihre Bewunderung zu haben.«

Ehrerbietung gilt vor allem gegenüber sogenannten Respektspersonen, also gesellschaftlich hochstehenden Menschen. Die »Höflichkeit« entwickelte sich als ein Kanon von Verhaltensweisen bei Hofe und gilt in zivilisierten Gesellschaften als Ausdruck von Respekt. Deshalb stufen manche Erwachsenen Kinder als respektlos ein, die »du« statt »Sie« sagen, nicht die Hand geben oder »bitte« und »danke« nicht verwenden.

Welche Personen Ehrerbietung erwarten dürfen, ist gesellschaftlichen Wandlungsprozessen unterworfen. Je flacher die gesellschaftliche Hierarchie, desto weniger Personen oder Funktionsträger haben Anspruch auf eine entsprechende Haltung. Bei Staatsbesuchen wird der Respekt gegenüber dem Staatsgast durch ein entsprechendes Protokoll mit Nationalhymne, Salutschüssen und Abschreiten einer Ehrenkompanie ausgedrückt.

Ich hatte einmal die Gelegenheit, bei einem Festakt den Auftritt des damaligen Bundespräsidenten Johannes Rau mitzuerleben. Ein betresster Bote betrat vor ihm den Saal, klopfte mit seinem Stock dreimal auf den Boden und rief: »Meine Damen und Herren, der Herr Bundespräsident! Bitte erheben Sie sich von Ihren Plätzen.« Als alle aufgestanden waren, betrat Rau unter Beifall den Saal. Erst, als er Platz genommen hatte, setzte sich das Publikum wieder hin. Dieses Ritual verkörpert den Respekt vor dem Amt, unabhängig von der jeweiligen Person, die es innehat.

Weniger aufwendig war das Ritual, mit dem Eltern in der ersten Hälfte des 20. Jahrhunderts noch dem Lehrer ihres Kindes bei einer Begegnung auf der Straße Ehrerbietung bezeugten: Der Vater zog den Hut und verbeugte sich, die Mutter deutete einen Knicks an. Ob sie den Lehrer aber wirklich mehr respektierten als heutige Eltern, die im Vorübergehen vielleicht ein lässiges »Hallo« an ihn richten, ist damit nicht gesagt. Das Ritual kann auch eine Floskel sein. Da sich Höflichkeitsformeln und Benimmregeln im Laufe der Zeit stark gewandelt haben, neigen vor allem ältere Menschen dazu, den jüngeren Respekt abzusprechen – ein Kurzschluss.

Ehrfurcht ist weit mehr als Ehrerbietung und Respekt. Sie wird Menschen oder Institutionen entgegengebracht, die man als weit über einem selbst stehend erlebt, oder einer geistigen Macht, beispielsweise der Kirche oder der Geschichte. Beim Besuch einer so eindrucksvollen und bedeutenden Gedenkstätte wie Yad Vashem in Israel, die an die Judenvernichtung in der Nazizeit erinnert, werden viele Menschen Ehrfurcht empfinden. Ehrfurcht wird oft durch ein Ritual wie das Anzünden einer Kerze, das Niederlegen eines Kranzes oder das Niederknien ausgedrückt.

Respekt zeigen wir nicht nur Menschen gegenüber. Es gibt ihn auch als Achtung vor einer Institution (die Gerichtsbarkeit etwa genießt in Deutschland aktuell größeren Respekt als die Politik), vor dem Gesetz, vor dem Leben, vor der Natur oder der Schöpfung. Damit zeigt sich Respekt als ein Grundwert, den beispielsweise Papst Benedikt XVI. öffentlich einforderte, als er verlangte, wir müssten Lebensstile und Produktionsweisen ändern, um dem Klimawandel entgegenzuwirken und nachhaltigen wirtschaftlich-sozialen Fortschritt anzustreben. Er forderte, dabei besonders die Bedürfnisse der Ärmsten zu berücksichtigen – da sind wir wieder bei der wörtlichen Bedeutung von respectus: Rücksicht, Berücksichtigung.

Das Wort Respekt kann aber auch Anerkennung für eine Leistung ausdrücken, vor allem im süddeutschen Sprachraum. Der Franke Thomas Gottschalk sagte in »Wetten, dass …?« zu fast jedem seiner Wettkandidaten nach vollbrachter Aktion: »Reschpekt.«

Die Bedeutung von Respekt in der Schule

Einem Menschen mit Respekt zu begegnen bedeutet also, ihn zu sehen, wahrzunehmen und seinen Bedürfnissen gemäß zu behandeln. Das Logo der Kampagne 2005 des Bürgernetzwerks Bürgerschaftliches Engagement zeigt sehr anschaulich, was das konkret heißt: Ich (die hellgraue Figur) stehe in einer Reihe mit anderen Menschen. Indem wir uns die Hand geben, nehmen wir einander wahr und sind füreinander da. Ohne die anderen wäre ich allein und auf mich gestellt; genauso brauchen die anderen mich.

Abb. 2: Respekt – Motto der Kampagne 2005 des Bürgernetzwerks Bürgerschaftliches Engagement (www.engagement-macht-stark.de)

In der Sozialwissenschaft bezeichnet man das als horizontalen Respekt, als Ausdruck der Achtung und prinzipiellen Gleichwertigkeit aller Menschen. Davon wird der vertikale Respekt unterschieden, den wir Menschen umso mehr entgegenbringen, als sie sich durch Leistung oder Können auszeichnen: »Achtung gebührt jedem, Anerkennung muss man sich verdienen« (Niels van Quaquebeke, Respektforscher).

Dass wir alle aufeinander angewiesen sind, drückt auch ein Zitat aus, das dem Indianerhäuptling Seattle zugeschrieben wird: »Ein Stamm besteht aus lauter Individuen und ist so gut wie jeder Einzelne.« Wir kennen das Sprichwort: »Eine Kette ist so stark wie ihr schwächstes Glied.« Wenn die Kette der menschlichen Gemeinschaft nicht reißen soll, müssen wir eben für die Schwachen sorgen und sie stärken.

In diesem Sinne ist horizontaler Respekt ein Ausdruck dessen, was die goldene Regel besagt: »Behandelt die Menschen so, wie ihr selbst von ihnen behandelt werden wollt – das ist es, was das Gesetz und die Propheten fordern« (Matthäus 7, 12). Aus dieser biblischen Forderung wurde später das in eine negative Formulierung gewandelte Sprichwort: »Was du nicht willst, dass man dir tu, das füg auch keinem anderen zu!« Eine jede Gemeinschaft braucht diese ethische Grundhaltung, auch Klassen- und Schulgemeinschaften. Sie findet sich in allen großen Religionen der Welt.

Die goldene Regel hat nur einen Schwachpunkt: Die Mitglieder einer Gemeinschaft müssen darin übereinstimmen, was sie sich an Verhaltensweisen wünschen. Findet der eine Vergebung richtig, der andere aber Rache, hilft sie nicht weiter. Wir kommen also nicht darum herum, in der Schule einen ständigen Dialog darüber zu führen, was wir für richtig und falsch halten.

Ähnlich wie Disziplin hat auch Respekt etwas mit Dialog, emotionaler Nähe und Vertrauen (RÜEDI) zu tun. Das Verhältnis zwischen Lehrer/innen und Schüler/innen ist ein pädagogisches. Bei Kindern und Jugendlichen können wir noch weniger als bei Erwachsenen davon ausgehen, dass respektvolles Verhalten selbstverständlich ist. Es muss erlernt werden – da spielt unser Vorbild eine entscheidende Rolle. Nicht immer sind wir Erwachsenen hier gute Vorbilder.

In der bemerkenswerten Schulcharta der WERNER-VON-SIEMENS-REALSCHULE ERLANGEN habe ich neben anderen folgende vier beherzigenswerte Sätze gefunden, die Respekt ausdrücken:

»Lehrer, Schüler und Eltern nehmen ihre Pflichten zuverlässig und aktiv wahr.
Wir respektieren die Meinung und die Persönlichkeit der anderen und nehmen Rücksicht aufeinander.
Wir alle übernehmen Verantwortung für das Ansehen unserer Schule in der Öffentlichkeit.
Wir sind höflich und fair zueinander. Konflikte lösen wir sachlich und gewaltfrei.«

Abb. 3: Cartoon von der Website der Werner-von-Siemens-Realschule Erlangen (www.wvs-erlangen.de; Abdruck mit freundlicher Genehmigung der Schulleitung)

Im Prinzip werden vermutlich fast alle Eltern und Lehrer/innen diese Grundsätze bejahen, aber wie sieht es in der Praxis damit aus?

Auf Pflichtversäumnisse habe ich schon im ersten Kapitel im Zusammenhang mit Schülerklagen hingewiesen. Vor allem an weiterführenden Schulen nehmen sich Lehrer oft sehr viel Zeit, um eine Klassenarbeit zurückzugeben. Aber auch Schüler vernachlässigen ihre Pflichten in Bezug auf Hausaufgaben, aktive und störungsfreie Unterrichtsbeteiligung oder das Abgeben von Elternbenachrichtigungen und Zurückbringen von Unterschriften. Und wie oft müssen Lehrer erleben, dass Eltern sich Zeit lassen mit Unterschriften unter einen Elternbrief oder Gesprächstermine versäumen?

Respekt vor der Meinung und Persönlichkeit des anderen, die zweite Forderung, fällt leicht, solange wir einer Meinung sind. Häufig habe ich als Beratungslehrer in Gesprächen um die Schullaufbahnempfehlung nach der vierten Klasse erlebt, wie der Respekt abhandenkommt, wenn die Zukunftsvision für das eigene Kind in Gefahr gerät.

Dementsprechend ist auch die Sachlichkeit (vierter Satz) gefährdet, wenn Konfliktgespräche geführt werden, wer auch immer den Konflikt verursacht hat. Manchmal eskalieren solche Situationen bis an den Rand von Handgreiflichkeiten. Lehrerinnen und Lehrer haben normalerweise in ihrer Ausbildung nicht gelernt, wie man mit Konflikten umgeht. Beziehungsdidaktik (MILLER 2011a) ist kein Prüfungsgegenstand in der ersten und zweiten Staatsprüfung für das Lehramt, obwohl doch Beziehungsarbeit den Schwerpunkt des Berufs ausmacht.

Und wie steht es mit dem dritten Satz, der Verantwortung für das Ansehen der Schule in der Öffentlichkeit? Bereits vor den Zeiten des Internets brodelte mancherorts (und auf dem Land mehr als in der anonymeren großen Stadt) die Gerüchteküche, wenn vor allem Mütter sich auf der Straße oder beim Einkaufen aufgebauschte Horrorgeschichten über Schule und Lehrer erzählten. Das gibt es auch heute noch, ergänzt durch Elternportale wie www.schulradar.de, wo man seine Bewertungen über Lehrkräfte, Schulleitung, Schulklima und mehr abgeben und Kommentare einstellen kann. So entsteht ein »Schulprofil«, manchmal auf der Basis von ganz wenigen und außerdem anonymen Stimmen. Kommentare sind natürlich immer subjektiv, aber manchmal eben auch respektlos.

Das Schülerportal www.spickmich.de wirbt ausdrücklich damit, dass die Bewertungen durch die Schüler Eltern und Lehrern zur Rückmeldung und Orientierung dienen sollen. Wenn Respekt etwas mit Zurückblicken und der Wahrnehmung einer Person und ihrer Bedürfnisse zu tun hat, können anonyme Bewertungen im Internet nicht respektvoll sein, weil es keine Begegnung von Angesicht zu Angesicht gibt. Deswegen gilt es auch allgemein als nicht respektvoll, über einen Abwesenden zu sprechen.

Respekt ist also ein wichtiges Lernfeld in Schulen, genauso wie Disziplin, und eine lebenslange Herausforderung. Schüler und Lehrer können darin gemeinsam Erfahrungen machen und Entwicklungen durchlaufen.

Respekt und Lebenseinstellung

Viele Menschen gehen davon aus, dass der Respekt der anderen eine Bringschuld sei. Sie klagen häufig über fehlenden Respekt in unserer Gesellschaft und vor allem bei den Jugendlichen. Sie empfinden eine Diskrepanz, weil sie davon ausgehen, dass ihnen (vertikaler) Respekt gebührt, denn sie sind kompetent, beispielsweise als Lehrer. Aber darüber versäumen sie es, selber jenen horizontalen Respekt zu zeigen, auf den auch noch unfertige Menschen einen Anspruch haben, weil jeder prinzipiell gleichberechtigt ist. Darauf reagieren gerade Kinder und Jugendliche empfindlich.

Für Jugendliche hat Respekt einen hohen Stellenwert. Allerdings bedarf es eines Lernprozesses, um zu begreifen, dass wir alle aufeinander angewiesen sind. Gerade in bildungsfernen Familien ist das keine Selbstverständlichkeit. Deswegen ist das Erleben von Respekt in der Schule so wichtig. Respektforscher Niels van QUAQUEBEKE (2009, S. 31) sagte in einem Interview: »Im Prinzip hat jeder Mensch das Bedürfnis nach Autonomie, Kompetenz und Verbundenheit. Wir können sehr gut zeigen, dass von diesen drei Bedürfnissen abhängt, ob ich mich respektiert fühle. Wir sehen, dass respektloses Verhalten diesen Bedürfnissen genau entgegengesetzt ist.«

Auf www.guterunterricht.de fand ich (Abruf: 30.01.2012) in der Rubrik »LehrerCoach« u. a. die Frage: »Was können Lehrer tun, um echten Respekt zu erhalten und um eine Atmosphäre gegenseitigen Respekts im Klassenraum herzustellen?« Die erste Antwort darauf lautet: »Überprüfen Sie, wie Sie Ihren Schülern begegnen und was Sie von ihnen halten.« Im Grunde hat das bereits Goethe gesagt: »Wer etwas gelten will, muss andere gelten lassen.«

Erwartet ein Lehrer Respekt von den Schülerinnen und Schülern, drückt ihnen gegenüber jedoch durch Worte und sein Verhalten aus, wie wenig er von ihnen hält, wird er respektlose Jugendliche erleben. Wenn ich mich nicht ernst genommen fühle, keine Verantwortung übertragen bekomme und abgelehnt werde, dann können meine Grundbedürfnisse nach Autonomie, Kompetenz und Verbundenheit nicht befriedigt werden. Da die gleichen Prozesse auf Lehrerseite ablaufen, entsteht ein Teufelskreis, der das typische Dilemma von Lehrern ausmacht: Wer Respektsperson sein will, wird nicht respektiert. Tolstoi beschrieb diesen Sachverhalt mit den Worten: »Doch ehe man Respekt genießt, muss man ihn sich verdienen. Und um ihn zu verdienen, darf man sich ihn nicht wünschen.«

Unser Weltbild und die daraus resultierende innere Haltung bestimmen wesentlich, wie wir andere Menschen nicht nur erleben, sondern auch, wie sie sich konkret verhalten. Schon in den 1960er-Jahren wurde von den amerikanischen Psychologen Robert Rosenthal und Leonore Jacobson der Pygmalion-Effekt erforscht. »Seine Grundmaxime lautet etwa so: Die Macht der Erwartungen, die wir an einen anderen Menschen richten, ist so groß, dass durch sie allein schon dessen Verhalten beeinflusst werden kann. Der Pygmalion-Effekt stellt eine besondere Form der selbsterfüllenden Prophezeiung dar: *Was wir einem Menschen zutrauen, bestimmt manchmal wesentlich sein Verhalten*« (FRICK 2011, S. 80).

Positive Erwartungen gegenüber Schülern gehen einher mit Zugewandtheit der Lehrperson, einem warmen Beziehungsklima, mehr Feedback und Informationen an sie. Im Leistungsbereich wirkt das stets fördernd, ganz besonders bei bisher misserfolgsängstlichen, demotivierten Kindern und Jugendlichen wie auch Erwachsenen. Allerdings kann der Pygmalion-Effekt sich gleichfalls in negativer Weise zeigen, wenn wir von Menschen wenig halten oder nichts erwarten. Unser Zutrauen in Menschen beeinflusst ihr Selbstvertrauen. »So ist es für den Umgang mit Schülerinnen und Schülern allgemein sinnvoll, von einem tendenziell positiven Menschenbild, von einer optimistischen Grundhaltung auszugehen und ihnen als gleichwertigen, mündigen Menschen zu begegnen! Für den Umgang mit störenden oder sogenannten ›schwierigen‹ Schülerinnen und Schülern heißt das konkreter, davon auszugehen, dass sie unter Umständen bereit sind, sich zu verändern, wenn sie Möglichkeiten dazu sehen, Unterstützung erhalten oder genügend Mut entwickeln« (RÜEDI 2011, S. 233).

Lieferte die Erforschung des Pygmalion-Effekts noch rein psychologische Einsichten, aus denen die genannten pädagogischen Schlussfolgerungen zu ziehen sind, wissen wir heute aus der Gehirnforschung, warum das so ist. Sie hat in den letzten zwei Jahrzehnten schon bei zahlreichen Sachverhalten die biologische Bestätigung für psychologische und pädagogische Einsichten geliefert. Für die Motivation eines Menschen hinsichtlich Leistung wie auch Verhalten sind drei Botenstoffe verantwortlich, die das Gehirn selbst erzeugt und unter bestimmten Bedingungen in den Organismus ausschüttet: Dopamin, das Lust auf Anstrengung und Leistung macht, körpereigene Opioide, die das körperliche und seelische Wohlbefinden steuern, sowie das Bindungshormon Oxytocin, das bei der Geburt und beim Stillen eine zentrale Rolle für die Mutter-Kind-Bindung spielt, als Liebeshormon gilt und auch sonst im Alltag für soziale Interaktionen wesentlich ist. Nach Joachim BAUER (2007) gilt in der Gehirnforschung Folgendes als gesichert: »Entscheidende Voraussetzungen für die biologische Funktionstüchtigkeit unserer Motivationssysteme sind das Interesse, die soziale Anerkennung und die persönliche Wertschätzung, die einem Menschen von anderen entgegengebracht werden. (…) Studien konnten zeigen, dass soziale Ausgrenzung oder Isolation Gene im Bereich der Motivationssysteme inaktiviert. Umgekehrt hat bereits die bloße *Aussicht* auf Anerkennung und Wertschätzung eine massive Aktivierung dieser Systeme zur Folge« (S. 19 f.).

Junge Menschen brauchen also gute Beziehungen zu ihren Bezugspersonen, in erster Linie Mutter und Vater, daneben aber auch Erzieherinnen und Lehrpersonen. In solchen Beziehungen müssen sie sich als bedeutsam erleben können. Diese Tatsache lässt uns vielleicht das Phänomen der »übersteigerten Geltungssucht«, des immer wieder Im-Mittelpunkt-stehen-Wollens, nun anders sehen und verstehen, warum konsequente Zurückweisung bei solchen Kindern nichts nützt. Das biologische Bedürfnis besteht ja weiter fort, wird von uns unwissentlich sogar durch Deprivation verstärkt. Die Folgen sind dann entweder depressive Verstimmungen oder aber Suchtverhalten, denn Suchtreize aktivieren die Motivationssysteme des Gehirns, ohne im wahren Leben die befriedigenden Bindungen zu erzeugen. So fühlt sich der Mensch nur im Rauschzustand einer Droge, des Computerspiels oder des exzessiven Medienkonsums wohl.

Wo Erwachsene Kindern und Jugendlichen mit Respekt begegnen, ist die Chance größer, sie als respektvoll zu erleben. Allerdings wird es nicht reichen, Respekt zu zeigen – wir müssen ihn schon leben; man sollte ihn als Haltung verinnerlicht haben. Junge Menschen haben feine Antennen für die zwischenmenschlichen Schwingungen und spüren genau, wie echt wir sind. Wir dürfen dabei zum einen nicht vergessen, dass sie Lernende in Sachen Sozialverhalten und Respekt sind, und zum anderen, dass Respekt nicht gleichzusetzen ist mit Höflichkeit oder Bravheit. Wenn Jugendliche verbal und/oder körperlich grob miteinander umgehen, heißt das nicht, dass sie einander nicht respektierten. Wer da cool bleibt, genießt oft die höchste Anerkennung. Auch wir sollten also cool bleiben, klar und souverän agieren. Wer unaufgeregt kommuniziert, eindeutige Ansagen macht, gerecht und konsequent in seinem Verhalten ist, gewinnt am ehesten die Achtung von Kindern. Ein schönes Bild für diese Haltung bietet Balu, der Bär, im Zeichentrickfilm »Das Dschungelbuch«. Er bleibt auf dem Boden, schubbert seinen Rücken am Baumstamm und singt »Probier's mal mit Gemütlichkeit«, während die Affen auf die Palme gehen und dort oben Halligalli machen.

Vorbild sein

Welche Erinnerungen haben Sie an die eigene Schulzeit? Welche Lehrer respektierten wir damals besonders? Ich erinnere mich an eine Mathe- und Physiklehrerin. Sie konnte zwar gar nicht gut erklären, war aber menschlich einfach großartig. Mein letzter Klassenlehrer verstand es, uns zu aktivieren und belehrte uns nicht nur über Demokratie, sondern praktizierte sie mit uns. Einem Englischlehrer verziehen wir seine Launen, weil er einfach echt war. Authentizität ist das Entscheidende im Lehrer-Schüler-Verhältnis. Perfekt müssen Erwachsene nicht sein, weder Eltern noch Lehrer. Gäbe es perfekte Erwachsene – Kinder würden sie hassen, denn sie können ein solches Vorbild nie erreichen. Perfekte Vorbilder entmutigen eher, als dass sie ermutigen. Echte Vorbilder hingegen, die einem auch zeigen, wie man mit seinen Schwächen umgehen kann, wirken positiv.

Das ist auf allen Altersstufen wichtig, aber ganz besonders in der Pubertät. In dieser Lebensphase erlebt der junge Mensch einen radikalen Umbau. Der Körper verändert sich, die Hormone spielen verrückt, und Teile des Gehirns werden umstrukturiert: Nichts ist mehr so, wie es vor Kurzem noch war. Das verunsichert das Kind, das eigentlich kein Kind mehr sein möchte. Es reibt sich an Autoritäten, an den Standpunkten seiner Bezugspersonen, um die eigenen Standpunkte zu entdecken, Orientierung zu finden und eine eigene Identität zu entwickeln. Die Persönlichkeit befindet sich in einem Entwicklungsprozess, von dem das Kind selbst irritiert ist. Darum brauchen gerade Pubertierende erwachsene Bezugspersonen, die möglichst irritationsresistent – oder cool – sind.

Neben ihrer Authentizität und Coolness bzw. Gelassenheit verhalten sich die Respektvorbilder eindeutig. Sie verhalten sich selbst so, wie sie es einfordern. Wer ein Kind anbrüllt: »Schrei hier nicht so rum!«, macht sich unglaubwürdig – wie der Vater auf einem Cartoon, der seinen Sohn übers Knie legt und ihm den Hintern mit den Worten versohlt: »Ich werde dich lehren, andere Kinder zu schlagen!« Ein Kind in schimpfendem Ton aufzufordern, doch gefälligst etwas freundlicher zu sein, ist ebenfalls kein

Beispiel für Kongruenz, wie man die Übereinstimmung von Wort und Tat nennt. Natürlich ist es nicht immer einfach, vorbildlich auf die uns herausfordernden Kinder zu reagieren. Wir empfinden ihr gelegentlich unverschämtes Verhalten als Ausdruck fehlenden Respekts. Doch noch einmal: Wir dürfen Respekt nicht mit Höflichkeit und Bravheit verwechseln. Man kann sich höflich verhalten und innerlich den Stinkefinger zeigen. Ein Schüler kann in Anwesenheit des Lehrers brav sein und in seiner Abwesenheit über die Stränge schlagen. Das Verhalten ist nicht die Haltung. Kinder sind Kinder und müssen es sein dürfen. Als Kinder *dürfen* sie sowohl positives Verhalten als auch eine respektvolle Haltung *lernen* – wir Erwachsenen sollten da einen Lernvorsprung haben.

Vorbild als Erziehungsprinzip ist wirksamer, als verbal erzieherischen Einfluss nehmen zu wollen. Eine alte Elternweisheit, die genauso fürs Klassenzimmer gilt, lautet, dass man Kinder nicht zu erziehen braucht, da sie uns sowieso alles nachmachen. Auch hinter gravierenden Respektlosigkeiten wie rassistischen Pöbeleien, religiöser Intoleranz oder aggressivem Verhalten stecken meistens Angst und Unsicherheit. Grenzen zu setzen ist in solchen Situationen unverzichtbar, aber eben auf gelassene und den Jugendlichen ernst nehmende und authentische Weise. Vor allem darf die Beziehung nie aufgegeben werden. In mancher kindertherapeutischen Praxis hängt an der Wand der Spruch: »*Liebe mich am meisten, wenn ich es am wenigsten verdiene, denn dann brauche ich es am dringendsten.*« Das ist eine höchst anspruchsvolle Aufforderung, die uns mit einer weitverbreiteten elterlichen Spontanreaktion auf kindliches Fehlverhalten konfrontiert: Liebesentzug.

In der Schule geht es weniger um Liebesentzug. Zwar sollten auch Lehrerinnen und Lehrer »ihre« Schüler/innen mögen, aber das ist doch eine andere Art von Liebe als die zwischen Eltern und ihren Kindern. Es ist auch ganz natürlich, dass sich Lehrersympathien nicht gleichmäßig auf alle Kinder und Jugendlichen verteilen. Umso wichtiger ist es, den Respekt vor ihnen zu wahren, auch wenn wir seit Marie von Ebner-Eschenbach wissen: »Nichts ist schwerer, als den gelten zu lassen, der uns nicht gelten lässt.«

Grenzen zu setzen, ohne die Beziehung abzubrechen, setzt neben einer freundlich-konsequenten, klaren und gerechten Haltung ganz besonders Akzeptanz voraus.

Akzeptanz

»If you have some respect for people as
they are, you can be more effectiv in helping
them to become better than they are.«

Damit beschreibt John William GARDNER (o. J.), ein ehemaliger Gesundheitsminister der USA, sehr gut, was Akzeptanz meint. Ihr Bedeutungsgehalt deckt sich weitgehend mit dem von Toleranz im Sinne der UNESCO-Erklärung vom 16.11.1995. Dort heißt es in Artikel 1.1: »Toleranz bedeutet Respekt, Akzeptanz und Anerkennung der Kulturen unserer Welt, unserer Ausdrucksformen und Gestaltungsweisen unseres Menschseins in all ihrem Reichtum und ihrer Vielfalt. (…)«

Und weiter in Art. 1.2: »Toleranz ist nicht gleichbedeutend mit Nachgeben, Herablassung oder Nachsicht. Toleranz ist vor allem eine aktive Einstellung, die sich stützt auf die Anerkennung der allgemeingültigen Menschenrechte und Grundfreiheiten anderer. Keinesfalls darf sie dazu missbraucht werden, irgendwelche Einschränkungen dieser Grundwerte zu rechtfertigen. (…)«

Wer Menschen im Sinne Gardners so nimmt, wie sie sind, kann ihnen am besten helfen, sich positiv zu verändern. Die Akzeptanz ist zusammen mit Empathie und Kongruenz Kern einer ursprünglich therapeutischen Haltung in der humanistischen Psychologie. Auf diese bezieht sich die humanistische Pädagogik, die in der westlichen Welt vor allem durch Thomas Gordon und seine Bestseller »Familienkonferenz« und »Lehrer-Schüler-Konferenz« Verbreitung fand. Akzeptanz gegenüber einem Kind bedeutet seine bedingungslose Annahme, meint Achtung, Wärme und Rücksichtnahme. Das zentrale methodische Element einer »Sprache der Annahme« bildet bei Gordon das aktive Zuhören. Marshall B. Rosenberg nennt seine Weiterentwicklung der klientenzentrierten therapeutischen Gesprächsführung »Gewaltfreie Kommunikation«, in der wir nicht die Wolfs-, sondern die Giraffensprache anwenden. Die Giraffe ist das Säugetier mit dem größten Herzen und darum sein Symboltier für die Sprache des Herzens.

Im Sinne der humanistischen Pädagogik zeigt sich die Akzeptanz in einer Grundhaltung des Umgehens mit Kindern, die das Abwerten der Person vermeidet. Konkretes Verhalten wird *benannt*, damit verbundene Gefühle werden artikuliert, Bedürfnisse formuliert und Bitten geäußert. So zeigen wir ganz konkret Respekt, auch wenn wir mit einem Verhalten nicht einverstanden sind. Vor allem geht das Konzept der Akzeptanz davon aus, dass ein jeder Mensch in der Lage ist, seine Probleme selber zu lösen, wenn er sich nur angenommen fühlen kann. Das ist für deutsche Lehrerinnen und Lehrer aufgrund unserer Berufstradition eine gewöhnungsbedürftige Annahme. Das traditionelle Rollenverständnis sieht den Lehrer als den Kompetenten, Belehrenden und Gebenden an, während der Schüler der Nehmende ist. Genau das erzeugt einen negativen Aspekt des Lehrerimages, der im Volksmund so kolportiert wird: Lehrer wissen nicht nur alles, sondern alles besser. Und so erwarten viele Lehrer/innen von sich selber, dass sie es sind, die das Problem eines Schülers lösen können sollten.

Allmählich bricht dieses Rollenverständnis jedoch durch die Einflüsse vor allem aus Konstruktivismus und Gehirnforschung auf. Wo wir Lernen als einen eigenaktiven Konstruktionsprozess begreifen, geht es nicht mehr ums Belehren, sondern um das Arrangieren anregender Lernsituationen. Lehrer werden zu Lernbegleitern. Außerdem zeigt sich bei den heutigen medialen Möglichkeiten häufig, dass Schülerinnen und Schüler ihren Lehrern überlegen sind. Auch darum nimmt die Bedeutung des horizontalen Respekts zu und die des vertikalen ab. Lehrende und Lernende sind als Personen gleichwertig, auch wenn es Ungleichgewichte bezüglich ihrer Kompetenzen gibt.

Wertewandel – nicht Werteverlust

Keine Frage – die Werte in unserer Gesellschaft heute haben sich gegenüber »früher«, welche Zeit auch immer man darunter verstehen mag, geändert. Wer diese Tatsache als Werteverlust beklagt, möchte gerne an den »alten« Werten festhalten, an Disziplin wie im alten Preußen und Respekt wie in früheren hierarchischen Gesellschaftsstrukturen. Dass die Zeiten sich wandeln und mit ihnen die gesellschaftlichen Verhältnisse, ist ein Ausdruck der Dynamik des Lebens. Da die Entwicklungsgeschwindigkeit gravierend zugenommen hat, beunruhigen uns Veränderungen möglicherweise mehr als frühere Generationen. Wenn dabei Ängste entstehen, wächst die Neigung, an Bewährtem festzuhalten. Doch alles, was sich bewährt, bewährt sich in seiner Zeit und unter seinen Umständen. Wenn sich Zeit und Umstände entwickeln, erweist sich Altbewährtes meist als alt und nicht mehr tauglich. So kommt es, dass auch die Wertorientierungen sich wandeln müssen. Selbst, wenn uns das beunruhigt: Der Wertewandel ist prinzipiell notwendig, denn er stellt eine Anpassungsleistung der Gesellschaft an veränderte Umstände dar.

Dass die Jugend von heute trotz allem mit ihren Wertvorstellungen gar nicht so weit von konservativen Idealen entfernt ist, zeigt die 16. SHELL-JUGENDSTUDIE (2010):

Zustimmung	Wertorientierung
97 %	Gute Freunde haben
92 %	Gutes Familienleben führen
90 %	Eigenverantwortlich leben und handeln
83 %	Fleißig und ehrgeizig sein
79 %	Fantasie und Kreativität entwickeln
78 %	Das Leben in vollen Zügen genießen
69 %	Hohen Lebensstandard haben
58 %	Sozial Benachteiligten helfen
55 %	Eigene Bedürfnisse durchsetzen
37 %	An Gott glauben
14 %	Das tun, was die anderen auch tun

In der 12. Shell-Jugendstudie (FISCHER/MÜNCHMEIER 1997) wurde erstmals in der Geschichte der Jugendforschung festgestellt: »Die Krisen im Erwerbsarbeitssektor, Arbeitslosigkeit, Globalisierung, Rationalisierung und Abbau oder Verlagerung von Beschäftigung …, haben inzwischen … das Zentrum der Jugendphase erreicht, indem sie ihren Sinn in Frage stellen. Wenn die Arbeitsgesellschaft zum Problem wird, dann muss auch die Jugendphase als Phase der biografischen Vorbereitung auf diese Gesellschaft zum Problem werden« (S. 13).

Obgleich die Hauptsorge auch der heutigen Jugendlichen der wirtschaftlichen Entwicklung und ihren Arbeitsmarktchancen gilt, sind sie überwiegend pragmatisch und leistungsorientiert. Ihre Genussorientierung liegt damit ungefähr gleichauf, was für ein Gleichgewicht zwischen Anstrengungsbereitschaft und Hedonismus spricht. Selbst die Vorliebe für Castingshows spricht nicht gegen eine solch positive Einschätzung. Medienwissenschaftler Achim Hackenberg hat in einer Studie (2012) festgestellt: »Wettbewerb erzeugt Spannung. Wir haben herausgefunden, dass die jungen Zuschauer sehr leistungsorientiert an diese Shows herangehen. Für sie zählt, dass Leistung gebracht und Fleiß belohnt wird« (aus einem Interview mit dem Kölner Stadt-Anzeiger, 28./29. Jan. 2012, S. 30). Außerdem zeigte sich, dass die jungen Teilnehmer an seiner Studie die Notwendigkeit von Kritikfähigkeit erkennen und solche Castingshow-Teilnehmer ablehnen, die Kritik schlecht annehmen können.

Große Sorge muss uns nur ein Trend machen, der sich gegenüber der 15. Shell-Jugendstudie von 2006 noch verstärkt hat: Jugendliche aus bildungsbenachteiligten Milieus sehen für sich ganz realistisch schlechtere Chancen und Perspektiven. Wie steht es also mit dem Respekt unserer Gesellschaft gegenüber dieser Jugendgeneration? Müssten wir nicht alles daransetzen, die schon längst nachgewiesene und selbst in der Politik anerkannte Tatsache der Verstärkung sozialer Benachteiligung durch unser Bildungssystem zu überwinden?

Dass diese Generation weniger Respekt zeigt als die ihrer Eltern, lässt sich zumindest aus den Ergebnissen der aktuellen Jugendforschung nicht belegen.

③

Gute Noten sind nicht gut, aber wichtig

> Ein Medikament mit solch
> furchterlichen Nebenwirkungen,
> wie Schulnoten sie haben
> können, wäre schon längst vom
> Markt genommen worden.

Wann immer ich bei Vortragsveranstaltungen Eltern frage, woran sie es festmachen, ob ihr Kind in der Schule erfolgreich sei, erhalte ich solche Antworten:

- »… dass mein Kind gerne in die Schule geht«;
- »… wenn es gerne lernt«;
- »… wenn es lernt, wie man lernt«;
- »… dass es Interessen entwickelt«;
- »… dass es seine Persönlichkeit entfaltet«
  und so weiter.

Der gute Schulabschluss oder gute Noten werden zunächst nicht genannt. Es scheint eine Hemmschwelle zu geben, vor Fremden dazu zu stehen, dass man sich gute Noten für sein Kind wünscht. Erst eine Nachfrage wie die folgende überwindet die Hemmungen: »Wie reagieren Sie denn, wenn Ihr Kind Ihnen erzählt, dass es zwar eine Fünf in Mathe geschrieben hat, sich aber in der Schule sehr wohlfühlt?« Auf einen solchen Impuls hin geben Eltern zu, dass die Noten zumindest akzeptabel sein sollten, was immer das auch für den Einzelnen heißt.

Für Lehrerinnen und Lehrer spielen die Noten eine sehr große Rolle als persönliche Rückmeldung für ihren Unterrichtserfolg, aber auch als öffentlicher Ausweis ihrer Qualität. An Grundschulen in Bundesländern, in denen die Grundschulempfehlung Verbindlichkeitscharakter hat, versuchen Eltern, bei der Schulleitung Einfluss darauf zu nehmen, welche Lehrerin ihr Kind bekommt; wer die bessere Quote an Übertritten aufs Gymnasium aufzuweisen hat, wird bevorzugt. Zu gute Noten zu erzielen kann jedoch unter Umständen auch verdächtig machen. So ging das Schicksal der bayerischen Grundschullehrerin *Sabine Czerny* durch die Presse, deren Schulkinder aufgrund ihrer ausgezeichneten Arbeit erfolgreicher abschnitten als die der Parallelklassen. Schließlich verlangte die Schulaufsicht von ihr, sich dem Niveau der Parallelklassen anzupassen, und versetzte sie an eine andere Schule. Sie wurde unter Druck gesetzt, Tests und Klassenarbeiten so zu konstruieren, dass auf jeden Fall auch Vierer, Fünfer und Sechser vorkamen.

Wenn so etwas in Deutschland passieren kann, wie gut sind dann gute Noten? Was sagen Noten überhaupt aus? Von welchen Faktoren hängt es ab, ob ein Schüler gute Noten erreicht? Spielen Disziplin und Respekt dafür eine Rolle? Und sind Noten tatsächlich ein Ausweis für Schulerfolg?

»Die Fragwürdigkeit der Zensurengebung«

Die Überschrift dieses Abschnitts zitiert einen Klassiker der Notenkritik (INGENKAMP 1977). In einer umfassenden, gründlichen und logisch konsequenten Analyse hat Karl-Heinz Ingenkamp die Schwachpunkte der schulischen Benotungspraxis herausgearbeitet und dabei festgestellt, »dass die Zensuren keine Vergleichsfunktionen bei schulexternen Adressaten erfüllen können und dass damit unser gesamtes schulisches Berechtigungswesen auf einer Fiktion beruht« (S. 192; neue Rechtschreibung: D. T.).

Diese Aussage kritisiert nicht die Lehrerinnen und Lehrer, sondern das System Schule, das Lehrpersonen zur Benotung zwingt. Ingenkamp vermag anhand empirischer Untersuchungen zu belegen, dass schulische Zensuren die Gütekriterien verlässlicher Messinstrumente nicht hinreichend erfüllen: Objektivität, Validität und Reliabilität.

1. Objektivität: Objektiv wären Schulnoten dann, wenn verschiedene Lehrer gleiche Leistungen auch gleich benoten würden. Das ist jedoch nachweislich nicht der Fall, wie beispielsweise schon Gottfried Schröter (SCHRÖTER 1981) in zahlreichen Untersuchungen für alle Schulfächer und die Beurteilung von schriftlichen, mündlichen wie praktischen Leistungen zeigte. Er bestätigte nicht nur den bekannten Befund, dass derselbe Aufsatz von verschiedenen Beurteilern mit Noten von 1 bis 6 bewertet wird, sondern er konnte auch nachweisen, dass als besonders objektiv geltende Fächer wie Mathematik ihrem Ruf nicht gerecht werden; es kamen Streuungen von Bewertungen derselben Klassenarbeit über vier Notenstufen vor. Von ähnlichen Ergebnissen berichtet auch Hans Brügelmann, Universität Siegen (vgl. »Schulnoten sind ungerecht«, FR v. 15.12.2011). Sein »Notengutachten« für den Grundschulverband (BRÜGELMANN u. a. 2006) machte in den Medien Furore, hatte jedoch genauso wenig bildungspolitische Folgen wie Ingenkamps Untersuchungen in den 1970er-Jahren.

Warum können Noten nicht objektiv sein? Verschiedene Lehrer gewichten einzelne Aufgaben in einer Klassenarbeit unterschiedlich. Außerdem messen sie den Lösungswegen unterschiedliche Bedeutung bei und wenden zudem verschiedene Punkte-Noten-Skalen an. Selbst wenn man die Durchführungs- und Auswertungsvorgaben vereinheitlicht, wie das etwa bei zentralen Prüfungen der Fall ist, ergeben sich noch Streuungen um etwa drei Notenstufen zwischen verschiedenen Beurteilern. Deswegen haben wir ja die Praxis der Zweitkorrektur bei Prüfungen, die nicht erforderlich wäre, wenn es eine objektive Leistungsmessung in der Schule gäbe.

2. Validität: Das zweite Gütekriterium ist die Validität. Die Gültigkeit eines Messinstrumentes drückt aus, inwieweit eine Messung überhaupt das erfasst, was erfasst werden soll und was vorher als Kriterium definiert sein muss. Bei einer Personenwaage ist das klar: Sie misst unser Gewicht und zeigt es in Kilogramm an. Schulnoten erfassen jedoch gar nicht alles, was erfasst werden soll. Tests und Klassenarbeiten beziehen sich vor allem auf Wissen und Abfragbares, aber nicht auf logisches Denkvermögen, Problembewusstsein oder Kreativität, obwohl auch solche Kompetenzen zu den Lernzielen gehören. Manchmal wird sogar Wissen abgefragt, das im Unterricht nicht vermittelt wurde, damit auch in einer leistungsstarken Klasse schlechte Noten produziert werden, wie etwa *Sabine Czerny* erfahren musste. Wollten Tests und Klassenarbeiten wirklich valide sein, müssten sie ähnlich aufwendig konstruiert werden wie die PISA-Tests – eine illusorische Vorstellung.

3. Reliabilität: Die Reliabilität schließlich beschreibt die Zuverlässigkeit oder Genauigkeit, mit der ein Messvorgang erfolgt. Dabei ist es ein Maß für Reliabilität, wenn eine erneute Messung nach einem gewissen zeitlichen Abstand das gleiche Ergebnis erbringt. Diesem Kriterium wird schulische Leistungsmessung gleichfalls nicht gerecht, denn welcher Lehrer überprüft schon seine Aufgabenstellungen daraufhin?

Wegen dieser Mängel gelten Zensuren als minderwertiges Messinstrument. Die Statistikfachleute unter den Mathematikern weisen den Schulnoten lediglich ein Rangskalenniveau zu. Damit sind sie geeignet, innerhalb einer Schulklasse eine Rangreihe der Schülerinnen und Schüler nach Leistung abzubilden. Tatsächlich funktioniert diese Rangreihenbildung in der Praxis recht gut. Aber schon zwischen zwei Klassen eines Jahrgangs in derselben Schule sind die Noten nicht mehr vergleichbar! Wegen des Rangskalenniveaus ist es mathematisch auch nicht zulässig, arithmetisch gemittelte Durchschnittsnoten zu berechnen. Beim Gewicht oder der Längenmessung ist das arithmetische Mittel möglich, weil die Abstände zwischen den Messpunkten auf der Skala stets gleich sind. Der Leistungsabstand zwischen den Noten 1 und 2 ist jedoch nicht gleich groß wie der zwischen 2 und 3 oder 4 und

5. Trotzdem werden alljährlich Abiturdurchschnittsnoten ermittelt und veröffentlicht. Dieser mathematische Unfug ist politisch gewollt und mitverantwortlich für die Notenfixierung von Schülern und Eltern.

Dass sich an der schulischen Bewertungspraxis bis heute nichts grundlegend geändert hat, offenbart ein krasses Versagen der Bildungspolitik. Schließlich wissen wir nicht nur über die negativen Seiten von Zensuren gut Bescheid, sondern kennen auch Alternativen wie differenzierte Verbalbeurteilungen oder Portfolios. Solche Verfahren machen qualitativ hochwertige Aussagen, eignen sich aber nicht so gut für Selektionszwecke. Brügelmann sagt mit Bezug vor allem auf die Grundschule: »Diejenigen ..., die mit dem Verzicht auf Ziffernnoten pädagogische Ziele verfolgen, können mit einer Verbesserung der Unterrichtssituation und der Motivation der SchülerInnen sowie ihres Lernerfolgs rechnen, sofern sie bereit sind,

- als LehrerInnen sich auf den höheren, aber lohnenden Aufwand einzulassen,
- als Schulverwaltung die für Evaluation verfügbaren Ressourcen gezielter in die Fortbildung und Unterstützung der LehrerInnen zu investieren und
- als BildungspolitikerInnen den Selektionsdruck im System zu verringern und Rahmenbedingungen wie die Schüler-Lehrer-Relation zu verbessern« (BRÜGELMANN u. a. 2006, S. 25).

Schlüsselqualifikationen vor Noten

Noten sind zwar ein äußerst fragwürdiges Instrument der schulischen Leistungsmessung, das so rasch wie möglich durch bessere Verfahren ersetzt werden sollte, aber solange es sie gibt, müssen wir mit ihnen leben. Sie gelten als Ausweis des Schulerfolgs und werden trotz mangelnder Eignung für Versetzungen, Abschlüsse und Qualifikationen verwendet. Darum ist das Streben nach guten Noten bei Schülern, Eltern und Lehrern verständlich und überhaupt nicht verwerflich. Allerdings sollten wir den Zensuren nicht trauen, weil ihre Aussagekraft sehr begrenzt ist. Erst recht sollten wir unsere Beziehung zu den Kindern und Jugendlichen nicht von ihnen beeinflussen lassen. Weder sind unsere Kinder identisch mit ihnen, noch sind sie immer allein verantwortlich für sie.

Die Noten bilden noch nicht einmal Erfolg oder Misserfolg des schulischen Bildungsprozesses treffend ab, denn dieser beinhaltet mehr, als Abfragen, Tests und Klassenarbeiten erfassen können. »Bildung ist das, was übrig bleibt, wenn man alles vergessen hat, was man gelernt hat«, beschreibt ein Bonmot von Lord Halifax (17. Jahrhundert) diesen Sachverhalt. Auch die heute übliche Kompetenzorientierung der Bildungspläne, ein deutlicher Fortschritt gegenüber den Lehrplänen früherer Jahrzehnte, vermag es nicht, Schlüsselqualifikationen so darzustellen, dass sie mit Noten bewertbar wären.

Schlüsselqualifikationen
- ermöglichen es, das jeweils geforderte Spezialwissen zu erwerben;
- beziehen sich auf die allgemeine Leistungsfähigkeit, aber nicht auf spezielle Kenntnisse;
- stellen Qualifikationen dar, mit denen nicht nur heutige, sondern auch zukünftige Aufgaben bewältigt werden können;
- gehen weit über die Kenntnisse, Fähigkeiten und Fertigkeiten hinaus, die traditionell in der Schule vermittelt werden;
- sind ein Schlüssel zur persönlichen Entwicklung, indem sie zum lebensbegleitenden Lernen fähig machen;
- umfassen methodische, soziale bzw. kommunikative und persönliche Kompetenzen.

Die heutige Arbeitswelt verlangt nach solchen Fähigkeiten. Geistige Beweglichkeit, Lern- und Kritikfähigkeit, Team- und Problemlösekompetenz werden in komplexen Arbeitszusammenhängen gebraucht, während der Bedarf an schlichten Befehlsempfängern mehr und mehr durch automatische Maschinen gedeckt wird. Der Begriff der Schlüsselqualifikationen stimmt in weiten Teilen mit dem Bildungsbegriff überein, den die UNESCO (Organisation der Vereinten Nationen für Erziehung, Wissenschaft und Kultur) im Delors-Bericht vertritt. Er umfasst das Lernen, Wissen zu erwerben (learning to know), Lernen zu handeln (learning to do), Lernen für das Leben (learning to be) sowie das Lernen, miteinander zu leben (learning to live together). Damit geht er über die ökonomische Begründung für Schlüsselqualifikationen hinaus und betont zusätzlich die Bedeutung von Bildung für die Entfaltung der Persönlichkeit. Der Mensch ist eben mehr als nur ein Arbeitswesen und hat ein Recht auf seine Individualität, was in der Schule zu kurz kommt. Das Bildungssystem steht unter dem Erwartungsdruck, auf dem Arbeitsmarkt verwertbare Abschlüsse zu produzieren. Deswegen wird das Arbeiten mit Kindern und Jugendlichen an Haltungen und Werten vernachlässigt. Deswegen suchen Lehrerinnen und Lehrer vergeblich nach Mitteln, Disziplin und Respekt »herzustellen«, denn das Qualifizieren der Schüler lässt vermeintlich keine Zeit für anderes. Deswegen ist Schulerfolg in Form von Noten nicht gleich erfolgreiche Bildung.

Ob als Lehrer oder Eltern, wir sollten stets darauf achten, dem ganzheitlichen Bildungsbegriff der UNESCO zu entsprechen und die Schlüsselqualifikationen unserer Kinder zu fördern, damit sie es leichter haben, ein persönlich wie auch ökonomisch und nicht zuletzt ökologisch gutes Leben zu führen. Wir können eine Menge dafür tun:

- *Arbeitstechniken* erwerben Kinder, wenn sie Erwachsene bei der Pflege von aktiven Hobbys erleben. Das animiert sie zum Nachahmen und lässt sie spielerisch lernen, wie man Sammlungen sortiert, Fachzeitschriften nutzt und Informationen recherchiert. Sie erwerben sie auch durch prozessorientiertes Besprechen von Hausaufgaben im Unterricht, wenn sie sich immer wieder mal darüber austauschen können, wie sie Aufgaben gelöst und sich Lernstoff angeeignet haben.

- *Zeitmanagement* lernen Kinder, wenn sie zu Hause an der Nutzung des Familien-Terminkalenders beteiligt werden und es üblich ist, zeitliche Absprachen für den Tag, die Woche und das Jahr zu treffen. In der Schule hilft es ihnen, die zeitliche Planung einer Unterrichtseinheit samt Klassenarbeitsterminen im Voraus zu kennen, vielleicht als Plakat an der Wand hängen zu haben. Das bedeutet für Lehrerinnen und Lehrer: »Wer den Unterrichtsablauf eher dem Zufall überlässt, Klassenarbeiten nicht gleichmäßig über das Schuljahr verteilt, sie nicht rechtzeitig zurückgibt und durch ständige Unpünktlichkeiten auffällt, darf sich nicht wundern, wenn Schüler Schwierigkeiten mit der Planung und Strukturierung der Zeit haben« (Keller 1999, S. 28).

- *Kreativität* wächst, wenn man ihr Raum gibt. Kleine Kinder entfalten sie beim Spielen mit Sand und Bauklötzen, also mit unstrukturiertem Material, das formbar ist. Ältere Kinder entwickeln ihre Kreativität bei künstlerischem Tun jeder Art. Voraussetzungen dafür sind Vorbilder, zumindest aber Anregungen durch Museums-, Konzert- und Theaterbesuche, bestätigendes Lob und der Schutz vor Reizüberflutung. In der Schule fördern Vorführungen und Ausstellungen die Lust, sich an kreativem Tun zu beteiligen – Benotungen sind jedoch kontraproduktiv.

- *Teamfähigkeit* entwickelt sich durch Aufgabenteilung im Haushalt, beim gemeinsamen Kochen oder auch bei der Planung der Geburtstagsfeier, zu der jeder seinen Teil beiträgt. In der Schule wird sie mit kooperativen Lernformen gefördert. Leider erfahre ich bei Fortbildungen immer wieder, dass Lehrerinnen und Lehrer nicht zuletzt aus Zeitgründen lieber auf kooperatives Lernen im Unterricht verzichten, als die Schüler nach und nach disziplinierte Gruppenarbeit lernen zu lassen. Kaum etwas ist motivierender als gemeinsame Lern- und Arbeitserlebnisse.

- *Kommunikations- und Konfliktlösefähigkeit* ist vor allem eine Sache der Erfahrung. In Familien, in denen viel miteinander gesprochen wird und Streitigkeiten ausdiskutiert werden, entwickelt sie sich ganz nebenbei. Das Gleiche passiert in Schulen, in denen es den Klassenrat, die Schulversammlung und/oder die Schüler-Streitschlichtung gibt.

- *Frustrationstoleranz* hat mit der Erfahrung von natürlichen Grenzen zu tun. Wenn ein Kind daran gewöhnt ist, dass es nicht immer sofort bekommt oder tun darf, was es will, wenn es die Erfahrung machen darf, dass man beim Spielen von Gesellschaftsspielen häufiger verliert als gewinnt, und wenn es als normal empfindet, dass nicht jede Leistung sofort perfekt sein kann, entwickelt sich Frustrationstoleranz. Wir müssen auch in der Schule mehr Wert auf die Prozesse legen statt auf bewertbare Produkte.

Die Bedingungsfaktoren des Schulerfolgs

Schulerfolg ist also weit mehr als gute Noten. Er besteht im erfolgreichen Erwerb von Voraussetzungen, ein persönlich wie auch ökonomisch und nicht zuletzt ökologisch gutes Leben zu führen, wie ich es oben formuliert habe. Ein »gutes Leben« ist – nicht nur, aber auch – ein erfolgreiches Leben, erfolgreich in Bezug auf die Entfaltung der eigenen Persönlichkeit wie auch auf die Gestaltung des Verhältnisses mit Mitmenschen und Umwelt. Hier befindet sich die Schnittmenge zwischen Disziplin, Respekt und guten Noten.

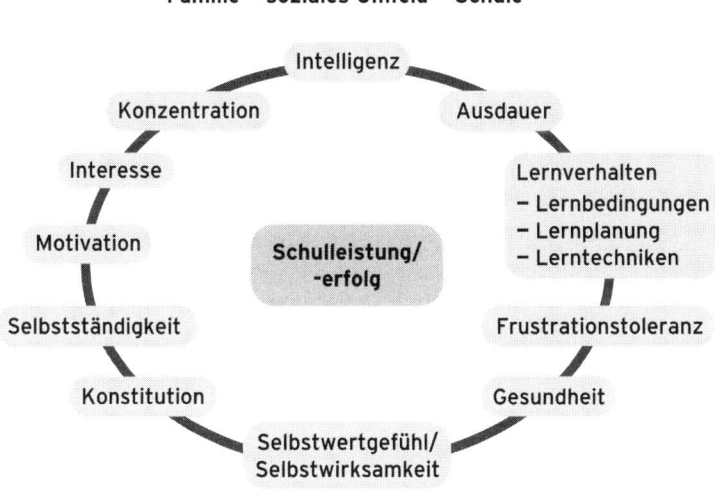

Abb. 4: Die wesentlichen Bedingungsfaktoren des Schulerfolgs

Ob sich Schulerfolg einstellt, hängt von einer Vielzahl von Faktoren ab, für die wir Erwachsenen – Eltern wie Lehrer – Mitverantwortung tragen. Familie, Schule und sonstiges soziales Umfeld unserer Kinder definieren den Rahmen für eine Entfaltung dieser Faktoren – oder auch nicht. Klare Erwachsene realisieren die »vier pädagogischen Z« (vgl. WALLRABENSTEIN 1999): Zeit, Zuwendung, Zuversicht und Zukunft. In den frühen Lebensjahren haben die ersten beiden Begriffe sicherlich den höheren Stellenwert, während die anderen beiden besonders ab der Pubertät Bedeutung gewinnen, wenn eigene Lebensperspektiven entwickelt werden. Grundsätzlich sind jedoch alle vier Begriffe in jedem Alter wichtig; grundsätzlich sind alle Bezugspersonen von Kindern und Jugendlichen an diesem Rahmen beteiligt.

Aus schulpsychologischer Sicht spielt Intelligenz eine absolut notwendige, aber allein nicht hinreichende Rolle für das Erbringen von Leistung in der Schule. Auch wenn sie sicherlich genetische Anteile besitzt, haben Umwelt und Bezugspersonen den entscheidenden Einfluss auf ihre Entfaltung. »Biologische Systeme – also auch der Mensch – sind keine durch die Gene programmierten Selbstläufer, die mithilfe eines Autopiloten durchs Leben fahren. Gene sind Kooperatoren und Kommunikatoren, sie empfangen Signale und werden in ihrer Aktivität reguliert, und dies in jeder Minute, solange ein Organismus lebt« (BAUER 2007, S. 17). Die Intelligenz ist also ein höchst dynamischer Faktor und durch die Interaktionen mit der Umwelt stark beeinflussbar, stellt der Freiburger Gehirnforscher Joachim Bauer klar. Am Ende der Grundschulzeit eine bestimmte Schullaufbahn festzulegen ist aufgrund solcher Erkenntnisse unsinnig. Einen weiteren Dämpfer für die in Deutschland übliche Praxis der Selektion in unterschiedlich wertige weiterführende Schulen ergab eine Studie am University College in London, die im Herbst 2011 veröffentlicht wurde (vgl. ABENDBLATT 2011). Danach veränderten sich die IQ-Werte bei Jugendlichen zwischen dem Alter von 12 und 16 Jahren um bis zu 20 Punkte, teilweise positiv, teilweise negativ. Auch in Deutschland wird zu dieser Thematik geforscht, und die Wissenschaftler sind sich einig: Das Gehirn ist flexibler als bisher gedacht und passt sich neuen Situationen und Herausforderungen an. Der IQ-Wert ist veränderlich.

Schon im Jahr 2000 hatte der Frankfurter Musikwissenschaftler *Hans Günther Bastian* (JWG-UNI 2000) das Ergebnis einer über sechs Jahre laufenden Langzeitstudie veröffentlicht, die an sechsjährigen Berliner Grundschulen durchgeführt wurde. »Mehrjährige ›erweiterte‹ Musikerziehung führt nachweisbar bei Kindern aus musikbetonten Grundschulen zu einem signifikanten IQ-Zugewinn«, stellte sein Forscherteam fest. Die Versuchskinder hatten über ihre sechs Grundschuljahre hinweg eine zweite Musikstunde pro Woche erhalten und lernten ein Instrument, das sie im Ensemble spielen konnten. Besonders profitierten sozial benachteiligte sowie Kinder mit Konzentrationsdefiziten vom Zusatzangebot. Trotz des zusätzlichen Zeitaufwands litten die Leistungen in den Hauptfächern nicht nur nicht, sondern fielen in den musikbetonten Grundschulen häufig besser aus als in den herkömmlichen. Dies ist ein weiterer Beleg für die Dynamik der menschlichen Intelligenz, die außerdem durch Bewegung positiv beeinflusst werden kann. Wie man das systematisch bewerkstelligt, vermittelt beispielsweise der Masterstudiengang »Intelligenz und Bewegung« der Universität Bielefeld.

Die weiteren Begriffe im Reigen der Bedingungsfaktoren für Schulerfolg gelten als Stützfaktoren der Intelligenz. Sie können bei guter Ausprägung Intelligenzdefizite zumindest teilweise kompensieren. Ihre Unterentwicklung jedoch kann selbst eine gute intellektuelle Begabung daran hindern, erfolgreich mit den Lernanforderungen der Schule umzugehen. Darum muss das Augenmerk von klaren Erwachsenen stets der Förderung all dieser Faktoren gelten.

Selbstwertgefühl als Basis

Selbstwertgefühl bildet die Basis im Reigen der Faktoren für den Schulerfolg. Es entwickelt sich von klein auf. Denken Sie doch einmal an Ihre eigene Kindheit zurück. Erinnern Sie sich noch an bestimmte Formulierungen, mit denen Sie ermahnt wurden oder Zuspruch erhielten? Gab es Redewendungen, die Ihnen heute noch nachgehen? Beispielsweise: »Ein Junge weint nicht.« – »Stell dich nicht so an!« – »Du bist mein Sonnenschein.« – »Das macht am besten unser Meisterbastler!«

An solche Kindheitsbotschaften erinnern wir uns deshalb, weil sie uns nachhaltig prägten. Manche schmerzen heute noch, auf andere blicken wir mit Stolz zurück. Unser Selbstbild kam auf diese Weise zustande, aber natürlich auch durch das nonverbale Verhalten unserer Bezugspersonen. Vom ersten Atemzug an vermitteln Mutter, Vater, weitere Personen aus dem familiären Umkreis und schließlich pädagogische Fachkräfte dem Kind ein Gefühl davon, ob es willkommen ist oder nicht. Vor allem während der ersten Lebensjahre entscheidet sich, ob der Mensch ein eher optimistisches oder ein pessimistisches, ein eher zuversichtliches oder ein ängstliches Bild von sich selbst entwirft. Aus dem Selbstbild wird das Selbstbewusstsein – durch die in der Natur wohl einzigartige menschliche Fähigkeit zum Reflektieren über sich selbst. Ein Außenbewusstsein entwickeln auch Tiere, aber ein Bewusstsein davon, was ich kann und was nicht, gibt es nur beim Menschen.

Neben den nonverbalen und verbalen Mitteilungen seiner Bezugspersonen prägen auch die eigenen (Selbstwirksamkeits-) Erfahrungen das Selbstbild eines Kindes. In der Interaktion mit der Umwelt erfährt es sowohl Erfolge als auch Grenzen. Wenn das Baby beispielsweise nach der Rassel greift, um solch ein interessantes Geräusch zu erzeugen, wie Mama das immer tut, gelingt das nicht auf Anhieb. Aber nach einigen Versuchen klappt es, und das Baby zeigt mit seinem Strahlen oder Lachen, wie glücklich es darüber ist. Es integriert nun in sein Selbstkonzept, dass es rasseln kann. Es integriert auch die Erfahrung, dass es einiger Mühen bis zum Erfolg bedurfte – eine äußerst wichtige Erfahrung, wie wir gleich im Zusammenhang mit dem Begriff »Frustrationstoleranz« noch sehen werden.

Beispiel: Ein kleiner Junge, er mag vielleicht vier Jahre alt sein, will auf dem Spielplatz ein Klettergerüst erklimmen. Die Sprossen sind jedoch zu weit auseinander für ihn, denn das Gerät ist für ältere Kinder gebaut. Er will aber – und er drückt seinen

Willen lautstark aus. Da schnappt ihn seine Mutter schließlich und hebt ihn zu den oberen Sprossen hinauf. Dort klammert er sich fest und strahlt. Seine Mutter klatscht in die Hände und ruft: »Schau mal, wie schön du schon klettern kannst!«

Vom Entwicklungspsychologen Jean Piaget stammt der Satz: »Wer einem Kind die Lösung eines Problems sagt, betrügt es um seine eigenen Erfahrungen.« Genau das ist in dieser überhaupt nicht ungewöhnlichen Alltagsepisode passiert. Der Junge durfte nicht die Erfahrung machen, dass er noch zu klein für seinen Wunsch ist, an diesem Gerät zu klettern. Seine Mutter wollte ihm diese Frustration ersparen und ihn glücklich sehen. So machte er eine andere Erfahrung, und das vermutlich nicht zum ersten Mal: »Wenn ich etwas will, dann sorgt Mama dafür, dass es klappt.«

Um ein realistisches Selbstbild zu entwickeln, muss ein Kind von klein auf Erfahrungen sowohl von Erfolg als auch von Misserfolg machen. Dann spürt es im Laufe des Heranwachsens zunehmend deutlicher, wo seine Fähigkeiten und seine Grenzen liegen. Wie ist es beispielsweise beim Laufenlernen? Anfangs zieht sich das Kind am Stuhlbein hoch oder lässt sich an den Händen halten. Es knickt immer wieder ein oder plumpst auf den Boden. Dann rappelt es sich erneut auf und versucht es so lange, bis es eines Tages sicher und frei laufen kann. Seine kleinen Frustrationen, das Stolpern und Hinfallen, sind Herausforderungen im Entwicklungsprozess. Sicher sind Kinder oft wütend, wenn sie hinfallen, aber sie stehen trotzdem immer wieder selber auf, wenn man sie nur lässt. Werden Kinder jedoch herumgetragen, obgleich sie eigentlich schon lauffähig sind, kann sich ihre motorische Tüchtigkeit nicht normal ausprägen. Je eher sie aufgehoben werden, wenn sie hingefallen sind, desto ungeschickter werden sie im Wiederaufstehen.

Hinzufallen und selber wieder aufstehen zu können, sind beispielhafte Erfahrungen von *Selbstwirksamkeit*. Sie vermitteln dem Kind das Bewusstsein, selber laufen, hinfallen und wieder aufstehen zu können. Das *Selbstbewusstsein* wächst mit zunehmenden Erfahrungen von Erfolgen. Das *Selbstbild* wird immer realistischer mit den Erfahrungen dessen, was geht, und dessen, was (noch) nicht geht. Wenn eine Katze in den Spiegel schaut und einen Löwen sieht, ist ihr Selbstbild unrealistisch überhöht. Sollte sie einmal andere Tiere mit einem Löwengebrüll einschüchtern wollen, wird sie nur Lacher ernten und tief frustriert sein. Sollte unser Junge aus dem Spielplatz-Beispiel anderen zeigen wollen, wie gut er schon klettern kann, wird er schnell als Angeber gelten.

Eine elterliche Grundhaltung, die dem Kind durch ermutigende Selbstständigkeitserziehung vielfältige Möglichkeiten für eigene Erfahrungen eröffnet, fördert die Entwicklung eines positiven Selbstbildes und damit des üblicherweise gern gesehenen gesunden Selbstbewusstseins. Gesund ist es dann, wenn es auf einem realistischen Selbstbild beruht, also auf dem Bewusstsein der eigenen Möglichkeiten und Grenzen. Wo Eltern einem Kind mehr Hilfestellung leisten, als es zur Bewältigung seines Daseins benötigt, können Selbstständigkeit und gesundes Selbstbewusstsein nicht wachsen. Der dänische Erziehungsberater und Familientherapeut Jesper Juul spricht in diesem Zusammenhang von Curling-Eltern, die ihren Kindern den Weg frei fegen, so wie man das beim Curling vor dem rutschenden Eisstock tut.

Frustrationstoleranz

Menschen mit einem gesunden Selbstbewusstsein verfügen über Frustrationstoleranz. Das meint die nicht angeborene, aber lernbare Fähigkeit, mit Enttäuschungen umzugehen, Bedürfnisse aufzuschieben oder es auszuhalten, wenn einem etwas nicht auf Anhieb gelingt, ohne in Aggression oder Depression zu verfallen. Wie es um Ihre eigene Frustrationstoleranz steht, können Sie beispielsweise beim Autofahren einschätzen. Wie gut halten Sie es aus, wenn Sie in einen Stau geraten? Wie gelassen gehen Sie mit dem Stop and go im Feierabendverkehr um? Schaffen Sie es, die Geschwindigkeitsbeschränkung auf einer gut ausgebauten, übersichtlichen Straße einzuhalten?

Frustrationstoleranz hat viel mit Geduld zu tun, wie man gelegentlich auch an der Supermarktkasse beobachten kann, wenn

Kunden in der Warteschlange nervös werden, weil eine alte, sehbehinderte Frau länger als andere braucht, um ihre eingekauften Waren zu bezahlen.

Wer über geringe Frustrationstoleranz verfügt, flippt schnell aus, wenn etwas nicht nach seinem Kopf läuft. Solche Kinder sind bei ihren Spielkameraden nicht besonders beliebt, weil sie sich immer wieder aggressiv durchsetzen wollen und die gute Atmosphäre zerstören. Auch diejenigen, die ihre Aggressionen eher nach innen richten oder sehr schnell weinen, haben es schwer mit der Beliebtheit. Beide Gruppen leiden unter einer Ich-Schwäche, auch wenn sie sie unterschiedlich ausdrücken. Sie stehen sich oft selbst im Weg, ob beim Spiel oder später in der Schule beim Lernen. Sie neigen dazu, sich entweder zu viel zuzutrauen, um dann frustriert aufzugeben, oder sich stets zu geringe Anforderungen auszusuchen, was ihre Lern- und Entwicklungsfortschritte verzögert und sie hinter ihren Möglichkeiten zurückbleiben lässt.

Welchen Einfluss die Frustrationstoleranz auf den Schulerfolg hat, begann Mitte der 1960er-Jahre der amerikanische Psychologieprofessor Walter Mischel mit seinen Experimenten zum Belohnungsaufschub zu erforschen. Er setzte vierjährige Kinder einzeln oder zu zweit in einem Raum an den Tisch, auf dem sich nichts als ein Teller mit einem Marshmallow befand. Die Versuchsleiterin sagte den Kindern, dass sie jetzt den Raum verlassen müsse. Sie bekämen ein zweites Marshmallow, wenn sie das erste nicht essen würden, bis sie wiederkommt. 15 bis 20 Minuten betrug die Wartezeit, während der die Kinder von außen beobachtet und gefilmt wurden. Die entscheidende Erkenntnis gewann Mischel jedoch nicht gleich nach Auswertung seiner Ergebnisse, sondern erst etwa 14 Jahre später. Er hatte nämlich die Schulkarrieren dieser Versuchskinder verfolgt und konnte nun eine statistische Korrelation zwischen der Fähigkeit zum Belohnungsaufschub und dem Schulerfolg errechnen. Diese Beziehung ist deutlich enger als die zwischen IQ und Schulerfolg (vgl. KLÄSENER/KORTE 2004, S. 162 f.).

Motivation

Die in unserem Schulsystem so dringend benötigte Leistungsmotivation fußt auf dem Selbstwertgefühl und der Frustrationstoleranz. Sie ist eine sehr früh im Leben erlernte und darum auch recht stabile Grundhaltung und zeigt sich in Einstellungen und Verhaltensweisen, die zur Bewältigung von Leistungsanforderungen förderlich sind (vgl. TRÄBERT 2010a). Obwohl die entsprechenden Prägungen schon vom ersten Atemzug an wirksam sind, spricht man erst dann von Leistungsmotivation, wenn es um die Bewältigung von *normierten* Anforderungen geht, wie das in der Schule der Fall ist. Kinder leisten ja bereits von klein auf sehr viel, müssen aber in der Regel erst in der Schule alle zur gleichen Zeit die gleichen Aufgaben bewältigen.

Die ermutigende Selbstständigkeitserziehung der Eltern, gepaart mit der Erfüllung der Bedürfnisse, geliebt zu sein und zu einer Gemeinschaft zu gehören, führt zur erfolgszuversichtlichen Motivationshaltung. Schule kann diese Haltung unterstützen oder, wo ein Kind eher misserfolgsängstlich ist, kompensatorisch wirken, wenn sie durch die Gestaltung offener Unterrichtsformen viel Selbststeuerung, Selbstständigkeit und damit Selbstwirksamkeitserfahrungen ermöglicht, Lernprozesse individuell begleitet, (Lern-)Fortschritte bewusst macht, Fehler auf ermutigende Weise aufzeigt, den Kindern Wertschätzung entgegenbringt und Energie für die Gestaltung eines guten Gruppen- bzw. Klassenklimas einsetzt.

Schülerinnen und Schüler mit Erfolgszuversicht oder mit, wie der Motivationspsychologe *Heckhausen* es nannte, Hoffnung auf Erfolg, haben ein Bewusstsein davon, dass es vor allem von ihrem eigenen Einsatz abhängt, ob sie eine Aufgabe bewältigen oder nicht. Wer jedoch »Furcht vor dem Misserfolg« bzw. Misserfolgsängstlichkeit aufweist, neigt eher dazu, äußere Umstände für Fehler und schlechte Leistungen verantwortlich zu machen. »Pech gehabt«, »Die Arbeit war viel zu schwer«, »Das haben wir nie durchgenommen« oder »Kein Mensch hat das gekonnt« sind häufige Argumente zur Begründung einer schlechten Note. Umgekehrt wird ein Erfolg dann eher mit Glück, Zufall oder dem geringen Schwierigkeitsgrad der Anforderungen erklärt als mit eigener Anstrengung. Ernsthaft problematisch steht es um die Leistungsmotivation, wenn ein Schüler die fehlende eigene Begabung für seinen Misserfolg ins Feld führt: »Ich kann das sowieso nicht«, »Rechtschreibung ist eh nicht mein Ding, ich bin nun mal Legastheniker« oder »Opa sagt auch immer, Mädchen können kein Mathe« sind Äußerungen, die darauf hindeuten. Solche Überzeugungen sind nur mit sehr viel Geduld, persönlicher Zuwendung und vielen kleinen Erfolgserfahrungen positiv zu verändern.

Ein schlichtes »Reiß dich mal zusammen!« oder »Du musst dich halt mehr anstrengen« reicht nicht, um die Furcht vor dem Misscrfolg in Erfolgszuversicht umzuwandeln. So, wie die aktuelle Motivationshaltung über die ganze bisherige Kindheit hinweg gewachsen ist, bedarf es eines längeren Prozesses, um sie positiv zu verändern. Ein großes Hindernis dabei stellt die Art der vergleichenden Leistungsbewertung mit Ziffernnoten in unserem Schulsystem dar.

Konzentration

Auch die Konzentration lässt sich nicht mit einem simplen »Pass doch besser auf!« oder »Jetzt konzentrier dich endlich mal!« grundlegend verbessern. Sie ist stets das Ergebnis von Aufmerksamkeit (TRÄBERT 2010b). Wir sind *unwillkürlich* aufmerksam, wenn uns ein Reiz anspricht. Ein Sonnenuntergang am Meer oder ein plötzliches Geräusch ziehen als äußere Reize unsere Aufmerksamkeit ebenso auf sich, wie der Hunger uns als innerer physiologischer Reiz beim Einkaufen viele Waren wahrnehmen und gegebenenfalls mitnehmen lässt, die gar nicht auf dem Zettel stehen. Auch psychologische innere Reize wie beispielsweise das Interesse an Sportautos oder der Wunsch, schwanger zu werden, lassen uns automatisch Personen und Dinge in der Umwelt selektiv wahrnehmen. Diese unwillkürliche Aufmerksamkeit zeigen auch Tiere. Selbst die unkonzentriertesten Schulkinder sind zu hoher unwillkürlicher Aufmerksamkeit fähig, wenn Aufgaben sie interessieren, wenn sie sie spannend finden oder wir sie als attraktives Spiel darbieten.

Was in der Schule jedoch viel mehr benötigt wird, ist die *willkürliche Aufmerksamkeit*. Nur der Mensch ist dazu fähig, gegen innere Strebungen seinen Willen einzusetzen und die Aufmerksamkeit auf etwas zu fokussieren, was ihn eigentlich nicht reizt. Auf das Kommando des Lehrers hin nach vorn zu schauen, zuzuhören und sich dabei nicht ablenken zu lassen ist eine vom Willen gesteuerte Energieleistung. Seine Hausaufgaben zügig zu erledigen, obwohl das Internet oder die Freunde locken, erfordert den Einsatz von mentaler Kraft.

»Konzentration besteht darin, dass die Aufmerksamkeit alles Wahrnehmen, alles Denken und Handeln auf jenen eng begrenzten Bereich hin bündelt, der momentan im Brennpunkt steht oder stehen soll. Dabei werden alle Störfaktoren aus unserem Innern oder ablenkende Reize von außen ausgeschaltet« (TRÄBERT 2004a, S. 100). Je länger einem dieses willkürliche Bündeln der Aufmerksamkeit gelingt, als desto besser gilt die Konzentration.

Leider wird Schülerinnen und Schülern viel zu schnell vorgeworfen, sie würden oder könnten sich nicht konzentrieren. Dabei sind rund 20 Minuten für Zehnjährige und eine halbe Stunde für Jugendliche normale Durchschnittswerte, die auch wir Erwachsenen kaum übertreffen. Vergleichen Sie nur einmal Ihre eigene Aufmerksamkeit beim Lesen eines spannenden Romans (unwillkürliche Aufmerksamkeit) mit der beim Lesen eines trockenen Fachbuchs, das Sie nicht wirklich interessiert, aber das Sie demnächst bei Kollegen vorstellen sollen. Auch da gilt eine halbe Stunde bis zum ersten Zurückblättern, weil man nicht mehr weiß, was auf der vorigen Seite stand, als normaler Durchschnittswert. Willkürliche Aufmerksamkeit verlangt Energie – und die ist nach einer gewissen Spanne der Anspannung erschöpft. Wie den Akku im Handy nach längerem Gebrauch muss jeder Mensch seinen eigenen Akku nach einer Weile der Konzentration wieder aufladen.

Wirft man Schülern zu schnell eine schlechte Konzentration vor, neigen sie dazu, diese Zuschreibung bald zu übernehmen. Statt sich anzustrengen, sagen sie dann: »Ich kann mich halt schlecht konzentrieren.« Die Etikettierung wirkt schnell als sich selbst erfüllende Prophezeiung. Sinnvoller wäre es, längere Phasen angespannten Arbeitens sowohl in der Schule (vgl. TRÄBERT 2007, S. 23 ff.) als auch beim häuslichen Lernen (vgl. TRÄBERT 2010b, S. 43 ff.) durch kurze Pausen zu strukturieren. Hilfreich wäre es auch, durch dynamisches Sitzen sowie Bewegung beim Lernen die Kreislauffunktionen zu unterstützen, denn bei langem Sitzen sackt der Blutdruck ab, weswegen das Gehirn schlechter durchblutet wird. Außerdem brauchen Menschen, die sitzend konzentriert arbeiten sollen, ergonomische, größenmäßig angepasste Möbel. Und schließlich benötigen Körper und Geist sowohl genügend Sauerstoff als auch Wasser.

Immer wieder erlebe ich Schulen, in deren Klassenräumen es keine weit öffnenden Fenster für regelmäßiges Stoßlüften gibt und die nur eine Tisch- bzw. Stuhlgröße für alle Jahrgänge der Sekundarstufe zur Verfügung haben – von Ergonomie gar nicht zu reden. Solche Verhältnisse sind nicht nur einer »Bildungsrepublik Deutschland« unwürdig – sie beeinträchtigen die Leistungsfähigkeit der Schülerschaft erheblich. Das schlechte Mobiliar begünstigt zudem Haltungsschäden und grenzt durch den Zwang zur Nutzung über Jahre hinweg an Körperverletzung. Viele Schülerinnen und Schüler wollten sich gerne gut konzentrieren können, aber schlechte Rahmenbedingungen hindern sie daran.

Lernverhalten

Einer der vier Bereiche des ganzheitlichen Bildungsbegriffs aus dem Delors-Bericht der UNESCO (vgl. S. 58 f.) ist das Lernen, wie man Wissen erwirbt. Allerdings ist Schule nicht der Ort, an dem Schülerinnen und Schüler den größten Teil ihres Wissens aufnehmen. »Den größten Teil dessen, was wir wissen, haben wir alle außerhalb der Schule gelernt. Schüler lernen das meiste ohne ihre Lehrer und häufig trotz dieser«, schrieb *Ivan Illich* schon 1972 in seinem Klassiker »Entschulung der Gesellschaft« (4. Aufl., München 1995, S. 52). Dass diese Aussage auch heute noch gilt, in der Zeit der modernen elektronischen Medien, bestätigt der Bildungs- und Zukunftsforscher *Gerhard de Haan*. In einem Interview mit dem Kölner Stadt-Anzeiger vom 14.02.2012 sagte er: »Man muss das System anders aufbauen und zur Kenntnis nehmen, dass im formellen Bildungsbereich gar nicht das Gros des Wissens angeeignet wird, sondern im informellen. Das heißt, das meiste lernt man nicht in der Schule, sondern nebenbei.«

Das heißt jedoch nicht, dass Schulen und Lehrpersonen überflüssig wären – im Gegenteil. Die Masse der Informationen, der wir ausgesetzt sind, verlangt danach, dass wir sie sortieren, Nützliches von Unnützem unterscheiden und gezielt solche Informationen recherchieren, die wir gerade benötigen. Diese Fähigkeiten sind Teil des Lernverhaltens mit seinen Lern- und Arbeitstechniken, die sich im systematisierten Bildungsprozess einer Institution besser vermitteln lassen als beim auf sich selbst gestellten, unsystematischen und zufälligen informellen Lernen. Gerade hier sind die Auswirkungen der sozialen Herkunft ganz besonders gravierend; ich kenne keine bessere Möglichkeit zur Kompensation als Schulen.

Es ist eine alte Erkenntnis der Pädagogik, die heute von allen Gehirnforschern immer wieder aufgrund ihrer Einsichten bestätigt wird: Jeder Mensch lernt permanent, weil unser Gehirn genau dafür konstruiert ist. Die Frage an Schule lautet deswegen häufig: Warum lernen Schüler oft nicht das, was der Unterricht gerade anbietet, und was müssen wir als Konsequenz daraus tun, damit sich das ändert? Diese Fragestellung ignoriert allerdings die Natur des menschlichen Lernens, die wir trotz aller Machbarkeitsoptionen nicht vernachlässigen können: Lernprozesse sind abhängig von Gefühlen.

Interesse und Neugier sind erforderlich, Stolz über den eigenen Erfolg kommt hinzu, und ebenso wichtig ist die Verstärkung von Lernbemühungen durch positive Reaktionen wichtiger Bezugspersonen. So funktioniert alles Lernen im Alltag. So haben Kinder in den sechs Lebensjahren vor Schuleintritt schon unendlich viel gelernt. Aber kaum kommen sie in die Schule, werden sie mit gezielter Instruktion konfrontiert. Sie sollen alle zur gleichen Zeit den gleichen Stoff mit der gleichen Methode lernen und werden zudem auch noch im Vergleich untereinander diesbezüglich bewertet. Glücklicherweise sind gerade die Grundschulen Pioniere darin, dieses traditionelle Verständnis von schulischem Lernen aufzubrechen, das individueller Förderung und dem Inklusionsgedanken diametral entgegengesetzt ist.

Die gezielte Instruktion ist eine ganz spezielle Form des Lernens, die es nur beim Menschen gibt. Sie wird allerdings in ihrer Effizienz gegenüber dem selbstgesteuerten Lernen völlig überschätzt. Ihr Sinn liegt vor allem darin, an exemplarischen Inhalten Lern- und Arbeitstechniken erwerben zu können. Es geht jedoch wie beim Wissenserwerb so auch beim Lernen des Lernens nicht darum, dass alle Schülerinnen und Schüler die gleichen Techniken erwerben und anwenden, sondern um ein breites Angebot, aus dem sich jeder die für ihn persönlich passenden und hilfreichen Methoden aneignet. Die Lernerfahrungen eines jeden Menschen sind schließlich genauso individuell wie seine Persönlichkeit – aller Vergötterung von Bildungsstandards zum Trotz.

Soll ein Schüler beispielsweise als Hausaufgabe ein Gedicht auswendig lernen, sind zumindest drei Kategorien von Fähigkeiten erforderlich:

1. die Lernbedingungen zu optimieren und seine Ressourcen zu organisieren (Ressourcenmanagement): Planung und Einteilung der Arbeitszeit, Gestaltung der Lernumgebung, Umgang mit Lernmitteln und eventuell die Einbeziehung von Partnern für kooperatives Lernen
2. die planerischen (metakognitiven) Strategien: das Lernziel zu klären, das zu Lernende in geeignete Portionen einzuteilen, den Lernfortschritt zu überprüfen und das eigene Lernverhalten zu steuern (beispielsweise den Umgang mit inneren Widerständen)
3. die eigentlichen Lerntechniken (kognitive Strategien), im Beispiel vor allem Techniken des Auswendiglernens, des Lernwegwechsels, der Gedächtnisstützen u. a. m.

Diesen drei Kategorien lassen sich zahlreiche weitere Strategien und Techniken zuordnen, die in unterschiedlicher Gewichtung bei unterschiedlichen Lerntätigkeiten zur Anwendung kommen können. So gehört zum Ressourcenmanagement die Arbeit mit einem Terminplaner genauso wie der Einsatz von Medien (PC, Internet, Lernkartei, Diktiergerät, Nachschlagewerke, …) und die arbeitsökonomische Gestaltung des Lernarbeitsplatzes.

Den metakognitiven Strategien ist das Führen des Hausaufgabenhefts zuzurechnen mitsamt der Planung der ganzen Hausaufgabensitzung: Reihenfolge der Fächer und Aufgaben festlegen, sich selbst Zeitvorgaben machen und kontrollieren, Abhaken erledigter Aufgaben und Selbstbestätigung für jeden Fortschritt, eine individuelle Pausenstrategie entwickeln und sich persönliche Tricks für Konzentration und Motivation aneignen. Und da Lernen weit mehr ist als nur Auswendiglernen, gehören zu den kognitiven Strategien Techniken des Lesens und der Texterschließung, der Strukturierung von Inhalten, des Einordnens in das eigene kognitive Netz von Vorwissen und Erfahrungen, der Gedächtnisförderung und des Problemlösens. Gerade dieser dritte Bereich ist von den Inhalten abhängig und bedarf daher in den einzelnen Fächern der kontinuierlichen fachspezifischen Förderung innerhalb des normalen Unterrichts.

Die schulpsychologische Erfahrung lehrt, dass die Planung der Lernzeit in der Rangreihe der Lernschwierigkeiten von Schülern ganz oben steht. Gleichzeitig führen Verbesserungen im Ressourcenmanagement und hier vorrangig beim Umgang mit der Lernzeit sehr rasch zu signifikanten Verbesserungen beim Lernerfolg (vgl. KELLER 1999, S. 27 sowie S. 129 ff.). In diesem Bereich können Schüler mit wenig Veränderungsaufwand relativ große Fortschritte erzielen. Klare Erwachsene haben daher mit ihrem guten Vorbild sowie mit Beratung in Bezug auf die Gestaltung der Lernbedingungen und Lernplanung gute Chancen, das Lernverhalten von Kindern und Jugendlichen zu fördern.

Konstitution und Gesundheit

Wer körperlich robust, gesund und fit ist, hat es unter Umständen leichter als andere, erfolgreich zu lernen und geistig leistungsfähig zu sein. Der Zusammenhang ist zwar keineswegs ganz eindeutig, denn es gibt ja durchaus körperlich gebrechliche oder gar massiv behinderte, aber geistig leistungsfähige Menschen wie beispielsweise Stephen Hawking. Der berühmte britische Astrophysiker leidet an ALS, einer degenerativen Erkrankung des motorischen Nervensystems, was ihn nicht daran hinderte, herausragende Forschungsarbeit zu leisten und zahlreiche sowohl wissenschaftliche als auch populärwissenschaftliche Bücher zu verfassen. Körperbehinderungen oder chronische Krankheiten müssen also nicht zwangsläufig mit geistiger Beeinträchtigung einhergehen. Und doch gilt es als anerkannte Tatsache, dass einem körperlich fitten Menschen geistige Leistungen leichterfallen als jemandem, der seinen Körper vernachlässigt. Dazu ist kein Leistungssport notwendig. Wer sich angemessen den Bewegungsherausforderungen des Alltags stellt und nicht im magischen Dreieck von Couch – Computer – Kühlschrank versackt, wer sich dazu gesund ernährt und sowohl ausreichend als auch gut schläft, wird seine geistige Leistungsfähigkeit in aller Regel zur Entfaltung bringen können.

Zwar gibt es natürlicherweise erbliche Faktoren, die beispielsweise mit der Anfälligkeit für Krankheiten, mit Allergien und Stressresistenz in Zusammenhang stehen, doch sind sie immer im Wechselspiel mit Umweltfaktoren zu sehen. Deswegen hängt die Leistungsfähigkeit von Schülerinnen und Schülern mit einer gesunden sowie zu gesundem Verhalten anregenden Umwelt zusammen. Offensichtlich ist unsere Umwelt jedoch nicht sehr gesund, denn die Gesundheitsdaten, die vom Robert-Koch-Institut im Rahmen von KiGGS (Studie zur Gesundheit von Kindern und Jugendlichen in Deutschland; www.kiggs.de) erhoben wurden, sind recht beunruhigend. Einige exemplarische Befunde daraus:

- Mehr als ein Drittel aller Kinder und Jugendlichen bis 17 Jahren leiden oder litten an einer Allergie (Neurodermitis, Heuschnupfen, allergisches Kontaktekzem, Asthma).
- Von Schmerzen während der letzten drei Monate berichteten rund zwei Drittel der 3- bis 10-Jährigen und mehr als drei Viertel der 11- bis 17-Jährigen. Letztere klagten vor allem über Kopfschmerzen, gefolgt von Bauch- und Rückenschmerzen. Schmerzen bei Kindern und Jugendlichen sind nach Ansicht der Forscher ein gravierendes Problem.

- Untersuchungen zu den motorischen Fähigkeiten von Kindern und Jugendlichen deuten darauf hin, dass sie im Zusammenhang mit Migrationshintergrund und Sozialstatus stehen: Je höher der Sozialstatus, desto besser die motorischen Fähigkeiten.
- 9,1 % der 3- bis 17-Jährigen wiesen emotionale Probleme wie Ängste oder Depressionen auf, weitere 7,2 % zeigten einen grenzwertigen Befund. Verhaltensprobleme zeigten sich nach der Elternbefragung bei 14,8 %, grenzwertige Einschätzungen lagen bei weiteren 16 % vor. Auch in diesem Bereich gibt es einen deutlichen Zusammenhang zwischen seelischer Gesundheit und sozioökonomischem Status der Eltern sowie dem Migrationshintergrund.
- 4,8 % der 3- bis 17-Jährigen hatten eine ADHS-Diagnose, weitere 4,9 % können als Verdachtsfälle gelten.

Der sich bei vielen dieser Befunde zeigende Zusammenhang zwischen sozioökonomischem Status (manchmal auch Migrationshintergrund) und gesundheitlichen Problemen verdeutlicht die Bedeutung von Gesundheitsprävention in den Institutionen, die Kinder und Jugendliche besuchen. Immer wieder weisen die Gesundheitsforscher des Robert-Koch-Instituts in ihren Berichten auf die Bedeutung von frühzeitigem Erkennen und frühen präventiven Maßnahmen hin, um den Gesundheitsstatus unseres Nachwuchses zu verbessern. Doch »gesunde Schule« gilt den Schulträgern wie auch den Bildungspolitikern und leider auch viel zu vielen Lehrerinnen und Lehrern nur als eine Zusatzaufgabe und nicht als Grundprinzip schulischen Lebens. Die angedeuteten Hinweise beim Punkt »Konzentration« (S. 69 ff.) zeigen einen Teil der Problematik auf: Größenmäßig nicht richtig angepasste, oft ergonomisch mangelhafte Möbel, schlecht gelüftete Klassenräume und Bewegungsmangel beeinträchtigen die Gesundheit und das Lernvermögen von Schülerinnen und Schülern. Bei zunehmendem Ganztagsbetrieb an Schulen kommt auch noch die Ernährung ins Spiel. Zusätzlich leiden viele Schüler an einer Verstärkung ihrer emotionalen Problemlagen durch schulische Systembedingungen oder werden erst durch diese selbst seelisch belastet. Schulische Ängste beispielsweise spielen in unserem selektiven Schulsystem eine weit größere Rolle als in einem integrativen System wie der Gesamtschule.

Die deutsche gesetzliche Unfallversicherung (DGUV), über die alle Schülerinnen und Schüler versichert sind, sieht Prävention im Bereich der Schulen als einen wichtigen Aufgabenbereich an. So heißt es auf der Internetpräsenz des Spitzenverbandes aller gesetzlichen Unfallversicherungen, www.dguv.de, in der Rubrik »Prävention in Bildungseinrichtungen«: »Für eine wirksame Prävention in Bildungseinrichtungen ist ein ganzheitlicher Ansatz der Sicherheits- und Gesundheitsförderung umzusetzen, der neben baulichen auch gesellschaftspolitische, organisatorische und individuelle Aspekte berücksichtigt und sowohl Lernende als auch Lehrende ins Blickfeld rückt. Zentrale Themen sind dabei die Förderung eines sicherheits- und gesundheitsgerechten Verhaltens von Kindern und Jugendlichen, Bau und Einrichtung von Bildungseinrichtungen, Sport und Bewegung, Verkehrssicherheit sowie Erste Hilfe.«

Dass sich Prävention lohnt, wird vom Verband besonders für den Bereich der Arbeitswelt betont: »Nachhaltiger Arbeits- und Gesundheitsschutz verbessert die Betriebsabläufe und Geschäftsprozesse. Verbesserte Arbeitsbedingungen und eine Wertschätzung der Leistung der Mitarbeiter erhöhen ihre Motivation und senken die Ausfallzeiten, sodass insgesamt optimale wirtschaftliche Ergebnisse möglich sind.« Es erscheint nur allzu logisch, dass gesunde Schule gleichfalls zu »optimalen Ergebnissen« führt. Die DGUV engagiert sich mit ihrer Fachgruppe Bildungswesen in diesem Bereich, führt u. a. Forschungsprojekte durch, entwickelt Konzepte zur Sicherheits- und Gesundheitsförderung und erstellt Unterrichtsmedien. Dabei nimmt sie auch das Schulklima in den Blick und stellt fest: »Es gibt zurzeit noch keine eindeutigen wissenschaftlichen Belege für einen Zusammenhang zwischen Schulklima und Sicherheitsniveau. Neuere Untersuchungen deuten jedoch darauf hin, dass das in der Schule herrschende Klima einen wichtigeren Einfluss auf das Gesundheits- und damit auch Sicherheitsverhalten der Kinder und Jugendlichen haben kann als der soziale Status« (aus: FAQs zur

Sicherheits- und Gesundheitsförderung, Downloadbereich, Abruf: 18.02.2012).

Die Unfallkassen mit ihrer ganz speziellen Perspektive betonen die förderliche Rolle eines guten Beziehungsklimas in Schulen also ebenso wie Gehirnforschung, Psychologie und Pädagogik.

Familie, soziales Umfeld und Schule

Familie, Schule und sonstiges soziales Umfeld unserer Kinder definieren die Rahmenbedingungen dafür, dass die oben ausgeführten Faktoren mehr oder weniger zur Entfaltung kommen. Dabei hat die Familie einen größeren Stellenwert, als manche Eltern ahnen. »Nein, vielen Eltern ist nicht bewusst, dass ihr Einfluss auf den Schulerfolg ihrer Kinder größer ist als der von Schule, Unterricht und Lehrern zusammen«, sagt der mittlerweile pensionierte Realschulrektor Adolf Timm (Interview, HNA v. 23.08.2008). Gemeinsam mit dem Erziehungswissenschaftler und Gesundheitsforscher Klaus Hurrelmann hat er ein schulbezogenes Elterntraining entwickelt (HURRELMANN/TIMM 2011) und plädiert außerdem für eine gute und vertrauensvolle Zusammenarbeit zwischen Elternhaus und Schule.

Kinder und Jugendliche brauchen auch zu Hause »klare Erwachsene« – natürlich nicht nur wegen des angestrebten Schulerfolgs. Sie brauchen zunächst Eltern, die ihnen Zeit widmen und sich ihnen zuwenden, was gar nicht selbstverständlich ist: »Nach dem miserablen Abschneiden der deutschen Schüler bei der Schulleistungsstudie ›PISA‹ geraten nun auch Eltern … in die Kritik. Eine Begleitbefragung zeigt jetzt auf, dass deutsche Eltern weniger mit ihren Kindern über Schule und vor allem über persönliche Dinge reden als Eltern in anderen Industriestaaten … Nur etwas mehr als 40 Prozent der deutschen Eltern reden danach regelmäßig mit ihren Kindern über die schulischen Leistungen. In den Niederlanden sind dies dagegen gut 60 Prozent, in Italien sogar über 80 Prozent (OECD-Durchschnitt: 51,2)« (FAZ v. 16.12.2001).

Zeit ist kostbar und knapp. Das gilt heute sicherlich nicht weniger als damals, nach der ersten PISA-Studie. Wenn beide Eltern berufstätig sind oder jemand sein Kind allein erzieht, ist Zuwendungszeit nicht leicht zu organisieren. Aber dass nur 41,2 Prozent der 15-Jährigen angeben, ihre Eltern führten regelmäßige persönliche Gespräche mit ihnen, ist erschreckend. Es kommt ja gar nicht allein auf die Menge an, sondern vor allem auf die Qualität der tatsächlichen Zuwendungszeit. Je weniger Zeit ich für mein Kind habe, desto wichtiger ist es, sie ihm auf besonders sinnvolle Weise zu widmen, sie einzuteilen und planvoll zu nutzen. Gleichzeitig brauchen die Kinder und Jugendlichen Anleitung, *ihre* Zeit einzuteilen. Feste Abläufe, Familienrituale und Regelmäßigkeit etwa der häuslichen Lernzeiten bilden feste Strukturen, die für das Wohlbefinden genauso bedeutsam sind wie für den Schulerfolg. Einer der Hauptunterschiede zwischen erfolgreichen und weniger erfolgreichen Schülern liegt in der Regelmäßigkeit des häuslichen Lernens für die Schule. Sogenannte Saisonarbeiter lernen weder effizient noch nachhaltig.

Solche festen Strukturen sind auch deshalb so wichtig, weil das soziale Umfeld an Einfluss zunimmt, je älter Kinder werden. Eltern beobachten diese Entwicklung oft misstrauisch: problematische Freunde, unkontrollierbare Medieneinflüsse, jugendgefährdende Szenen oder Plätze in der Umgebung. Und doch ist es nicht nur unvermeidlich, sondern auch wichtig, dass ein Kind sich dieses Umfeld erobert. Seine Erfahrungen darin steuern die Weiterentwicklung seines Bewusstseins von sich selbst, denn es erfährt sich im Spiegel der Reaktionen seiner Mitmenschen. Verbote sind in diesem Zusammenhang wenig hilfreich. »Da gehst du mir nach der Schule aber nicht hin!« oder »Mit dem verbringst du deine Freizeit nicht!« nützen nicht nur nichts und führen bestenfalls zu Schwindeleien, sondern verhindern wichtige Erfahrungen, falls ein Kind sich daran halten sollte. Gleichzeitig drücken Verbote unser mangelndes Zutrauen ins Kind aus, mit den potenziellen Gefahren umzugehen. Klare Eltern trauen ihren Kindern altersgemäße Eigenverantwortung zu. Sie reden mit ihnen über die eigenen Befürchtungen und treffen gegebenenfalls Absprachen.

Ob die Freunde tatsächlich so unmöglich sind wie angenommen, werden Eltern erst beurteilen können, wenn sie sie persönlich näher kennenlernen. Benehmen sie sich bei der Einladung beispielsweise zu einer Grillparty unmöglich, wird es dem eigenen Kind vermutlich selber peinlich sein. Die eigene Anschauung ist auch bei den befürchteten Medieneinflüssen Voraussetzung für eine wirkungsvolle Auseinandersetzung mit dem Kind. Computerspiele oder Fernsehsendungen aus einem Vorurteil heraus zu verbieten führt nur zu destruktivem Widerstand und zum Hintergehen der Eltern.

Auch in Bezug auf jugendgefährdende Szenen (Discos) oder Plätze (Prostitution, Drogenhandel) lassen sich bessere Gespräche führen, wenn Eltern von ihren tatsächlichen Beobachtungen ausgehen. Sie sollten auch den Mut des Kindes diesbezüglich anerkennen, dann muss es sich und ihnen nichts mehr beweisen und findet diese Lokalitäten bald selber nicht mehr attraktiv.

Selbstverständlich hängt der Schulerfolg der Kinder auch von der Qualität der besuchten Schule ab. Die erkennt man zum Beispiel an Rahmenbedingungen wie Aus- und Fortbildungsstand im Kollegium, Unterrichtsmethodik, Betriebsklima, vorherrschende pädagogische Grundeinstellung und Konsens in erzieherischen Fragen, Ausstattung, Zustand der Räumlichkeiten, Mobiliar, Klassengröße und -zusammensetzung. Aber der wichtigste innerschulische Erfolgsfaktor ist die Qualität der Beziehung zwischen Lehrern und Schülern. Wenn sie stimmt, bietet das die bestmöglichen Voraussetzungen für erfolgreiches Lernen; selbst gelegentliche Unterrichtsausfälle oder ein marodes Schulgebäude können dann nicht viel verderben. Ist die Lehrer-Schüler-Beziehung jedoch problematisch, verstärkt das andere ungünstige Rahmenbedingungen zusätzlich.

Klare Eltern achten deswegen auf einen guten Kontakt zu den Lehrerinnen und Lehrern ihres Kindes und überbewerten andere Rahmenbedingungen nicht. Sie hören aus den Erzählungen ihres Kindes heraus, ob die Chemie stimmt. Sie tragen ihrerseits aktiv zu einer guten Lehrer-Schüler-Beziehung bei, indem sie
- die Gesprächsmöglichkeiten in der Schule nutzen,
- sich danach erkundigen, wie die Lehrpersonen das Kind erleben und ob es sich augenscheinlich wohlfühlt;

- deutlich machen, dass ihnen die Lehrerbeobachtungen und -erfahrungen wichtig sind,
- Anerkennung äußern, wenn ihnen etwas positiv auffällt oder das Kind Positives berichtet,
- einfach nachfragen und um Erklärung bitten, wenn ihnen pädagogische Maßnahmen nicht einleuchten.

Im Fall einer schlechten Lehrer-Schüler-Beziehung und daraus resultierender Konflikte sollten klare Eltern selbstbewusst, aber keinesfalls provozierend auftreten und immer wieder das Gespräch suchen (Hilfen dazu in KLEIN/TRÄBERT 2009, S. 126–135).

Klare Eltern akzeptieren die Tatsache, dass das Kind mit seinen Lehrern zurechtkommen muss, nicht sie selbst. Lehrerkritische Kommentare seiner Eltern helfen einem Kind nicht, seinen Teil zu einer funktionierenden Beziehung zum Lehrer oder zur Lehrerin beizutragen. Es lohnt sich zudem immer, zu versuchen, das zu verstehen, was hinter Lehrerverhalten an Erfahrungen oder Absichten steht, bevor man sich kritisch äußert. Außerdem ist das, was das Kind erzählt, nur eine der Perspektiven, aus der eine Situation beurteilt werden kann. Zur Veranschaulichung: Wenn man eine Konservendose mit einer starken Lampe anstrahlt, wirft sie einen Schatten an die Wand. Je nach Position von Lampe und Dose ist der Schatten rechteckig (seitliche Projektion) oder rund (senkrechte Projektion). Das macht deutlich: Es gibt keine »objektive« Perspektive, sondern immer nur die eigene. Verschiedene Menschen sehen eine Situation zwangsläufig aus verschiedenen Blickwinkeln, weil sie unterschiedliche Positionen dazu haben. Klare Eltern und Lehrer schaffen es in einem guten, respektvollen Gespräch, ihre jeweils eigene Sichtweise dem Gegenüber transparent zu machen. Das ist stets die beste Grundlage für eine Klärung.

TEIL II

PRAKTISCHE ANREGUNGEN FÜR ERZIEHUNG UND UNTERRICHT

Kinder in Musterklassen
haben keine Chance,
das Prinzip der Ordnung
zu entdecken.

Erfolge machen stark, wenn Misserfolg erlaubt ist

Der Selbstwert eines Menschen
erhöht seinen Wert
für die Gemeinschaft.

Brauchen unsere Kinder tatsächlich mehr Selbstbewusstsein? Sind sie nicht oft viel zu selbstbewusst und müssten eher gebremst werden?

Rund 22 Prozent der Jungen und Mädchen zwischen 11 und 17 Jahren zeigen nach einer Fragebogenaktion im Rahmen von KiGGS, der großen deutschen Kinder- und Jugend-Gesundheitsstudie des Robert-Koch-Instituts, Auffälligkeiten im Sinne einer Essstörung. Fast ein Drittel der 14- bis 17-Jährigen sind Raucher. Die Quote der wegen einer akuten Alkoholvergiftung stationär im Krankenhaus behandelten Fälle hat sich zwischen den Jahren 2000 und 2009 bei den 10- bis 15-Jährigen auf 4.330 verdoppelt und bei den 10- bis 20-Jährigen auf 26.428 fast verdreifacht. In Düsseldorf mussten im Jahr 2010 271 von 100.000 Jugendlichen zwischen 10 und 19 Jahren wegen Alkoholmissbrauchs ins Krankenhaus gebracht werden, in Hamm waren es gar 572 (http://de. wikipedia.org/wiki/Rauschtrinken; Abruf: 20.02.2012). Täglich werden mehr als 32 Kinder missbraucht; 2010 wurden laut polizeilicher Kriminalstatistik 11.867 Fälle angezeigt.

Das alles sind Indizien, die gegen die These von zu viel Selbstbewusstsein unserer Kinder sprechen. Mögen sich auch viele Kinder besonders auffällig verhalten (vgl. S. 75 f.) und gerade Jungen in der Pubertät rowdyhaft auftreten, so ist das mitnichten ein Ausdruck von Selbstbewusstsein, sondern allenfalls von Selbstüberschätzung. Um ihre eigenen Fähigkeiten und Grenzen *realistisch* einschätzen zu können, brauchen Kinder von Anfang an Selbstwirksamkeitserfahrungen.

Selbstwirksamkeitserfahrungen

Eine beispielhafte Beobachtung: Sie kennen sicher jene Klettergerüste aus dicken Tauen, die wie ein kuppelartiges überdimensionales Spinnennetz über den Boden gespannt sind. Der besteht entweder aus einer dicken Sandschicht oder aus weichen Fallschutzmatten, um das Verletzungsrisiko gering zu halten. Als ich am Spielplatz vorüberkam, lag ein vielleicht fünfjähriger Junge in zwei Metern Höhe oben auf den Seilen eines solchen Klettergerüsts. Seine Mutter stand genau unter ihm. Sie zeigte ihm, wo er jetzt mit dem linken Fuß hintreten und dann mit der rechten Hand hingreifen sollte, um weiterzuklettern. Keinen einzigen Schritt und keinen einzigen Griff konnte der Kleine allein tun. Sein Gesichtsausdruck war nicht sehr glücklich. Er sah aus, als sei er gelangweilt. Immer wieder guckte er in die Ferne, und ich weiß nicht, ob er eigentlich gar nicht klettern wollte oder ihm nur diese Art des Kletterns nicht gefiel.

Was geschieht eigentlich, wenn ein Kind klettert? Es muss die Stellen aussuchen, auf die es tritt und die es anfasst. Es muss seine Körperkraft dosieren und sie mit bestimmten Bewegungen abstimmen. Es muss sein Gleichgewicht taxieren und immer wieder ausbalancieren. Es muss vorwärts schauen, um den nächsten Schritt zu planen; es muss zurückschauen, um sich zu vergewissern, wie weit es schon ist. Es muss aber auch dieses Kribbeln in sich spüren, die Aufregung, die es bedeutet, wenn man den sicheren Boden verlässt und in die Höhe steigt. Es muss prüfen, was größer ist: die Neugier und der Kick des Kletterns oder aber die Angst vor der Höhe und vor dem möglichen Herunterfallen. Wenn ein Kind das tut, ohne dass jemand seine Tritte und Griffe steuert, dann bedeutet das eigene Erfahrung – die Erfahrung von

Selbstwirksamkeit. Denn wenn ich Kraft wie auch Geschick einsetze und dadurch vorankomme, erlebe ich, wie ich wirksam bin.

In der Situation, die ich beobachtet habe, konnte der Kleine aber gar nicht selbstwirksam sein. Seine Mutter sagte ihm ja, wo er hintreten und hingreifen sollte. Er selbst konnte keine eigene Entscheidung treffen. Auf diese Weise machen Kinder nicht nur keine Erfahrungen von Selbstwirksamkeit, sondern sie entwickeln auch kein Selbstvertrauen. Wer erfolgreich klettert, hat beim nächsten Mal die Erwartung, wieder erfolgreich klettern zu können. Wer bei wiederholtem Klettern die Erfahrung macht, immer besser klettern zu können, entwickelt die *Selbstwirksamkeitserwartung*, durch Übung ein immer besserer Kletterer werden zu können.

Viele positive Erfahrungen mit der eigenen Tüchtigkeit sind also die Grundlage einer positiven Selbstwirksamkeitserwartung. »Tüchtigkeit« leitet sich vom Verb »tun« ab – selber tun macht tüchtig. Eigene Erfahrungen prägen uns von klein auf und lebenslang. Schon das Baby, das über das selbst erzeugte Rasselgeräusch begeistert ist oder durch sein Schreien mütterliche Zuwendung auslöst, erlebt Selbstwirksamkeit. Die eigenen Erfahrungen sind die wichtigste Quelle für die Ausprägung einer positiven Erwartungshaltung in Bezug auf Herausforderungen. Darum ist eine auf Selbstständigkeit zielende Erziehungshaltung in dieser Hinsicht positiv. Darum auch haben Kinder von alleinerziehenden Eltern besonders gute Chancen, selbstständig und lebenstüchtig zu werden.

Neben den *eigenen Erfahrungen* spielen noch drei weitere Faktoren eine Rolle. *Vorbilder* beeinflussen die Selbstwirksamkeitserwartung, denn deren erfolgreiche Anstrengung lässt im beobachtenden Kind die Überzeugung wachsen, das Gleiche selber auch leisten zu können. Das gilt umso mehr, je ähnlicher es sich der beobachteten Person fühlt. *Gutes Zureden und Ermutigen* können zusätzlich zu einer positiven Selbstwirksamkeitserwartung beitragen. Wenn andere an mich glauben, denen ich vertraue, muss ja etwas dran sein. Allerdings muss dieses Zutrauen realistisch und darf nicht überfordernd sein. Und schließlich wirken Fähigkeiten förderlich, *physiologische Zustände* wie beispielsweise starkes Herzklopfen vor Angst oder Aufregung beeinflussen zu können. Darin liegt der Sinn von Antistress- und Entspannungsübungen.

Eltern können die Selbstwirksamkeitserwartung ihrer Kinder fördern, indem sie sie auf eine Art und Weise erziehen, die sie stark macht (mehr dazu ab S. 161):

- Sie geben ihrem Kind von Anfang an die Möglichkeit, alles selber zu tun, was es tun kann. Sie handeln nur dann für ihr Kind, wenn es das wirklich braucht. Sie lassen es auch seine Konflikte möglichst selber austragen, aber stehen ihm dabei zur Seite, falls erforderlich.
- Sie bieten ein Vorbild in Bezug auf die Übernahme von Eigenverantwortung.
- Sie machen im Alltag immer wieder deutlich, was richtig und was falsch ist, um damit Orientierungshilfe zu leisten.
- Sie verhalten sich liebevoll und zugewandt; sie haben (nicht ständig, aber insgesamt) Zeit für Gespräche, um über Fragen zu reden und bei Sorgen zuzuhören.
- Sie sorgen für altersgemäße Entwicklungsreize und Herausforderungen, die dem Kind die Möglichkeit geben, Interessen zu entdecken und Talente zu entfalten.
- Und schließlich vermitteln sie ihrem Kind Sicherheit und Geborgenheit.

Natürlich sind auch Schulen herausgefordert, Selbstwirksamkeit zu fördern. Es gibt Schulen, die sich diesem Ziel verschrieben haben, beispielsweise die Werner-Stephan-Oberschule in Berlin (www.wso-berlin.de). Sie hat von 1995 bis 1999 am Modellprojekt »Selbstwirksame Schulen« der BLK (= Bund-Länder-Kommission für Bildungsplanung und Forschungsförderung; zum 31.12.2007 aufgelöst) teilgenommen. Außerdem war sie dem »Verbund Selbstwirksamer Schulen e. V.« angeschlossen und zitiert auf ihrer Website aus der Grundsatzerklärung dieses Vereins (der mittlerweile nicht mehr besteht):

»Der ›Verbund Selbstwirksamer Schulen e. V.‹ stellt sich die Aufgabe, Schule so zu verändern, dass sich Schülerinnen und

Schüler und Lehrerinnen und Lehrer in ihren Fähigkeiten und Stärken entfalten können. Die Herausbildung von Selbstwirksamkeitsüberzeugungen ist dabei ein entscheidendes Mittel. Ziele sind insbesondere die Förderung der Persönlichkeit und der Demokratie in der Schule.«

Die genannten Ziele sind gleichzeitig bedeutsame Mittel zur Förderung von Anstrengungsbereitschaft. Tatsächlich steht das vom kanadischen Psychologieprofessor Albert Bandura entwickelte Konzept der Selbstwirksamkeitserwartung in engem Zusammenhang mit der Motivationspsychologie. Aus ihm lassen sich nicht nur Konsequenzen für Schule und Unterricht ableiten, es findet auch Anwendung bei Stressbewältigung und Burn-out-Prävention von Menschen allgemein und Lehrerinnen und Lehrern im Besonderen.

Hier einige Hinweise, was Lehrerinnen und Lehrer für die Selbstwirksamkeit ihrer Schüler tun können:

- Kinder und Jugendliche brauchen die doppelte Erfahrung, sich als autonom und kompetent erleben zu können und gleichzeitig sozial eingebunden zu sein. Formen selbstgesteuerten Lernens (sowohl individuell als auch kooperativ) sowie Aktivitäten zur Förderung des Gemeinschaftsgefühls in Klasse und Schule tragen dem Rechnung.
- Neben den stofflichen Lehrplaninhalten bedarf es einer möglichst umfassenden Förderung des Lernverhaltens. Es stärkt die Autonomie des Lernenden, wenn er seine Lernbedingungen zu optimieren vermag, die Lernplanung verbessert und sein Repertoire an Lerntechniken erweitert.
- Dieser lernbegleitende permanente Prozess sollte nicht vom Fachunterricht an Arbeitsgemeinschaften oder Kurse delegiert werden. Immer wieder sollten Lehrer im Unterricht die Schüler dazu anhalten, ihr Lernen zu reflektieren, ihre Zielerreichung einzuschätzen und sich neue Ziele zu setzen.
- Um angemessene Ziele zu formulieren und zu erreichen, brauchen Schülerinnen und Schüler Beratung, Ermutigung und gelegentlich Hilfe zur Selbsthilfe, wenn ihr Lernen ins Stocken gerät.

- Angemessene Ziele zu definieren erfordert die Rückmeldung des individuellen Lernfortschritts. Zu erkennen, welchen Fortschritt ich gegenüber gestern oder der letzten Woche gemacht habe, stärkt mein Vertrauen in eigene Fähigkeiten und Kompetenzen.
- Und schließlich fördert es die Selbstwirksamkeitserwartungen von Kindern und Jugendlichen, wenn ihre Lehrerinnen und Lehrer sie mit einem angemessen hohen Anforderungsniveau und mit durchaus belastenden Anforderungssituationen konfrontieren, sofern das transparent geschieht.

Nichts motiviert mehr als der Erfolg

Für Trainer aus dem Bereich des Sports ist der motivierende Effekt von Erfolgserlebnissen eine Selbstverständlichkeit – sie arbeiten täglich damit. In der Schule scheint das nicht generell der Fall zu sein, denn Schülerinnen und Schüler erleben sehr viele kritisierende Äußerungen. Deswegen mahnte Kurt SINGER (o.J.), Professor für Schulpädagogik und pädagogische Psychologie: »Wenn Kinder für ihre Leistung anerkannt werden, steigen das Lerninteresse und die Lernfreude. Bei fortwährendem Tadel hingegen – auch dem durch schlechte Noten – sinkt die Lernbereitschaft. Besonders gering ist der Lernwille, wenn Kinder und Jugendliche nicht beachtet werden. Ermutigung führt zu *Selbstvertrauen*; das ermöglicht den Schülern, zielstrebig zu arbeiten. Eltern und Lehrer sollten mehr anerkennen statt tadeln, das Geglückte *sehen* und bestätigen. Die Ängstlichen und Schwächeren brauchen das ermunternde Wort besonders. Bei Eltern, Lehrerinnen und Lehrern, die Mut machen, können Kinder besser lernen und mehr leisten.«

Die Schlüsselwörter in diesem Zitat sind: anerkennen, beachten, ermutigen, das Geglückte sehen. Die schulische Praxis dagegen, das zeigt nahezu jeder Blick auf eine korrigierte Klassenarbeit, gilt dem Sehen und in der Regel roten Markieren der Fehler. Auch die Kommentare von Eltern, die ihrem Kind bei den Hausaufgaben über die Schulter schauen, beziehen sich weit häufiger auf Falsches als auf Richtiges. »Ich muss dem Kind doch seine Fehler zeigen, sonst macht es sie immer wieder«, ist eine häufig geäußerte Befürchtung in diesem Zusammenhang, die als Begründung für die Fehlerorientierung herhalten soll. Sie ist schon wahrnehmungspsychologisch nicht ganz richtig. Die roten Markierungen heben ja die Fehler erst recht in der Wahrnehmung hervor. Außerdem prägen sich Fehler nur ein, wenn sie mit innerer Beteiligung gemacht und mit Überzeugung für richtig gehalten werden. Besser wäre es, das Richtige mit innerer Beteiligung und fokussierter Aufmerksamkeit wahrzunehmen. Vor allem aber ist die zitierte Befürchtung motivationspsychologisch falsch, weil die Konfrontation mit dem Fehler entmutigt, wenn dieser als Misserfolg bewertet wird.

Ein Erfolg ist es nicht erst, wenn ein Schüler etwas im Vergleich zu anderen besser macht. Erfolge sollten nicht erst in den im Vergleich zu anderen gewonnenen guten Noten gesehen werden, sondern schon in allem, was im Vergleich zur vorherigen eigenen Leistung richtig oder besser geworden ist. Anerkennenswert ist vor allem nicht erst ein gutes Resultat, sondern bereits das Bemühen darum. Anstrengungen, die nicht gewürdigt werden, führen zur Verringerung der Anstrengungsbereitschaft. Darum ist es lohnend, wenn klare Erwachsene sich an folgende gute Vorsätze halten (in Anlehnung an TRÄBERT 2010a, S. 130 ff.):

1. Wir sollten Schüler loben, sooft es sinnvoll möglich ist. Es gilt, sie beim Richtigen zu erwischen und das zu verstärken.
Das Richtige gilt vielen als so selbstverständlich, dass es nicht der Rede wert scheint. Im Schwäbischen heißt es gar: »Nix g'schwätzt isch g'nug g'lobt.« Und wer findet es nicht albern, wenn manche Eltern ihr Kind für einen »Pups« in den Himmel loben? Deswegen gilt fürs Loben: Erkennen Sie erstens alles das an, was Sie beim einzelnen Menschen für verstärkenswert halten. Beachten Sie zweitens, dass es vielfältige Formen des Lobens gibt: anerkennende Blicke, Zunicken, Anlächeln, Berühren, den Daumen heben, sparsame Worte wie »ja«, »okay«, »richtig«, »prima«. Ein Lob wirkt auch nur positiv, wenn der Lobende beim Gelobten anerkannt ist. Und verbinden Sie drittens die Anerkennung in

der Regel mit einem Zusatz, der ausdrückt, dass die Anstrengung bemerkt wird: »Gut, weil du aufgepasst hast.« – »Richtig, da hast du gut nachgedacht.« – »Schön, du machst das mit Sorgfalt.«

2. Wenn wir eine Schülerleistung kritisieren, sollten wir das sachlich tun und benennen, was zu einer Verbesserung führen kann.
Das ist eines der Probleme mit Noten; ihnen fehlt »das Element des Helfens«, wie es Kurt Singer nannte. Eine Leistungsrückmeldung sollte möglichst immer beinhalten, was an der Leistung ein individueller Fortschritt ist, welches der nächste Lernschritt sein sollte und was dabei helfen kann, ihn zu erreichen.

Ironische Bemerkungen oder gar demütigende und beleidigende Kommentare mögen im Alltag und unter Stress schon einmal vorkommen, wofür wir uns unbedingt baldmöglichst zu entschuldigen haben. Unter einer Klassenarbeit oder bei ihrer Rückgabe darf das nicht passieren. Ein Beispiel aus dem Lateinunterricht:

»Der Lehrer teilt die Schulaufgaben in der Reihenfolge der Noten aus: Die schlechteste Arbeit bekommt der ›schlechteste‹ Schüler als Letzter ausgehändigt. Herr L. gestaltet diese Verteilung ›spannend‹ und begleitet sie mit ironischen Kommentaren: ›Und jetzt kommt die Glanzleistung, siebenunddreißig Fehler der dümmsten Sorte.‹ « (SINGER 1998, S. 20).

Ein solches Verhalten ist Vorsatz und hat im Klassenzimmer nichts verloren. Es ist mit dem Ethos des Lehrerberufs unvereinbar, absichtlich die Würde von Schülerinnen und Schülern zu verletzen. Würden Eltern sich ihrem Kind gegenüber derart verhalten, machten sie sich schuldig im Sinne von § 1631 (2) BGB: »Kinder haben ein Recht auf gewaltfreie Erziehung. Körperliche Bestrafungen, seelische Verletzungen und andere entwürdigende Maßnahmen sind unzulässig.«

3. Leistungsbewertungen sollten Lehrer nicht nur im Vergleich mit der Gruppe vornehmen, wie bei den Noten, sondern sie sollten immer auch die individuelle Leistungsentwicklung aufzeigen.
Beispiele: »Jetzt hast du den Zehnerübertrag beim schriftlichen Addieren richtig gemacht. Vorher ging's noch nicht, aber jetzt hast du es verstanden!« – »Jetzt hast du die Vokabeln angewen-

det, die du letzte Woche noch nicht konntest. Prima, dann werden die nächsten auch bald sitzen!«

Viele kleine Leistungserlebnisse mit derartigen Rückmeldungen sind mehr wert als eine Klassenarbeit oder benotete Abfrage, denn sie fördern den Lerneifer.

4. Leistungsbewertungen sollten transparent und nachvollziehbar gestaltet werden. Die Kriterien sollten vorher bekannt sein. Es ist für Klassenarbeiten sinnvoll, eine immer gültige Zuordnungstabelle einzuführen: Bei bestimmten Prozentquoten richtiger Lösungen bzw. möglicher Punkte gibt es eine bestimmte Note.

Das ermöglicht Schülern, sich über die Zeit hinweg in ihrer Leistungsentwicklung besser einordnen zu können. Es löst allerdings nicht die oben (S. 54 ff.) geschilderten Probleme, die dem Messinstrument Note innewohnen: mangelnde Objektivität, Validität und Reliabilität. Wenn der Schwierigkeitsgrad der Klassenarbeiten schwankt, ist der Schüler ja nicht für seine Notenschwankungen verantwortlich.

5. Schüler sollten immer die Möglichkeit haben, auch auf andere Weisen bewertbare Leistungen zu zeigen: mit Portfolios, Referaten, Vorführungen, Hausarbeiten Internetrecherchen u.a.m.

Der Sinn von Schule sollte es stets sein, den Schülern Gelegenheiten zu geben, zu zeigen, was sie können. Allzu oft erleben es Schüler, dass ihnen gezeigt wird, was sie nicht können.

6. Es gibt einen engen Zusammenhang zwischen dem Wohlbefinden der Schüler und ihren Leistungen. Das Klassen- und Schulklima genauso wie das Familienklima bilden die Grundlage für Wohlbefinden.

Jeder kennt es von sich selbst: Wenn uns Konflikte belasten, ist unsere Leistungsfähigkeit beeinträchtigt, weil die Konflikte unsere Energie binden. Deswegen helfen klare Erwachsene den Kindern und Jugendlichen mit der Gestaltung und Pflege eines guten sozialen Miteinanders.

- Sie sorgen zu Hause wie auch im Klassenzimmer für regelmäßige Gelegenheiten, miteinander über das zu sprechen, was

Kinder und Jugendliche bewegt. Der Klassenrat ist das schulische Pendant zum Familienrat.

- In der Schule sind Einrichtungen wie Schüler-Streitschlichtung, Klassenrat und Schulversammlung bewährte Methoden der Konfliktbewältigung, bei denen Schülerinnen und Schüler eigenaktiv sein können und so Selbstwirksamkeit erleben.
- Gemeinschaftsaktivitäten fördern den Zusammenhalt. Projekte, Ausflüge, Feiern fördern den Teamgeist.
- Humor ist eine gute Grundhaltung, um zu einer fröhlichen, gelassenen Atmosphäre beizutragen.

Außer dem Humor kosten alle Vorschläge Zeit. Die investierte Zeit spart jedoch nicht nur Kraftaufwand und Nerven im Umgang mit Kindern, sondern sorgt auch für effizientere Arbeitsphasen. So erleben Schüler nicht nur erfolgreiches Lernen von Inhalten, sondern erwerben gleichzeitig mehr soziale Kompetenz.

7. Klare Erwachsene nehmen es nicht einfach hin, wenn ein Schüler lustlos oder sogar entmutigt erscheint.
Eltern wie Lehrer sind zwar keine Therapeuten, können aber in persönlichen Gesprächen stets versuchen, Misserfolgsängstlichkeit ab- und Erfolgszuversicht aufzubauen. Dabei nützen plumpe Ermunterungen im Stil von »Kopf hoch, das wird schon wieder!« selten etwas. Besser sind Reaktionen im Sinne des »aktiven Zuhörens« (Thomas Gordon): »Es ist manchmal nicht leicht, sich zum Lernen zu überwinden.« − »Das tut sicher ganz schön weh, wenn du dich angestrengt hast und es hat trotzdem nicht geklappt.«

Gelegentlich ist auch eine Ermutigung dieser Art hilfreich: »Es kann passieren, dass du lernst und trotzdem einen Misserfolg hast. Aber wenn du nicht lernst, hast du ihn garantiert. Also verschafft dir nur das Lernen eine Chance auf Erfolg.«

8. Klare Erwachsene sind sich ihrer Vorbildfunktion bewusst. Wenn sie ein positives Modell für motiviertes Handeln abgeben, ist die Chance groß, dass Kinder und Jugendliche ihnen nacheifern.
Erwachsene sind immer als Vorbild wirksam, ob positiv oder

negativ. Sie können ihr positives Vorbild deutlicher werden lassen, wenn sie es in entsprechenden Situationen ab und zu verbalisieren: »Eigentlich hatte ich heute keine Lust zum Kochen. Aber dann fiel mir ein, wie hungrig du aus der Schule kommen würdest, und ich habe mir einen Ruck gegeben. Und jetzt freue ich mich, dass es dir und mir so gut schmeckt.« – »Gestern war ich eigentlich ziemlich erholungsbedürftig. Aber als ich daran dachte, dass ihr wahrscheinlich hofft, den Test möglichst sofort wiederzukriegen, habe ich mich doch noch drangesetzt. Und jetzt bin ich stolz, dass ich so schnell war.«

Ein angemessenes Selbstlob ist wichtig als Vorbild, denn Eigenlob stinkt aus motivationspsychologischer Sicht keineswegs. Seinen eigenen Erfolg wahrzunehmen und ihn sich und anderen – ohne Angeberattitüde – bewusst zu machen spornt an. Im Leistungssport kann man das ständig beobachten. Es motiviert eben nichts mehr als der Erfolg.

Vom Wert der Misserfolge

Was so selbstverständlich klingt, erweist sich im Alltag als schwierig. Schauen wir auf die Arbeiten von Schülern, sehen wir dann nicht doch eher die Fehler als das Geglückte?

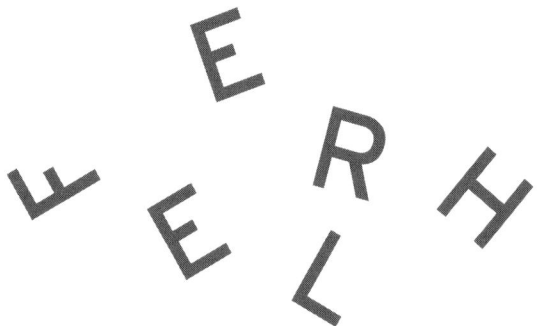

Abb. 5: Welches Wort erkennen Sie?

Sie haben in diesem Buchstabenpuzzle vermutlich zuerst das Wort »Fehler« erkannt. Das ist natürlich auch der Tatsache geschuldet, dass ich unmittelbar davor die vorrangige Wahrnehmung von Fehlern in Schülerarbeiten erwähnt habe. Aber ich habe dieses Experiment bei zahlreichen Vorträgen gemacht und festgestellt: Etwa zwei Drittel der Leute sehen zuerst das Wort »Fehler«, ein Drittel jedoch »Helfer«.

Dass beide Wörter die mögliche Lösung des Puzzles sind, untermauert eine Einsicht von unschätzbarem Wert: Der Fehler ist ein Helfer im Lernprozess, er besteht sogar aus den gleichen Buchstaben wie jener. Das ist nicht nur ein aphoristisches Sprachspiel. Fehler oder Misserfolge sind nämlich mehr als unvermeidlich, sie sind unverzichtbare Voraussetzungen für das Lernen und die Weiterentwicklung des Menschen. Sie ermöglichen uns Erfahrungen, die uns weiterbringen.

Kinder gehen mit dieser Tatsache so lange unbefangen um, bis wir ihnen beibringen, dass Fehler schlecht sind, rote Tinte ins Heft bringen und um der guten Noten willen vermieden werden sollen. Das Begehen von Fehlern beginnt, wenn der Säugling anfängt, zielgerichtet zu handeln. Fängt er an, das Köpfchen zu heben, um in der Bauchlage die Mama besser anschauen zu können, braucht es zahlreiche Versuche und Wochen der Übung, bis er die nötigen Muskeln gestärkt hat und zu guter Koordination fähig ist. Genauso verhält es sich mit dem Greifen nach der Rassel, um das lustige Rasselgeräusch zu produzieren, das ihm andere immer wieder vormachen, oder mit dem noch viel komplexeren Laufenlernen. Die ganzen Versuche bis hin zum Erfolg sind erst mehr, dann nach und nach immer weniger große Fehlversuche. Das Lernen aus den eigenen Erfahrungen heraus (Versuch-und-Irrtum-Lernen) ist die erste Art des Lernens im Leben des Menschen. Auch wenn die Nachahmung hinzutritt, muss das Baby das, was es nachmacht, mit Versuch und Irrtum einüben.

Alle Fertigkeiten, die wir einüben, brauchen den Versuch, der zwangsläufig mit Fehlern einhergeht. Die Fehler zeigen uns aber stets den Weg auf. Sie einen nach dem anderen zu überwinden führt uns über das Können möglicherweise bis hin zur Meisterschaft. Darum gilt es, Schülerinnen und Schüler zu überzeugen, ohne Angst vor Fehlern zu arbeiten. Vielleicht kann der Erfinder Thomas Alva Edison ihnen als Vorbild dienen. Von ihm heißt es, dass er 10.000 Versuche machen musste, bis die von ihm entwickelte Glühbirne zuverlässig funktionierte. Aber am Ende klappte es, weil er aus jedem Misserfolg etwas lernen konnte. Niemand hat bei jedem Versuch Erfolg, wenn er etwas lernt. Aber wer es gar nicht erst versucht, kann natürlich auch keinen Erfolg haben.

Hilfreich können Ermutigungssprüche auf Zetteln sein, die sich die Schüler ins Mäppchen stecken. Hier einige Beispiele (vgl. TRÄBERT 2010a, S. 91 ff.):

· ·

Fehler? Kein Problem:
Erfahrung ist das Ergebnis von
gemachten und überwundenen Fehlern!

· ·

Manchmal
ist Lernen wie Bergsteigen.
Wenn es nicht weitergeht,
muss ich zurück und neu ansetzen.
Aber welch ein Glücksgefühl,
wenn ich es geschafft habe.

· ·

Was ist das Ergebnis, wenn du
dir am Tag vor der Klassenarbeit
die Birne vollpaukst?
Gehirn-Erschütterung!

· ·

Solltest du auch immer wieder
kräftig pauken,
wenn es drauf ankommt –
das Geheimnis
der erfolgreichen Schüler
ist ihr regelmäßiges Lernen.

· ·

Manche träumen vom Erfolg.
Ich bin wach und arbeite daran!
Zum Gipfel des Erfolgs
fährt keine Seilbahn –
du musst klettern!

· ·

Ein Fußballspiel kann durch
einen einzigen Geniestreich
entschieden werden –
ein Schuljahr nicht.

Lerne nicht nur
für die Klassenarbeit.
Lerne wie ein leidenschaftlicher
Sammler, der alles brauchen kann –
du weißt nie, wann!

Gehe ruhig
DEINEN EIGENEN WEG,
aber wisse immer
DEIN ZIEL!

Umgehen mit der Angst

Trotz solcher Ermutigungen erleben Schüler immer wieder, dass ihre Fehler ihnen Ärger machen und unangenehme Konsequenzen nach sich ziehen, beispielsweise eine schlechte Note und in deren Folge Konflikte mit den Eltern oder Hänseleien von Klassenkameraden. Manchmal haben Schüler aber auch wegen ihrer guten Leistungen Ärger, werden als Streber beschimpft und vielleicht gar schikaniert. Beides schadet dem Selbstbewusstsein.

Schon im Januar 2002 veröffentlichte die TU Chemnitz Befunde einer Studie, die nachwiesen, dass die Angst vor dem Strebervorwurf Schüler und in besonderem Maße Schülerinnen leistungsmäßig hemmt:

»Besonders die leistungsstarken Mädchen leiden unter diesem Strebervorwurf, obwohl sich die Noten im Matheunterricht zwischen Jungen und Mädchen objektiv kaum unterscheiden. Doch dieser erste Eindruck täuscht, zeigt die Chemnitzer Untersuchung: ›Berücksichtigt man statistisch, dass bei Mädchen ein stärkerer Zusammenhang zwischen der Angst vor dem Strebervorwurf und der Mathematiknote besteht und korrigiert die Notenunterschiede um diesen Effekt, so zeigt sich, dass Mädchen nach dieser Korrektur bereits schwach signifikant bessere Mathematiknoten als Jungen haben. Würden Mädchen zudem mehr Vertrauen in die eigenen Mathematikleistungen haben, hätten sie hoch signifikant bessere Mathematiknoten als Jungen‹, schlussfolgern die Wissenschaftler. Auf den Punkt gebracht heißt das: Mädchen könnten im Matheunterricht viel besser sein als Jungen, aber sie haben zu wenig Selbstvertrauen und fürchten sich stärker davor, als Streber zu gelten. Bei den Jungen spiegelt sich das objektive Leistungsvermögen dagegen viel eher in der tatsächlich erreichten Note wider – Streberangst ist dabei nicht so ausgeprägt« (TU CHEMNITZ 2002).

Vier Jahre später bestätigte eine Folgeuntersuchung an derselben Hochschule diese Befunde und stellte außerdem fest, dass rund ein Drittel der befragten Achtklässler andere als Streber bezeichnet. Als Gegenmaßnahme empfehlen die Wissenschaftlerinnen Lehrern, bei der Rückgabe von Klassenarbeiten und Tests die Noten nicht öffentlich zu nennen, um Stigmatisierungen zu vermeiden (TU CHEMNITZ 2006).

Der Strebervorwurf stellt in Schulklassen auf jeden Fall eine ernsthafte Beeinträchtigung des Lern- und Leistungsklimas dar und sollte deswegen unbedingt thematisiert werden, wenn er auftritt. Es reicht nicht, betroffenen Schüler/innen zu raten, bescheiden mit ihren guten Noten umzugehen, sportlich aktiv zu sein und sich gesellig im Umgang mit den Klassenkameraden zu verhalten, weil sich das förderlich auf die Beliebtheit auswirkt. Nicht jeder ist von seiner Persönlichkeitsstruktur her dazu in der Lage und hat dennoch Anspruch auf Wahrung seiner Würde und Integrität. Die Angst vor einer Brandmarkung als Streber oder auch als Verlierer (»Looser«) lässt sich verringern, indem sie thematisiert wird. So erfahren die Kinder und Jugendlichen, dass sie weit verbreitet ist und andere auch betrifft. Sie erfahren auch, dass klare Erwachsene in der Schule ihnen Beistand leisten, was wörtlich bedeutet: Sie stehen bei ihnen. Die Klärung des Themas klärt auch die Klassenatmosphäre und lässt die Schüler/innen Akzeptanz erleben.

Manchmal treten Ängste allerdings gerade in einer Leistungssituation auf, denn Angst in der Schule ist in erster Linie Notenangst. Dann brauchen Schüler Entspannungsmöglichkeiten, mit deren Hilfe sie die Klassenarbeit doch noch erfolgreich zu bewältigen vermögen. Auch dabei könnten Merkzettel helfen. Am besten verfassen die Schüler sie selber und legen sie sich ins Mäppchen.

Manche leiden unter negativen Gedanken: »Verdammt, ich kriege das nicht hin. Ich kann das einfach nicht. Das wird bestimmt wieder eine schlechte Note.« Wem das öfter passiert, sollte sich daran erinnern, in dieser Situation »Stopp« zu sagen und auf den Zettel im Mäppchen zu schauen:

> »So will ich nicht weiterdenken!
> Keine Panik, erst mal Pause,
> und dann überleg ich still.
> Es gelingt mit Ruhe alles,
> was ich gerne schaffen will.«

Sich beim negativen Denken zu erwischen und zu stoppen ist entscheidend für ein Umsteuern. Wer es merkt, kann innehalten, durchatmen, sich beruhigen und neu zu denken ansetzen.

Manchmal hilft zusätzlich eine Übung aus dem autogenen Training oder der progressiven Muskelentspannung. Ganz einfach ist es, sich aufs Atmen zu konzentrieren: »Atme ganz tief aus. Spüre, wie dein Bauch ganz leer wird. Zähle still bis drei und atme wieder ein. Spüre, wie dein Bauch ganz voll wird. Atme wieder aus und wiederhole die Übung ein paarmal.«

Eine andere Übung zum Stressabbau ist das Händefalten:

> »Falte deine Hände. Ist der Daumen der rechten oder der linken Hand oben?
> Falte die Hände auf, aber halte die Handflächen aneinander.
> Verdrehe die Handflächen so gegeneinander, dass jetzt der andere Daumen vorn liegt. Falte die Hände wieder. Jetzt liegt der andere Daumen oben.
> Das fühlt sich ungewohnt oder komisch an.
> Knete die Finger dreimal.
> Falte nun wieder normal und knete die Finger wieder dreimal.
> Falte 20-mal hin und her und knete bei jedem Falten die Finger dreimal.
> Jetzt kannst du weiterarbeiten!«

Es macht Schüler selbstbewusster und erhöht ihre positive Selbstwirksamkeitserwartung, solche Techniken zu kennen und anwenden zu können. Wenn sie sie gar im Unterricht lernen und in harmlosen Situationen wie einer Stillarbeitsphase einüben, um sie dann in einer Klassenarbeit zu praktizieren, ist die Hemmschwelle der Anwendung am niedrigsten.

Aber ich möchte noch einmal – wie schon bei der Streberthematik – darauf hinweisen, dass es nicht ausreicht, Kinder zu befähigen, individuell besser mit ihrer Angst umgehen zu können. Vielmehr muss es das Bestreben von Schule sein, ein angstfreies Lern- und Leistungsklima zu ermöglichen. Dazu können Lehrer/innen und Eltern als klare Erwachsene viel beitragen:

- Eltern sollten Noten weder mit Strafen oder ihrer Androhung noch mit Belohnungen koppeln. Beides verstärkt den Druck.
- Sie dürfen ihre emotionalen Reaktionen auf gute wie schlechte Noten ruhig zeigen. Echte Freude wie auch echter Ärger ihrer Eltern sind für Kinder akzeptabel, wenn sie nicht zu als willkürlich empfundenen Reaktionen führen. Bei schlechten Noten ist es immer ratsam, im Anschluss an die emotionale Beruhigung nach den Ursachen zu forschen und einen konkreten Plan für die Leistungsverbesserung zu vereinbaren. Dafür ist ein Gespräch mit dem Lehrer in aller Regel hilfreich.
- Lehrerinnen und Lehrer können das Abfragen zu Stundenbeginn zum Zweck des Gewinnens einer mündlichen Note abschaffen und stattdessen am Ende jeder Stunde für einen oder mehrere Schüler Eindrucksnoten aufschreiben.
- Sie dürfen darauf verzichten, schlechte mündliche Noten zu notieren, wenn ein Schüler Probleme mit seiner mündlichen Unterrichtsbeteiligung hat – vielleicht gibt es gute, aber nicht bekannte Gründe dafür (Eltern ansprechen!).
- Sie haben die Möglichkeit, Schülern Fragen zur Vorbereitung mündlicher Beiträge in der nächsten Unterrichtsstunde mitzugeben.
- Sie haben es in der Hand, Schülern planvoll Erfolgserlebnisse zu verschaffen, weil das im Unterschied zur Angst nicht lähmt, sondern motiviert.

- Sie können gemeinsam mit den Eltern an einem Klassenklima arbeiten, das möglichst wenig Notendruck erzeugt und unkameradschaftlicher Konkurrenz vorbeugt.

Der letzte Punkt verweist darauf, wie wichtig der Dialog zwischen den Verantwortlichen in Schule und Elternhaus ist, damit sie zu klaren Erwachsenen für unsere Kinder und Jugendlichen werden. Würden allein schon die obligatorischen Elternabende dafür genutzt, neben den organisatorischen auch pädagogische Fragen anzusprechen, könnte viel für die so oft beschworene »Verantwortungsgemeinschaft« getan werden. Wer noch mehr dafür tun möchte, organisiert Elternabende, an denen ein Schulpsychologe oder Erziehungsberater als Gesprächspartner zur Verfügung steht, um mit der Autorität fachlicher Kompetenz die Auswirkungen von Leistungsdruck zu erläutern. Es gibt bereits einige Schulen, die systematische Elternbildungsangebote organisieren, damit der Konsens in pädagogischen Fragen allmählich größer wird.

Um das Phänomen der schulischen Leistungsangst zu verstehen, sollte man wissen, dass es lernhemmende Ängste schürt, wenn wir Leistungsbewertung als interindividuellen Vergleich verstehen. Wo wir jedoch individuelle Lernentwicklungsrückmeldungen geben, stärken wir die Motivation und spornen an.

Solange es noch Ziffernnoten gibt, sollten sich Lehrer/innen und Eltern über einen pädagogisch vertretbaren Umgang mit ihnen verständigen. Schülern ein Leben zuzumuten, in dem Lernen systematisch mit Angst verbunden ist, führt zu Frustrationen, wird Lernfreude lebenslang verhindern und ist darum inhuman.

Die Frustrationstoleranz verbessern

So wie Schülerinnen und Schüler Hilfestellung benötigen, um Lern- und Leistungsängste zu überwinden, benötigen sie auch Hilfestellungen für das Umgehen mit ihren Frustrationen. Wer mit Wut reagiert, vielleicht gar sein Mäppchen wegschmeißt oder verzweifelt zu weinen beginnt, kann sich einem Misserfolg nicht stellen und sich mit ihm nicht auseinandersetzen. Welche Bedeutung die Fähigkeit hat, mit Enttäuschungen umzugehen, Bedürfnisse aufzuschieben oder es auszuhalten, wenn einem etwas nicht auf Anhieb gelingt, ohne in Aggression oder Depression zu verfallen, habe ich auf S. 66f. beschrieben. Was klare Erwachsene tun können, um diese Fähigkeit zu stärken, folgt hier.

Nach einem Vortrag im Kindergarten fragte mich einmal eine Mutter, wie sie ihrem Kind *rasch* zu mehr Frustrationstoleranz verhelfen könne. Dieses Vorkommnis zeigt bereits einen wesentlichen Einflussfaktor auf: Die Geduld der primären Bezugspersonen, allen voran der Mutter, prägt ein Kind auch in dieser Hinsicht sehr stark.

Geduld ist in der heutigen Zeit ein kostbares Gut, denn der subjektiv empfundene Stress war augenscheinlich noch nie zuvor so groß. Tatsächlich ist unsere wöchentliche Erwerbsarbeitszeit im Durchschnitt kürzer als beispielsweise in den 50er-Jahren des 20. Jahrhunderts. Aber dafür wird von Arbeitnehmer/innen heute mehr Flexibilität und oftmals gar permanente Erreichbarkeit verlangt, die Arbeitsmenge wurde verdichtet, und es werden ihnen unsoziale Arbeitszeiten zugemutet: abends, nachts, am Wochenende und im Schichtdienst. Dadurch ist es schwieriger geworden, ein kontinuierliches Familienleben zu gestalten. Vor allem Eltern, die auf mehrere Jobs angewiesen sind, haben tatsächlich nur noch wenig Zeit dafür.

Insofern ist die Tendenz zur Ungeduld in unserer Gesellschaft, die jeder Autofahrer im Stau beobachten kann, nur zu verständlich. Man kann ihr jedoch entgegenwirken, indem man alles, was den täglichen Stress verstärkt, bewusst wahrzunehmen und dann zu reduzieren versucht: Entschleunigung und Vereinfachung sind die Stichworte.

Multitasking gilt heutzutage als ein unbedingtes Muss, wenn man alles schaffen und mitbekommen möchte. Aber die Vorstellung, dass man durch das gleichzeitige Verrichten mehrerer Tätigkeiten schneller oder effektiver arbeiten könne, ist falsch. Stattdessen erzeugt Multitasking Stress. Das Prinzip »Eins nach dem anderen« ist effektiver, und Trainer für Zeitmanagement sprechen sogar von der »Zeitfalle Multitasking«. Wer also glaubt, etwas für das Familienleben zu gewinnen, indem er oder sie Multitasking einsetzt, irrt sich. Es verstärkt den Stress und schadet damit der eigenen Geduld und Frustrationstoleranz. Dieses Vorbild wirkt sich negativ auf das Arbeitsverhalten der Kinder aus, von der Belastung für ein harmonisches Familienklima einmal ganz abgesehen.

Neben dem eigenen Vorbild in Bezug auf Geduld können Eltern allerdings ganz konkret die Frustrationstoleranz ihrer Kinder fördern:

- Geschicklichkeitsspiele aller Art wie Schütteldosen, Kugellabyrinthe, Jonglage, aber auch schon simple Wurf- und Fangspiele mit Bällen bieten die Möglichkeit, relativ rasch Fortschritte durch stetes Üben zu erzielen. Die Erfahrung, dass das Üben Erfolgserlebnisse bewirkt, lässt die Fehlertoleranz der Kinder allmählich steigen. Wenn man ihnen diesen Zusammenhang immer wieder im Gespräch deutlich werden lässt, kann man den Transfer auf das Lernen fördern.

- Bei Gesellschaftsspielen lernen Kinder, die richtige Reihenfolge beim Ziehen einzuhalten und damit zu warten, bis sie an der Reihe sind. Außerdem üben sie ein, Regeln zu befolgen sowie zu verlieren, denn gewinnen kann immer nur einer. Ich halte die nachlassende Wertschätzung von Gesellschaftsspielen für einen der wesentlichen Gründe, weshalb die kognitive Impulsivität von Kindern zugenommen hat. Die Planlosigkeit beim Lern- und Arbeitsverhalten rührt von mangelnden Erfahrungen planvollen Handelns her, und planvolles Handeln lernen Kinder automatisch bei Gesellschaftsspielen. Eine der besten Fördermaßnahmen für Familien wäre daher, mindestens einmal pro Woche abends den Fernseher auszulassen und mit den Kindern einen Spieleabend zu veranstalten.

- Eine Begrenzung der Fernseh- oder der Internetzeit zwingt dazu, Prioritäten zu setzen und eine Auswahl zu treffen. So lernen Kinder, dass sie einiges dürfen, aber eben nicht alles. Auswählen zu dürfen beinhaltet das Einüben von Verzicht zugunsten des Genusses. Wer alles darf, kann das Genießen nicht erfahren; wer nichts darf, auch nicht.

- Wer längere Zeit auf ein Ziel hin spart, erfährt das großartige Gefühl, sich mit Durchhaltevermögen einen Wunsch zu erfüllen. Ähnlich wirkungsvoll sind langfristige Spiel- oder Bastelprojekte sowie die Beobachtung des Pflanzenwachstums vom Aussäen über das Keimen bis zur Blüte. In unserer »Instant-Welt«, in der alles auf Knopfdruck funktioniert und das Prinzip »Ein Löffel Pulver, heißes Wasser drüber, umrühren – fertig!« gilt, machen Kinder kaum noch die Erfahrung eines längeren Prozesses. Nur solche Erfahrungen jedoch lassen das Durchhalten als sinnvoll erleben und stärken darum die Geduld, die Fähigkeit zum Bedürfnisaufschub und zur Frustrationstoleranz.

- Familienaufgaben wie beispielsweise Müll wegbringen, Spülmaschine ausräumen oder andere kleine Haushaltsarbeiten vermitteln dem Kind nicht nur die seinen Selbstwert stärkende Erfahrung, dass es gebraucht wird und nützlich für die Gemeinschaft ist, sondern auch, dass derlei Verantwortung gelegentlich Vorrang vor der Freizeit hat.

- Mitsprachemöglichkeiten in Form des Familienrates lassen die Kinder erfahren, dass sie ernst genommen werden und ihre Meinung gefragt ist. Gleichzeitig werden jedoch auch die Meinungen der anderen berücksichtigt, sodass es zu Kompromissen kommen muss: »Meine Meinung gilt, aber die der anderen auch. Manchmal werden meine Vorschläge angenommen, sonst die der anderen, und manchmal machen wir aus mehreren Meinungen eine gemeinsame, in der meine ein Stückchen mit drinsteckt.«

- Und schließlich gilt auch an dieser Stelle der Rat, Kindern nicht bei allem zu helfen, womit sie prinzipiell selbst zurechtkommen können. Sich selbst zu helfen stärkt das Selbstbewusstsein mehr als Hilfestellungen über das notwendige Maß hinaus.

Natürlich bietet auch die Schule Möglichkeiten, Bedürfnisaufschub zu fördern. Oft ist sie der Ort, an dem der Mangel an Frustrationstoleranz bei einem Kind zum ersten Mal störend auffällt. Auf jeden Fall tritt dieses Phänomen in der Schule häufig auf, denn es betrifft heutzutage eine große Anzahl von Kindern.

Aber genau wie in der Familie spielt auch in der Schule das Vorbild die Hauptrolle. Nicht wenige Lehrerinnen und Lehrer seufzen gelegentlich: »Herr, bitte gib mir Geduld, aber schnell!« Sie leiden unter einer eigentlich nicht mehr zumutbaren Arbeitsverdichtung, weil ihnen im Laufe der letzten Jahre viele zusätzliche Verwaltungsaufgaben übertragen wurden. Gleichzeitig ist der Erwartungsdruck der Gesellschaft an Schule enorm gestiegen. Permanent soll sie ihre Unterrichtserfolge nachweisen und ihre Arbeit evaluieren. Sie soll Organisationsentwicklung leisten, was sehr sinnvoll ist, aber Zeit erfordert. Sie soll Konzepte für alle möglichen Arbeitsbereiche entwickeln, dokumentieren, evaluieren und weiterentwickeln, und zwar nicht nur für den Unterricht, sondern auch für Bereiche wie Sicherheit, Gesundheit oder Elternarbeit. Vor allem aber soll sie Kinder und Jugendliche individuell fördern, und das alles bei völlig unzureichenden Rahmenbedingungen. So ist es kein Wunder, dass wir nur selten geduldige, in sich ruhende Lehrpersonen in der Schule antreffen.

Weisheitsgeschichte

Eine erfahrene Lehrerin wurde in der Schule gefragt, warum sie trotz der offensichtlichen Mehrbelastung immer so gelassen sei. Sie sagte:

Wenn ich mit den Kindern im Kreis bin, dann bin ich mit ihnen im Kreis.
Wenn ich lehre, dann lehre ich.
Wenn ich zuhöre, dann höre ich zu.
Wenn ich erkläre, dann erkläre ich …

Da fielen ihr die Fragesteller ins Wort und sagten: »Das tun wir auch, aber was machst du noch darüber hinaus?«

Sie sagte wiederum:

> *Wenn ich mit den Kindern im Kreis bin, dann bin ich mit ihnen*
> *im Kreis.*
> *Wenn ich lehre, dann lehre ich.*
> *Wenn ich zuhöre, dann höre ich zu.*
> *Wenn ich erkläre, dann erkläre ich ...*

Wieder sagten die anderen: »Das tun wir doch auch.« Sie aber
sagte zu ihnen:

> *Nein.*
> *Wenn ihr mit den Kindern im Kreis seid, dann lehrt ihr schon.*
> *Wenn ihr zuhört, dann redet ihr schon.*
> *Wenn ihr erklärt, dann seid ihr schon am Ziel ...*
> (WALLRABENSTEIN 1999, S. 113)

Es ist das Prinzip der Achtsamkeit, das Lehrerinnen und Lehrern
helfen kann, nicht nur ihren eigenen Stress besser zu bewältigen
und trotz aller Anforderungen zu mehr Gelassenheit und Aus-
geglichenheit zu finden, sondern auch ihre Schüler auf diesen
Weg zu bringen (KALTWASSER 2008). »Aufmerksam, bewusst,
wach, nicht wertend, so könnte die Haltung der Achtsamkeit
beschrieben werden, die eigentlich eine Bewusstseinsschulung
im Dienste der Selbsterkenntnis und der Persönlichkeitsentfal-
tung ist« (www.vera-kaltwasser.de, Abruf: 11.03.2012). Wenn der
Dienstherr seiner Fürsorgepflicht nicht ausreichend nachkommt
und die Gesundheit der Lehrerinnen und Lehrer aufs Spiel setzt,
bleibt diesen nichts anderes übrig, als aus eigener Initiative ihre
Gesundheit zu schützen, um nicht auszubrennen. Das Konzept
der Achtsamkeit meint eine veränderte Haltung, die gerade angesichts gesellschaftlicher Umbrüche (elterliche Erziehungskompetenz, bildungspolitische Trends u. a. m.) Lehrerinnen und Lehrern hilft, die Herausforderungen im Klassen- und Lehrerzimmer
zu meistern. Achtsamkeit in Form der »Achtsamen acht Wochen«
bei Vera Kaltwasser zu lernen ist ein machbarer und Erfolg ver-
sprechender Weg.

Unabhängig davon kann die Frustrationstoleranz der Schüler in der Schule mit grundsätzlich ähnlichen Maßnahmen wie in der Familie gestärkt werden:

- Das schulische Pendant zum Familienrat ist der Klassenrat. Er dient nicht nur der Demokratieerziehung, sondern lässt die Kinder durch Einigungsprozesse bei Konflikten lernen, dass nicht alle Wünsche in Erfüllung gehen können, sondern Kompromisse nötig sind.
- Offene Unterrichtsformen wie Wochenplan oder freie Arbeit ermöglichen verschiedenste Formen von Wahlmöglichkeiten. Bei jeder Wahl müssen Prioritäten gesetzt werden – für eine und gleichzeitig gegen eine andere Aktion.
- Beim langfristigen Planen eines Unterrichtsprojektes oder des Schullandheimaufenthaltes werden Erfahrungen mit einem längeren Prozess ermöglicht. Für einen Schullandheimaufenthalt etwa muss langfristig die Finanzierung durch vielfältige Aktivitäten gesichert werden, das bietet eine Menge Motivationspotenzial. Zu sehen, wie der Stand des Klassenkontos sich nach und nach der erforderlichen Summe annähert, lässt in der Gemeinschaft das Durchhaltevermögen durch gegenseitiges Anspornen wachsen.
- Projekte außerhalb des Unterrichts, z. B. im musischen Bereich die Aufführung eines Theaterstücks oder Musicals mit den langen Perioden des Probens sowie den umfangreichen Arbeiten an Bühnenbild und Kostümen, sind von unschätzbarem Wert für die Frustrationstoleranz, weil das lange Durchhalten am Ende mit der Euphorie durch den Beifall des Publikums belohnt und verstärkt wird.
- Ein gezieltes Konzentrationstraining, beispielsweise im Rahmen des Förderunterrichts, vermag die Frustrationstoleranz von Schülern zu stärken, die aufgrund von Aufmerksamkeitsproblemen mehr Fehler machen, als nach ihrer eigentlichen Begabung zu erwarten wäre. Dazu genügt es allerdings nicht, die Schüler irgendwelche Konzentrations-Arbeitshefte ausfüllen zu lassen, deren Effekt nicht wissenschaftlich kontrolliert wurde. Ein *systematisches* Training ist ganzheitlich angelegt (z. B. KROWATSCHEK u. a. 2011 bzw. 2010).

- Und schließlich – ohne mit dieser Aufzählung vollständig sein zu können – trägt es ganz wesentlich zur innerschulischen Förderung der Frustrationstoleranz bei, wenn Lehrer Frusterlebnisse im Unterricht thematisieren, über die Emotionen im Zusammenhang mit schlechten Noten sprechen, trösten und ermutigen, aber auch konkrete Hilfestellungen für eine Leistungsverbesserung aufzeigen.

Bei allen Maßnahmen dürfen wir nicht vergessen, dass sich die in einer Schule herrschende Haltung – die Schulatmosphäre, das Schulethos – prägend auf die emotionalen und sozialen Kompetenzen in der Schülerschaft auswirkt – und dazu zählt die Frustrationstoleranz. Schulen, die das kognitive Lernen in den Vordergrund stellen, werden nicht nur bezüglich des *Lernens für das Leben* und des *Lernens, miteinander zu leben* (vgl. S. 58 ff.), relativ erfolglos bleiben, sondern auch in Bezug auf das *Lernen, Wissen zu erwerben und zu handeln*. Schon die »alte« Rutter-Studie (RUTTER u. a. 1980) hatte nachgewiesen, dass die Soft Skills entscheidend für den Schulerfolg sind.

5

Kinder brauchen Orientierung und Struktur

Es gibt keinen Weg zur Disziplin, wenn nicht der Weg schon Disziplin ist.

Wo man auch hinhört – die Klagen über die Kinder von heute, ihr Verhalten, ihre chaotische Unordnung, ihre Ungeduld, ihr Anspruchsdenken finden sich überall: in Elternhäusern, Kindergärten und Schulen. Und überall wird der Ruf laut, die Eltern sollten konsequenter erziehen, man müsse den Kindern zeigen, wo es langgeht, und ihnen verstärkt Grenzen setzen. Immer wieder hört man auch, die Eltern von heute könnten deswegen nicht erziehen, weil sie selbst die Früchtchen der antiautoritären Erziehung der sogenannten 68er-Generation seien.

Die Vertreter einer solchen Sichtweise betonen immer wieder die Wichtigkeit von Disziplin und Ordnung, von »Sekundärtugenden« wie Pünktlichkeit, Pflichtgefühl und Verantwortungsbewusstsein. Um kein Missverständnis aufkommen zu lassen: Das sind wesentliche Werte, aber eben sekundäre, zweitrangige Eigenschaften gegenüber Mitmenschlichkeit, Gerechtigkeit, Liebe zur Schöpfung oder Friedensliebe, die für den Fortbestand nicht nur unserer Kultur, sondern der Menschheit insgesamt von primärer Bedeutung sind.

Wer den Sekundärtugenden eine unangemessen hohe, vorrangige Bedeutung zumisst und sie über alles stellt, gewissermaßen als Selbstzweck andressieren möchte, der muss sich an die Zeiten erinnern lassen, als Disziplin und Unterordnung in Deutschland das gesamte gesellschaftliche und politische Leben bestimmten. In den kürzesten tausend Jahren der deutschen Geschichte, nämlich zwischen 1933 und 1945, als die Nazidiktatur die Welt in den schlimmsten aller Kriege trieb, galten Disziplin und Ordnung alles. Noch heute schwärmen manche unserer älteren Mitmenschen davon, wie sicher man sich damals auf der Straße fühlen konnte. Doch sie haben vergessen oder verdrängt, dass das nicht für Juden, Sinti, Roma, politische Gegner der Nazis oder Randgruppen galt, die im Interesse dieser perversen Ordnung verfolgt wurden. »Ordnung über alles« – dieses Prinzip führte zur größten Unordnung aller Zeiten.

Einer meiner Vorgänger als Bundesvorsitzender der Aktion Humane Schule, der Eichstätter Erziehungswissenschaftler Peter Paulig, sagte einmal: »Nach Auschwitz hätten wir andere Schulen gebraucht.« Er bezog sich dabei auf jenen berühmten Satz Adornos: »Die Forderung, dass Auschwitz nicht noch einmal sei, ist die allererste an Erziehung.« Um dieser Forderung Rechnung zu tragen, muss Erziehung, müssen Schulen anders sein als zur Zeit jener Ideologie, als Ordnung über alles ging. Die 68er-Generation hatte es auf ihre Weise versucht. Auch wenn man über die Ergebnisse diskutieren kann – ein Zurück zur alten Disziplinerziehung kann es nicht mehr geben (vgl. S. 18 ff.).

Aber was bietet heutigen Eltern dann Orientierung in Erziehungsfragen? »Anders als früher« ist ja noch keine klare Richtung. So orientierungslos wie viele Eltern entwickeln sich naturgemäß auch ihre Kinder, denn diese ahmen sie und ihre Haltungen nach. Kinder brauchen Strukturen, wenn sie fähig werden sollen, strukturiert zu leben.

Problem Orientierungslosigkeit

Selbstverständlich ist es richtig, Kinder zu mehr Ordnung anzuhalten. Nur hat sie als Selbstzweck keinen Sinn; ihr Sinn ergibt sich stets aus der Natur der Sache. Ordnung im Kinderzimmer z. B. hat ihren Sinn darin, dass alles, was gesucht wird, leichter zu finden und zudem das Zimmer einfacher zu putzen ist. Ordnung im Schulranzen ist sinnvoll, weil die zum Lernen nötigen Utensilien dann griffbereit sind und weder den Unterricht noch das Kind selbst mit Suchaktionen aufhalten. Ordnung im Tagesablauf hat ihren Sinn in einer ökonomischen Einteilung der zur Verfügung stehenden Zeit; regelmäßige Abläufe schaffen Routine und sparen Entscheidungsprozesse (»Was tue ich als Nächstes?«). Zudem vermitteln sie ein Gefühl der Orientierung und Sicherheit.

Wer die eingangs des Kapitels zitierten Klagen genauer unter die Lupe nimmt, erkennt, dass Kindern der »Sinn der Sache« abhandengekommen zu sein scheint. Ihre Unordnung hat mehr mit Orientierungslosigkeit als mit Charaktermängeln zu tun. Aber wer vermittelt ihnen denn Orientierung?

Ein Beispiel: Auf dem breiten Bürgersteig tappst ein Steppke von höchsten zwei Jahren neben seiner Mama her. Plötzlich trippelt er eilig in Richtung Fahrbahn, wo lebhafter Autoverkehr herrscht. Seine Mama kann ihn gerade noch am Ärmel halten. Sie erklärt ihm, wie gefährlich es auf der Straße ist, und zeigt auf die Autos. Der Kleine reißt sich los und will auf die Fahrbahn. Wieder hält die Mama ihn fest und belehrt ihn; sie argumentiert, dass man nur auf die Straße darf, wenn keine Autos kommen. Sie tritt einen Schritt zurück und sagt: »Komm jetzt!« Der Kleine zögert und schaut wieder zur Straße hin. Da schnappt die Frau ihr Kind und klemmt es sich unter den Arm. Im Weggehen sagt sie: »Wie kann man nur so unvernünftig sein!«

Welche Orientierung hat diese Mutter ihrem Kind geboten? Richtig: gar keine! Der Knirps kann wohl hören, was seine Mama ihm erklärt, aber noch nicht begreifen, warum sein Impuls unvernünftig sein soll. Darum empfindet er dieses Ende der Situation möglicherweise auch als »feindlichen Akt«; warum die Mama jetzt sauer ist und mit ihm schimpft, versteht er nicht und reagiert trotzig. Die einzige Handlungsweise, die einem Kind dieses Alters in solcher Situation klare Orientierung bietet, ist ein festes An-die-Hand-Nehmen mit dem knappen Hinweis: »Auf der Straße bleibst du an meiner Hand, weil es hier gefährlich ist.« Daran sollten Eltern ihr Kind konsequent gewöhnen.

Ähnlich verhält es sich mit der Auswahl von Kleidung oder dem Mittagsmenü: Welch ein Unfug, kleine Kinder wirklich in vermeintlich »erzieherischer Absicht« solche Entscheidungen treffen zu lassen, wo sie noch gar keine vernünftigen Kriterien dafür berücksichtigen können! Was man anzieht, hängt doch auch vom Wetter ab; was gegessen wird, hat mit Gesundheit, saisonalem Angebot und den vorhandenen Vorräten zu tun. Gelegentlich habe ich den Verdacht, dass diese Form der kindlichen »Mitbestimmung« praktiziert, wer den Konflikt scheut, wenn das Kind seinen Willen durchsetzen möchte. Aber Orientierung zu bieten heißt, meinen Standpunkt deutlich zu machen; heißt, mit klaren, eindeutigen Signalen die Richtung anzugeben. Das hat nichts mit »autoritärem Erziehungsstil« zu tun, aber sehr viel mit elterlicher Autorität.

Einen Standpunkt zu vertreten bedeutet, an einem Punkt zu stehen, also eine Position einzunehmen. Wer sich von dieser Position allzu leicht verrücken lässt, lässt sich verrückt machen. Seine Position zu verändern, wenn es vernünftige Gründe dafür gibt, ist hingegen ein Zeichen von Flexibilität, die über Prinzipienreiterei geht.

Die Orientierungslosigkeit von Kindern und Jugendlichen zeigt sich beispielsweise an folgenden Phänomenen:

Zuhören

In dem Videofilm »Das Schwinden der Sinne« von Reinhard Kahl aus dem Jahr 1992 berichtet ein Grundschullehrer, dass einige Kinder aus seiner Klasse täglich mehr als neun (!) Stunden Fernsehen schauten. Sie seien im Unterricht nicht aufnahmefähig und könnten nicht mehr zuhören.

Solche Extremfälle machen uns deutlich, dass der stundenlange Konsum von Bildschirmmedien die Sinnesorgane überreizt. Genauer muss man sagen: Fernsehen überreizt die »Fernsinne« Auge und Ohr, während die »Nahsinne«, die der Eigenwahrnehmung des Körpers dienen, allen voran das Bewegungssystem mit Muskeln, Sehnen und Gelenken, sowie der Tastsinn und sein zugehöriges Organ, die Haut, unterfordert bleiben. Ständig sind wir heute mit Geräuschquellen und visuellen Reizen konfrontiert. In jedem Kaufhaus berieselt uns Musik, und die Waren werden mithilfe von Scheinwerfern »ins rechte Licht gerückt«. Auf der Straße herrscht ständiger Verkehrslärm, in immer mehr Schaufenstern locken bewegliche Bilder oder interaktive Bildschirme mögliche Konsumenten an, und künstliches Licht lässt der natürlichen Dunkelheit zumindest in städtischen Einkaufsmeilen keine Chance mehr.

Die massivste Form der audiovisuellen Reizüberflutung bieten jedoch Fernsehapparat und Internet. Warum verursacht das Probleme? Unser Gehirn hat nur eine ganz bestimmte begrenzte Kapazität für die Wahrnehmung und angemessene Verarbeitung von Sinneseindrücken. Diese Kapazität hat sich im Laufe der menschlichen Entwicklung über Tausende von Generationen hinweg ausgebildet, so wie jeder Veränderungsprozess in den Erbanlagen (Genen) einer Art enorm lange Zeiträume benötigt. In der Folge bedeutet das angesichts unserer noch sehr jungen technischen Zivilisation seit der Erfindung der Glühbirne, dass der menschliche Organismus an die damit verbundene Reizintensität noch gar nicht angepasst ist. So flexibel unser Organismus auf Umweltveränderungen auch zu reagieren vermag, mit *übermäßigem* Internet- und Fernsehkonsum wird er eben nicht fertig, ohne dass Grundfunktionen wie differenziertes Wahrnehmen, das willkürliche Richten der Aufmerksamkeit über eine begrenzte Zeitspanne hinweg (Konzentration) sowie planvolles, bewusst gesteuertes Handeln beeinträchtigt werden (vgl. SPITZER 2006).

Konzentration

»Konzentration meint die Fähigkeit, unser Wahrnehmen, Denken und Handeln mithilfe willentlich gesteuerter Aufmerksamkeit auf einen eng begrenzten Bereich der Umwelt zu bündeln, um sich ganz einer Sache oder Person zu widmen. Dabei werden Störfaktoren in Form von inneren (z. B. Hunger, Frösteln, Gedanken) oder von äußeren Reizen (Ablenkungen aller Art) weitgehend ausgeschaltet« (TRÄBERT 2010b, S. 11).

Die Begriffsbestimmung macht deutlich, dass ein Ausrichten der Aufmerksamkeit unter Ausschaltung von Störfaktoren nicht mehr möglich ist, wenn unser geistiger Apparat überlastet ist. Lediglich die »unwillkürliche«, passive Aufmerksamkeit funktioniert immer, denn sie wird durch objektive äußere Reize (z. B. Bildschirm) oder aber durch eigene organismische (z. B. Hunger) oder geistige Bedürfnislagen (z. B. Neugier) erregt. Darum sind sogar hyperaktive Kinder in der Lage, eine Zeit lang hochkonzentriert etwa mit Lego oder dem Gameboy zu spielen oder sich auf andere »Superreize« einzulassen.

Neben den zuvor erwähnten Problemen der Reizüberflutung für die Fernsinne wie des Reizmangels für die Nahsinne gibt es noch eine Vielzahl weiterer Ursachen für Konzentrationsstörungen. Einige davon seien hier ohne Anspruch auf Vollständigkeit aufgelistet:

- äußere Lebensumstände wie beispielsweise wechselhafte biografische Einflüsse (Umzüge der Familie, Scheidung der Eltern) oder traumatisierende Ereignisse (Unfall, Tod eines Elternteils)
- die Pubertät als wichtigste Entwicklungskrise mit hormonellen sowie neurostrukturellen Veränderungen, die massive Verunsicherungen des jungen Menschen hervorrufen
- Erziehungsfehler schon beim Kleinkind (häufige Hektik beim Füttern, Zwang bei der Sauberkeitserziehung, unnötige Störungen beim vertieften Spielen)
- Umweltbelastungen (Umweltgifte, Schwermetalle, allergiefördernde Substanzen wie manche Farb-, Aroma- oder Konservierungszusätze in Lebensmitteln)
- Alltagshektik und Mangel an Trödel- und Träumzeit
- zu frühe Übertragung des für unsere westliche Kultur typischen Prinzips der Ergebnisorientierung auf das Kind, dem das Ergebnis noch unwichtig ist, weil es das Spielen an sich genießt (Prozessorientierung)

- Überforderung als Folge von Erwartungs- und Leistungsdruck (unrealistisch hohe Bildungswünsche der Eltern; Diskrepanz zwischen Anforderungen der Schulart und Begabungs- bzw. Interessenprofil des Kindes; Notendruck durch die Schule; Stoffdruck vor allem im Gymnasium)
- Angst aufgrund von Drohungen und Bestrafungen, aber auch durch Versprechungen und Belohnungen

Kinder sind heutzutage derart massiven konzentrationsstörenden Einflüssen ausgesetzt, dass es fast schon eine Ausnahmesituation darstellt, wenn einzelne Kinder oder gar ganze Klassen sich in Ruhe auf eine Aufgabenstellung einlassen und sich in sie vertiefen können. Und doch ist das möglich, wenn Lehrkräfte die Zusammenhänge verstehen und entsprechend mit Kindern umgehen.

Regelverletzungen

Allgemein beklagt wird heute auch, dass Kinder sich nicht mehr an Regeln halten könnten, keine Grundwerte verinnerlicht hätten und insgesamt aggressiver geworden seien. Ob das wirklich so ist, lässt sich nicht belegen. Dafür lenkt diese Behauptung von der Tatsache ab, dass Regelverletzungen in der Erwachsenenwelt (und nicht nur im Straßenverkehr) weitverbreitet sind:
- Jeder Steuerzahler kennt die Versuchung, den Grundwert der Ehrlichkeit zu ignorieren, wenn die Steuererklärung ausgefüllt wird.
- Sich einen persönlichen Vorteil zu verschaffen ist auch im Umgang mit der Hausrat- oder Haftpflichtversicherung weitverbreitete Praxis.
- Um die Schullaufbahn ihres Kindes zu befördern, treten manche Eltern in der Schule ausgesprochen massiv auf.
- In der Werbung, im Arbeitsleben, im Leistungssport gilt überall der Ellbogeneinsatz mehr als das Fair Play – allen Lippenbekenntnissen zum Trotz.

Insofern ist die Erwachsenenwelt ein schlechtes Vorbild, was gerade beim Erlernen von Werthaltungen unvermeidliche Auswirkungen hat. Solange wir selbst, jede und jeder Einzelne von uns, nicht die Maßstäbe einhalten, die wir an Kinder und ihr Verhalten anlegen, sollten wir dieses Klagelied nicht mitsingen.

Lern- und Arbeitsverhalten

Es ist durchaus zutreffend: Zahlreiche Schülerinnen und Schüler weisen ein chaotisches, unstrukturiertes Lern- und Arbeitsverhalten auf. Doch auch das ist in der Regel ein Produkt ihrer Umwelt. Neben den oben dargestellten konzentrationsstörenden Einflüssen spielt dafür zusätzlich eine Rolle, dass Kinder von klein auf mit zu großer Komplexität überfordert werden, was sich in der Grundschule fortsetzt.

Kinder von Naturvölkern haben, ebenso wie bei uns die Kinder in früheren Jahrhunderten, nur sehr wenig Spielzeug. Sie spielen vor allem mit Materialien aus der Natur, mit »unfertigen« Dingen. Angetrieben von der allen Kindern angeborenen »Funktionslust«, beschäftigen sie sich mit ihnen, übertragen ihnen Rollen, erkunden deren Eigenschaften durch Hantieren, Anschauen, Schmecken usw. und gewinnen zunehmend differenzierte sinnliche Erfahrungen. In dieser ungesteuerten Form kindlichen Spielens bilden sich automatisch Wahrnehmungs-, Handlungs-, motorische sowie kognitive Strukturen aus.

Heute werden Kinder von Anfang an mit »pädagogischem« Spielzeug konfrontiert, das nur für bestimmte Arten des Gebrauchs konstruiert ist. Zudem überfordert die heutzutage übliche Menge an Spielsachen die Ordnungsfähigkeit von Kindern, sodass ihre beklagte Unordentlichkeit lediglich als Folge einer materialistisch-einseitigen, wenn auch gut gemeinten »Kindorientierung« gelten muss.

In der Grundschule setzt sich die Überforderung mit zu viel Komplexität in Umgebung und Lernmaterial fort. Die Anzahl der heute üblichen Hefte, Schnellhefter und Arbeitsblätter schon im ersten Schuljahr übersteigt die Ordnungsfähigkeit von Erstklässlern bei Weitem. Die notwendige Hilfe beim Sortieren all dieser Materialien, meist durch die Mütter geleistet, behindert schließlich die Entwicklung eigenverantwortlichen Arbeitens, genauso, wie ein Zuviel an Hausaufgaben (oder übertriebener elterlicher Ehrgeiz!) Mütter dazu provoziert, beim Lernen danebenzusitzen und zu »helfen«. Auf diese Weise machen Kinder nur die Erfahrung: Letztlich wird immer irgendwer dafür sorgen, dass beim Lernen alles klappt – eigene Verantwortung ist nicht gefragt.

Und nicht zuletzt sorgt die allseits praktizierte Gleichzeitigkeit von mehreren Beschäftigungen nebeneinander dafür, dass Kinder die Struktur »eins nach dem anderen in geeigneter Reihenfolge« mangels Vorbild nicht verinnerlichen können. Beim Autofahren läuft das Radio, Gespräche werden bei laufendem Fernseher geführt, oft auch Mahlzeiten so eingenommen, manchmal durch zusätzliche Zeitungslektüre ergänzt – logisch, dass man dann auch Hausaufgaben bei laufendem Fernsehgerät machen oder mit lauter Musik untermalen möchte.

Die Bedeutung von Strukturen für den Menschen

Der Begriff »Struktur« wurde zuerst in den Naturwissenschaften gebraucht und hat immer die Bedeutung von Ordnung, Gliederung oder von innerem Aufbau. So spricht man in der Chemie von Strukturmodellen, wenn man Moleküle mit Kugeln und Stäben nachbaut, oder von einer Strukturanalyse in der Physik, wenn der innere Aufbau von Kristallen untersucht wird. Aber auch im menschlichen Verhalten einschließlich seiner geistigen Aktivitäten lassen sich Strukturen erkennen.

Unsere kognitiven Strukturen sind individuell sehr unterschiedlich ausgebildet, was sowohl von der Veranlagung als auch von Umwelteinflüssen und Lernerfahrungen abhängt. So weiß ein an Autos interessierter Mensch mit dem Begriff »ABS« sofort etwas anzufangen: Wie auf Mausklick »entrollt« sich in der Vorstellung ein ganzes »Menü« mit weiteren Begriffen, die in Beziehung dazu stehen: elektronisch gesteuertes Bremssystem, es gibt auch das Gegenteil dazu, die Anti-Schlupf-Regelung, Herstellerfirmen, Preise usw. Derselbe Mensch wird jedoch mit dem Stichwort »BSE« möglicherweise nichts verbinden können, während andere sofort ein ganzes Netzwerk an medizinischen Kenntnissen parat haben.

Kognitive Strukturen entwickeln wir aber nicht nur für gegenständliche Begriffe, sondern auch für Verhalten und soziale Beziehungen. Kinder aus einem »bildungsfernen Milieu« werden sich beim Besuch einer öffentlichen Bibliothek sicherlich ab und zu »danebenbenehmen«, weil sie nicht wissen, wie der Ausleihvorgang organisiert ist und wie man sich hier zu verhalten hat. Wer den Umgang mit Büchern auch in Bezug auf Kaufen und Ausleihen als etwas Alltägliches kennt, assoziiert schon mit dem Wort »Bibliothek« Karteikästen bzw. Computerkartei, Bücherregale, den Leserausweis und das Anstellen in der Reihe der Ausleihwilligen.

Man kann sich kognitive Strukturen auf zweierlei Arten veranschaulichen. Die eine ist hierarchisch aufgebaut und entspricht dem Baumdiagramm oder Stammbaum: Dem Oberbegriff sind zwei oder mehr Unterbegriffe zugeordnet und jedem davon wieder zwei oder mehrere Unterunterbegriffe usw. Jeder Nutzer eines Computers kennt die Menüführung in einem Programm. Klickt man etwa auf »Datei«, so geht eine Liste mit Menüpunkten auf. Viele dieser Menüpunkte verfügen über Unterpunkte, die sich beim Anklicken als Nebenliste öffnen. Bei manchen Programmen kann man gelegentlich drei, vier oder mehr solcher Listen nebeneinander aufmachen. Auch das entspricht einem Baumdiagramm, nur sieht man nie den ganzen Baum auf einmal, sondern immer nur die Verästelungen zu einem Hauptast.

Diese Strukturdarstellung entspricht der Arbeitsweise der linken Hemisphäre unseres Gehirns. Die linke Gehirnhälfte ist u.a. zuständig für Einzelheiten, Listen, sprachliches Denken, Rechnen, Regeln und Gesetze, Linearität und Konzentration auf einen Punkt.

Die rechte Hemisphäre hingegen hat mit Intuition zu tun,

mit Bildersprache und Kreativität, mit Musik, ganzheitlichen Zusammenhängen, Raumempfinden und Synthese. Dem entspricht beispielsweise die Mindmap: Ausgehend von einem zentral auf einem Blatt notierten Begriff verlaufen Äste mit Oberbegriffen, von denen Unteräste und von diesen weitere Verästelungen ausgehen. So stellt sich die inhaltliche Struktur nicht hierarchisch, sondern räumlich angeordnet dar. Gerade bei kreativen Prozessen wie dem Entwerfen eines Schüleraufsatzes oder eines Referates ist diese anschauliche Struktur sehr hilfreich.

Vorgeburtliche Strukturerfahrungen

Die ersten Strukturerfahrungen macht das noch ungeborene Kind in Bezug auf Geräusche sowie auf passive Bewegungserfahrungen.

Der Herzschlag der Mutter wird vom Fötus deutlich wahrgenommen. Diese rhythmische Struktur ist so prägend, dass Säuglinge, die nach der Geburt aus gesundheitlichen Gründen von der Mutter getrennt in der Klinik verbleiben müssen, besser schlafen, schneller gesunden und an Gewicht zunehmen, wenn ihnen die Herztöne ihrer Mutter vom Band vorgespielt werden. Bei allen Naturvölkern finden sich entsprechende, dem menschlichen Herzschlag angenäherte Rhythmen in ihrer rituellen Musik. Zeitlebens bleibt so diese erste akustische Strukturerfahrung beruhigend und konzentrationsfördernd wirksam. Außerdem ist sie die Grundlage unseres Zeitgefühls, denn die Herzschläge untergliedern den Fluss der Zeit. Darum ist Rhythmusschulung eine hilfreiche unterstützende Maßnahme, um chaotischen Menschen zu mehr Planungskompetenz zu verhelfen.

Zudem erleben die ungeborenen Kinder das Rauschen des Blutes in den Blutgefäßen. Für uns Erwachsene ist es genauso faszinierend wie für Kinder, eine große Muschel ans Ohr zu halten und das »Meeresrauschen« zu hören. Dabei wissen wir natürlich, dass es sich nur um eine akustische Spiegelung der Durchblutungsgeräusche im Innenohr handelt. Trotzdem ist jede Form von

Meeresrauschen attraktiv, wirkt beruhigend und lässt uns Urlaub bzw. Erholung assoziieren – vielleicht, weil alles Leben aus dem Meer kommt. Das Ungeborene hört also das »Meer« bereits im Mutterleib und lässt sich nach der Geburt als Kleinkind genauso durch sanftes Rauschen beruhigen wie seine Eltern. Die »Ocean-Drum« ist ein Instrument, mit dem dieser beruhigende, entspannende Effekt spielerisch erzielt werden kann.

Beim Gehen ihrer Mutter machen Föten die passive Bewegungserfahrung, geschaukelt zu werden. Später lassen sie sich durch Schaukeln im Kinderwagen oder in der Wiege beruhigen; es stellt eine ihnen vertraute Struktur dar und hat viel zu tun mit der Fähigkeit, sich in den drei Dimensionen des Raumes zu orientieren, also oben – unten, rechts – links und vorne – hinten zu unterscheiden.

Frühkindliche Strukturerfahrungen

Das Neugeborene kann zunächst besser hören als sehen. Trotzdem reagiert es anfangs nicht auf alle Geräusche, denn ihm ist bis dato nur der mütterliche Herzschlag vertraut, den es während des Stillens und beim anschließenden Getragenwerden spürt. Nach und nach reagiert es auch auf Stimmen, Musik und sonstige Geräusche, teils mit Neugier, teils mit Angst.

Je differenzierter sein Hörvermögen wird, desto mehr ist es akustisch ansprechbar, desto empfänglicher wird es auch für Sprache. Schon lange, bevor das Kleinkind selber zu sprechen beginnt, reagiert es auf Sprache mit Mimik und emotionalen Reaktionen. Es lacht, wenn es freundlich angesprochen wird, oder weint, wenn die Stimme laut und barsch klingt. Bald reagiert es auf Fragen (»Wo ist das Licht?«) mit gestischen Antworten (zeigt zur Lampe). Wird es dann mit Reimen konfrontiert, die bei Babys ja meist mit körperlichem Berühren einhergehen, gewinnt es Freude an ihnen und fordert durch lebhaftes Gestikulieren oder Strampeln zu Wiederholungen auf:

Männlein geht die Treppe hoch,
da bleibt's hocken,
geht ein Stückchen weiter,
läutet an den Glocken:
»Klingeling, wer da?«

Nachdem Helligkeit und Dunkelheit unterschieden werden können, wird die visuelle Wahrnehmungsfähigkeit immer differenzierter. Bewegungen erregen Aufmerksamkeit – deshalb wirkt ein Mobile über dem Kinderbett anregend. Farben und Formen werden unterschieden – es wird zunehmend bewusst nach den Einzelteilen der Spielkette am Kinderwagen geschlagen oder gegriffen. Ein behutsam dosiertes Angebot an visuellen Reizen fördert die Wahrnehmungsentwicklung des Säuglings, während allzu viele Mobiles plus bunter Tapete, bunter Bettwäsche, verschiedener Kuscheltiere, Rasseln usw. die Entfaltung seiner visuellen Wahrnehmungsfähigkeit durch Überreizung behindern.

Später werden visuelle Wahrnehmungen und motorische Handlungen miteinander verknüpft (= Auge-Hand-Koordination), z. B. beim Hantieren mit Bauklötzen. Wenn dem Kind Farb- und Formstrukturen vertrauter sind, entwickelt es Freude an der Gestaltung von Mustern mit Legematerialien oder beginnt, gezielt mit Klötzchen Bauten zu errichten. Ersteres schafft die Grundlagen für den Mengenbegriff, das Zweite, mit der Eroberung des Raumes verknüpft, die Basis für abstraktes mathematisch-logisches Operieren.

Wenn Kinder sich in einer reizarmen Umgebung befinden, so erzeugen sie selbst Reize. Das wache Baby beginnt in der Stille, Blubber- und später Lallgeräusche zu produzieren. Sobald Kinder Malstifte führen können, ist kein leeres Blatt Papier vor ihnen sicher; im Freien hinterlassen sie mithilfe ihrer Finger Spuren im Sand oder benutzen Steine und Stöckchen als Malgeräte. Ja, sogar Babys im Kinderwagen sind schon in der Lage, Beziehungsmuster zu strukturieren: Sie diktieren Spielregeln, wenn sie z. B. den Schnuller wiederholt aus dem Wagen werfen, sodass der Vater ihn immer wieder aufhebt und zurückgibt, bis er sich fragt, ob er dieses Spiel eigentlich mitspielen möchte.

Kleine Kinder brauchen also nur ganz wenig an vorgegebenen Strukturen; mithilfe von anregenden natürlichen Reizen entwickeln sie alle für das Leben erforderlichen Wahrnehmungs- und Handlungsstrukturen selbst.

In der sensorischen Integration vergleicht man die Wahrnehmungsentwicklung mit einem Baum: Die Wurzeln entsprechen Haut, inneren Organen, Muskeln, Sehnen und Gelenken sowie dem Gleichgewichtsorgan, die alle gemeinsam das propriozeptive System (Nahsinne) bilden. Es dient der Eigenwahrnehmung des Körpers mit Berührungs-, Tiefen-, Bewegungs-, Schwerkraft- und Gleichgewichtsempfinden. Dem Stamm entsprechen die sich später ausdifferenzierenden Sinnesorgane für die Außenwahrnehmung. Hören, Sehen, Tasten, Riechen und Schmecken machen das extrozeptive System (Fernsinne) aus. Die sensorische Integration beider normal entwickelten Systeme ermöglicht dann kognitive, aber auch musisch-kreative und sportliche Leistungen sowie die Entwicklung einer ausgeglichenen und ihrer selbst bewussten Persönlichkeit – Früchte einer gesunden Entwicklung.

Kognitive Strukturen setzen entwickelte Sinneswahrnehmungsstrukturen voraus. Jede kognitive Funktion hat ihre motorischen Entsprechungen; die Bewegungs- und Sinneserfahrungen des Kleinkindes gehen einher mit der Ausreifung von Nervenverknüpfungen im Gehirn. Ein frühkindlicher Bewegungsmangel beeinträchtigt also die Entfaltung des Nervensystems. Da heutzutage immer mehr Kinder vor allem in großstädtischen Ballungsräumen unter Bedingungen aufwachsen, die von Bewegungsmangel, wenig Anregungen für die Nahsinne sowie Überreizung der Fernsinne geprägt sind, ist ihnen der Aufbau einer differenzierten kognitiven Struktur lediglich eingeschränkt möglich. An diesem Sachverhalt kann die Schule nicht vorbeigehen. Will sie erfolgreich unterrichten, muss sie besonderen Wert auf den Ausgleich der Strukturdefizite bei Kindern legen, soweit ihr das möglich ist.

Förderung des Aufbaus von Strukturen in der Schule

Um vorweg ein mögliches Missverständnis auszuschließen: Es geht *nicht* darum, den Aufbau von Strukturen *gegen* den Erwerb von Kompetenzen auszuspielen. Schule ist der Ort, an dem gerade dieser Erwerb von Kompetenzen im Mittelpunkt steht und stehen soll. Allerdings kann das nur erfolgreich geschehen, wenn bestimmte Voraussetzungen erfüllt sind. Wo Kinder sie nicht (mehr) mitbringen, hat die Schule keine andere Wahl, als ausgleichend zu wirken. Das gilt für alle Ebenen des Handelns und Verhaltens, vom Umgang untereinander bis zur Lernstrategie.

Rituale

Rituale sind weitgehend gleichförmig ausgeführte Handlungsabläufe. Innerhalb einer Gruppe, Klasse, Institution oder Gesellschaft sind sie geregelt und vereinfachen so das soziale Handeln in immer wieder vorkommenden Lebenssituationen (Begrüßung, Verabschiedung, Arbeitsabläufe, Handel und Verhandlung, Feiern etc.). Damit vermitteln sie Handlungskompetenz für diese Situationen und strukturieren die sozialen Prozesse. Das vermittelt Orientierung und stärkt gleichzeitig das Zugehörigkeitsgefühl zur Gemeinschaft.

Rituale im Unterricht sind hilfreich, weil sie Klarheit und Orientierung über Zeit- und Handlungsabläufe vermitteln. Sie sind weit mehr als eine vereinbarte Regel. Kinder gewöhnen sich rasch an gleichartige Abläufe und fordern sie oft genug selbst ein; Abweichungen davon verwirren sie umso mehr, je jünger sie sind und je unstrukturierter sie sich bisher entwickelt haben. Darum sollten Rituale konsequent eingehalten werden, was der Lehrperson zugleich die Organisation ihres Unterrichts erleichtert.

Beispiele für Rituale im Unterricht sind:

- Begrüßung
- Morgengebet oder -lied
- Morgenkreis/Wochenanfangs- oder -schlusskreis
- Früh- oder Pausengymnastik
- Gemeinsames Pausenfrühstück
- Regelmäßige Vorlesestunde
- Wochen-, Monats- oder Vierteljahresfeier
- Jahreszeitliche Feste (z. B. Karneval, Ostern, Weihnachten)
- Jährlich wiederkehrende Veranstaltungen (z. B. Theaterauf-führung, Spiel- und Sporttag)
- Jährliche Wettbewerbe (z. B. Vorlese- oder Bastelwettbewerb)

Mögen uns Erwachsenen die stets gleichförmigen Abläufe von Ritualen »langweilig« erscheinen – Kinder genießen die Sicherheit vermittelnde Gewissheit solcher Gleichförmigkeit. In diesem Sinn bezieht sich die Forderung nach Ritualen auch auf die Ausgestaltung bestimmter Unterrichtsphasen. Jede Stillarbeit, jede Freiarbeitsstunde, jedes Erarbeiten eines Sachtextes sollte im Normalfall dem gleichen, einmal eingeführten und vertrauten Schema folgen. Ausnahmen davon darf es in begründeten Fällen ruhig einmal geben, je »chaotischer« jedoch eine Klasse sich verhält, desto wichtiger sind ritualisierte Abläufe, wie folgendes Fallbeispiel zeigt:

Eine Lehrerin aus einer Vorstadtrealschule wurde als Krankheitsstellvertreterin für ein Vierteljahr an eine Innenstadtschule mit einem sozial problematischen Umfeld abgeordnet. Schon nach wenigen Englischstunden gingen ihr die Kinder (6. Klasse) buchstäblich über Tische und Bänke. Sie setzte alles methodische Können ein, bereitete sich besonders sorgfältig vor, gestaltete fantastische Präsentationen für den Unterricht, doch nichts half. Die Kinder verhielten sich so »schlimm«, dass sie gelegentlich weinend von der Schule nach Hause kam und sehr erleichtert war, als die Vertretungszeit vorbei war. Im Nachhinein erst hatte sie Gelegenheit, die vertretene Klassenlehrerin zu fragen, wie sie mit dieser Klasse umzugehen pflegte. »Jede Stunde läuft bei mir nach dem gleichen Schema ab«, antwortete diese. »Vokabelabfrage, Hausaufgabenkontrolle und -besprechung, neuen Text erlesen, neue Vokabeln aufschreiben usw. Da weiß jedes Kind zu jeder Zeit, was zu tun ist.«

Ein modernes Unterrichtsverständnis sieht zweifellos anders aus. Als Ziel müssen wir es selbstverständlich im Blick behalten. Zunächst müssen wir jedoch die konkreten Kinder bzw. Jugendlichen in unserem Fokus haben. Von ihnen und ihren Bedürfnissen nach Klarheit und Orientierung ist auszugehen, wenn wir Unterricht gestalten. Rituale im Sozial- wie im Arbeitsverhalten ermöglichen es dann, die angestrebten individualisierten Lernprozesse zu organisieren. Signalkarten, Gesten und akustische Signale sind auf allen Altersstufen erprobte Möglichkeiten, um Ablaufe zu ritualisieren.

Regeln

Während Rituale Orientierung für Abläufe bieten, helfen Regeln, sich in Beziehungen zu Personen, aber auch zu Gegenständen »ordentlich« (= einer Ordnung folgend bzw. strukturiert) zu verhalten. Viele Kinder bringen solche Regeln nicht in die Schule mit. Man kann sie nicht dafür rügen, dass sie sich nicht an »selbstverständliche« Regeln halten, die ihnen eben nicht von selbst verständlich sind. Auch die simple Verordnung von Regeln (»Bei uns wird nicht geschlagen – basta!«) ist nicht sinnvoll, denn das vermeintlich regelwidrige Verhalten mag unter den häuslichen Lebensumständen des Kindes normgerecht sein. Sanktionen würden nur verunsichern (und Angst macht aggressiv!) und Abwehr gegen erzieherische Einflussnahme aufbauen.

Es gibt zwei einander ergänzende Wege zur Einführung von Regeln:

a) Deduktiver Weg: In jeder Situation eines Verstoßes gegen eine noch nicht vereinbarte Regel wird sie zum Thema gemacht. Wie erleben die jeweils Beteiligten die Situation? Welche Nachteile ergeben sich aus der Situation? Wer ist davon betroffen? So erarbeiten die Schüler eigene Formulierungen für Regeln, die auf einem Plakat gesammelt werden und für deren

Einhaltung sie sich dann auch eher verantwortlich fühlen. In regelmäßigen Klassengesprächen können sie überprüft und gegebenenfalls auch abgeändert werden. So werden sie als Resultat eines demokratischen Prozesses erlebt; die Kinder bzw. Jugendlichen werden ernst genommen und erleben ihren Einfluss, was sich positiv auf Selbstwertgefühl und Klassenklima auswirkt.

b) Induktiver Weg: Die Klasse wird mit einer Regel oder einem Regelkatalog konfrontiert. Die gemeinsame Diskussion dient nicht der Annahme oder Ablehnung, denn die Vorgabe bedeutet, dass diese Regeln sein müssen. Sie werden jedoch bezüglich ihres Sinns hinterfragt, zunächst auf rein intellektueller Ebene bewertet und mehr oder weniger akzeptiert. In Situationen von Verstößen können die Regeln und ihre Notwendigkeit dann erfahrbar gemacht werden, was gleichfalls durch Klassen- oder Kreisgespräche vertieft werden sollte.

Die Formulierung von Regeln hat Einfluss auf ihre Wirksamkeit und Akzeptanz:

- Regeln sollten Aufforderungscharakter haben und ausdrücken, was zu tun bzw. zu unterlassen ist. Sie sollten also operationalisierbar formuliert werden, z. B.:
  »Bitte meldet euch, wenn ihr etwas sagen wollt.«
  »Wartet in Ruhe vor der Klasse, bis ich da bin.«
- Sie sollten positiv formuliert werden, also besser: »Im Klassenzimmer gehe ich langsam«, anstatt: »Im Klassenzimmer wird nicht gerannt!«
- Ich-Formulierungen haben einen stärkeren Aufforderungscharakter als Wir-Formulierungen. Besser: »Ich rede in der Gruppenarbeit leise«, anstatt: »Wir reden in der Gruppenarbeit leise.«
- »Wir wollen« klingt unverbindlich, also besser: »Ich halte mich an die Regeln«, anstatt: »Wir wollen uns an die Regeln halten.«

Dass Regeln so häufig nur unbefriedigend eingehalten werden, liegt daran, dass wir uns in der Schule zu wenig Zeit für ihr Verankern und Evaluieren nehmen:

- Regeln müssen verankert (konditioniert) werden.
- Das gilt umso mehr, je jünger die Kinder sind und je geringer ihre Einsicht ist. Eine Verankerung erfordert Zeit und Konsequenz.
- Regeln sollten regelmäßig reflektiert und gefestigt werden, z. B. als »Regel des Monats«. Diese wird täglich beim Unterrichtsbeginn von einer Schülerin oder einem Schüler mit eigenen Worten beschrieben und erläutert. Jeweils zum Wochenende hin nimmt sich die Klasse wenigstens fünf Minuten Zeit für die Reflexion.
- Die Reflexion beinhaltet vor allem drei Fragen: Wer konnte die Regel gut einhalten? Wer hatte Schwierigkeiten damit? Wie können wir denjenigen helfen?
- Regeln sind regelmäßig auf ihren Nutzen und ihre Wirksamkeit hin zu überprüfen. Unnütze oder unwirksame Regeln führen zu zunehmender Missachtung des Regelkatalogs. Die Beteiligung der Schülerinnen und Schüler bei dieser Überprüfung stärkt ihre Eigenverantwortung.
- Regeln, die nicht zufriedenstellen, werden geändert oder gegebenenfalls abgeschafft. Mit der Entwicklung des Sozialverhaltens einer Gruppe muss sich auch das Regelwerk entwickeln.

Nicht die Regeln an sich sind wichtig,
sondern der Prozess des Umgehens mit ihnen.

Regeln sind dann sinnvoll, wenn sie funktional für den Alltag sind. Er erfordert Regelungen, die von Schülern als hilfreich und befriedigend erlebt werden. Ansonsten verkommen Regeln zum Selbstzweck oder zum Prinzip, was keinerlei Einsicht und Eigenverantwortung wachsen lässt.

Regeln erfordern selbstverständlich Zeit. Wer sich jedoch keine Zeit für sie nimmt, weil er dem Unterricht Priorität einräumt, wird ineffizientes und höchst anstrengendes Unterrichten erleben. Es ist wie in der berühmten Geschichte vom Holzfäller, der von Tag zu Tag trotz zunehmender Anstrengung immer weniger Bäume fällt. Er nimmt sich einfach nicht die Zeit, regelmäßig seine Axt zu schärfen. Verankerte Regeln jedoch wie auch Rituale verbessern den Unterrichtsfluss erheblich.

Strukturiertes Lernverhalten

Es gibt eine riesige Menge an Literatur zum Lernen des Lernens, deren Blütezeit wohl mit dem Klassiker »So lernt man lernen« (LEITNER 2011) im Jahr 1972 begann. Ich will mich an dieser Stelle auf einige Gedanken aus einem Bereich beschränken, der sowohl bei Eltern als auch in der Lehrerschaft eine zentrale Rolle spielt und eine Menge Konfliktstoff birgt: den Hausaufgaben.

Die meisten Lehrerinnen und Lehrer halten sie für unverzichtbar und verzweifeln daran, wenn zu wenige erledigt werden. Etliche fühlen sich jedoch gleichzeitig in Zeitnot und vernachlässigen deswegen die Besprechung im Unterricht. Nicht selten bitten sie die Eltern, sich um Erledigung und Kontrolle der häuslichen Lernpflichten zu kümmern.

Diese übernehmen das teilweise gerne, denn über die Hausaufgaben erhalten sie Einblick in das schulische Geschehen. Vor allem nicht berufstätige Mütter nehmen diesen »Job« mit großem Einsatz an, was häufig zu Konflikten zwischen Mutter und Kind führt: Hausaufgaben geraten in etwa jeder zweiten Familie zu »Hausfriedensbruch«. Allerdings gibt es auch Eltern, die weder zeitlich noch von ihrem Bildungsstand her in der Lage sind, sich darum zu kümmern – nicht nur die mit anderer Muttersprache, auch solche in prekären Lebensverhältnissen oder jene, die zu den vier Millionen funktionaler Analphabeten in Deutschland gehören.

Die Kinder wiederum akzeptieren ihre Hausaufgaben prinzipiell, aber sie stören sich an langweiligen, manchmal an zu schwierigen und vor allem an zu vielen Hausaufgaben.

Nach dem aktuellen Stand der Hausaufgabenforschung wissen wir, dass Hausaufgaben das Lernen fördern, wenn sie regelmäßig gestellt werden, aber in einem Umfang, der sich leicht bewältigen lässt. Das erzwingt geradezu differenzierte Hausaufgaben, um die in den meisten Bundesländern geltenden Obergrenzen generell einzuhalten:

- Klasse 1–2: 30 Min.
- Klasse 3–4: 60 Min.
- Klasse 5–6: 90 Min.
- Klasse 7–10: 120 Min.

Kein Schüler, auch ein langsamer nicht, profitiert von längeren Arbeitszeiten. Es ist nicht die Menge, die den Erfolg bringt, sondern die Regelmäßigkeit. Sie unterscheidet auch die erfolgreicheren Schüler von den weniger erfolgreichen.

Wir wissen außerdem aus der Hausaufgabenforschung, dass selbstständiges Erledigen eher Lernfortschritte bewirkt als regelmäßige Hilfestellung. Wenn Unterstützung nötig ist, sollte sie sich nach Möglichkeit nur auf die Optimierung der Rahmenbedingungen und das Ermutigen der Schüler beziehen.

Struktur fördert es also bei den Schülern, wenn die Schule sich auf ein Hausaufgabenkonzept verständigt – einen Konsens in Bezug auf das Stellen, anregende Gestalten, Erledigen und Besprechen von Hausaufgaben.

a) Hausaufgaben stellen

Allzu oft werden Hausaufgaben erst am Stundenende gestellt, manchmal sogar erst nach dem Klingeln. Damit lässt sich nicht gewährleisten, dass alle sie notieren, und es gibt auch keine Möglichkeit mehr, die Fragen der Schüler zu klären. Die Wahrscheinlichkeit, dass Hausaufgaben erledigt werden, steigt jedoch mit dem Bewusstsein, sie sicher bewältigen zu können. Darum sollte gelten:

- Zeitpunkt: Hausaufgaben müssen dann gestellt werden, wenn die Lehrperson sich der Aufmerksamkeit aller Schülerinnen und Schüler sicher sein kann.
- Notieren: Da Hausaufgaben unter anderem die Funktion haben, selbstständiges Arbeiten zu fördern, ist das Aufschreiben lernmethodisch sinnvoll. Dazu notiert die Lehrperson die Aufgaben an einem festen Platz im Klassenzimmer, wo die Notiz bis zur Besprechung der Aufgabe stehen bleibt.

- Hausaufgabenheft: Das Führen eines Hausaufgabenheftes mit Wochenübersicht auf einer Doppelseite und Terminübersicht über das Schuljahr sollte obligatorisch sein. Die Aufgaben werden stets bei dem Tag eingetragen, *für den* sie auf sind, denn das ist ein Prinzip von Arbeitsplanung und der Einstieg ins Zeitmanagement.
- Inhaltliche Klarheit: Gestellte Hausaufgaben sind noch keine verstandenen Hausaufgaben. Zumindest sollte ein Schüler die Aufgabe mit seinen eigenen Worten noch einmal wiederholen. Bei Übungsaufgaben ist es am sichersten, die Kinder schon einmal im Unterricht anfangen zu lassen. Wer zurechtkommt, wird sie zu Hause beenden können. Wer nicht zurechtkommt und auch trotz einer sofortigen Hilfestellung noch nicht weiß, wie es geht, sollte diese Aufgaben zu Hause nicht lösen müssen (vgl. unten: Hausaufgaben erledigen).

b) Hausaufgaben anregend gestalten

Die am wenigsten lernförderliche Art von Hausaufgaben ist die am weitesten verbreitete: Übungsaufgaben. Fitte Schüler finden sie langweilig, denn wozu sollen sie eigentlich üben, was sie längst verstanden haben? Schwache Schüler finden sie ätzend, denn wie sollen sie etwas üben, was sie nicht kapiert haben? Tatsächlich führt das Üben von etwas nicht Verstandenem nicht zum Verstehen. Folgende Aspekte machen Übungsaufgaben anregender:

- Übungsziel benennen: Einen Anreiz bei Übungsaufgaben bietet das Benennen des quantitativen Ziels: »Versucht bitte, so viele Aufgaben wie möglich in 10 Minuten (Küchenwecker!) zu lösen.« Oder auch: »Für diese Aufgaben sollten 10 Minuten reichen. Schaut, wie weit ihr kommt.«
- Selbstkontrolle: Lernpsychologisch sinnvoll ist die Möglichkeit fürs Kind, seine Ergebnisse sofort selbst auf Richtigkeit zu kontrollieren. Beispielsweise bieten Arbeitsblätter mit Lösungsmustern oder Übungshefte mit Lösungsteil die Chance, sofort zu erkennen, ob ich richtig gearbeitet habe. Bei Erfolg verstärkt das die Motivation; bei Misserfolg hilft mir die richtige Lösung bei der Fehlersuche im Denkprozess.

- Kreatives und handelndes Üben: Mathematische Aufgaben aus dem realen Alltag, aus dem Supermarkt oder einer Werkstatt, haben einen höheren Motivationsreiz als entsprechende Aufgaben aus dem Buch. Sich selber Übungsaufgaben auszudenken, die die Mitschüler am nächsten Tag lösen müssen, zwingt zum Denken. Wörter zu bestimmten Rechtschreibthemen aus der Zeitung oder aus Prospekten zu suchen ist interessanter, als vorgegebene Wörter zu sortieren. Wenige Aufgaben dieser Art wirken lernförderlicher als viele Aufgaben vom Blatt.

Attraktiver und für die Lernentwicklung effektiver als Übungen sind vorbereitende Hausaufgaben; zudem sind sie anspruchsvoll. Von ihrer Erledigung hängt teilweise der Erfolg der nächsten Unterrichtsstunde ab. Deswegen ermöglichen sie den Kindern, Verantwortung zu lernen. Ob es um Material für den Sachunterricht, Interviews mit Eltern und Bekannten oder das Recherchieren in der Bibliothek wie auch im Internet geht – selber suchen macht findig! Vor allem schaffen sich die Kinder dabei jene Anknüpfungspunkte eines kognitiven Netzes, an die die Informationen im Unterricht besser andocken können.

c) Hausaufgaben erledigen

Als Lehrer weiß ich in der Regel nichts über die häusliche Lernsituation meiner Schülerinnen und Schüler. Im Sinne des Methodentrainings ist es sinnvoll, mit ihnen ein Ritual für die Hausaufgabenerledigung zu erarbeiten und zu klären, inwieweit es zu Hause realisiert werden kann oder variiert werden muss. Es umfasst nach Möglichkeit den festen Zeitpunkt, den festen Platz und ein festes Ablaufschema für die Hausaufgaben.

Den *festen Zeitpunkt* können Schüler mithilfe eines »Wochenplans« (TRÄBERT 2010a, S. 48) fixieren. Dazu übertragen sie den Vormittagsstundenplan ins Formular, das nichts anderes ist als ein bis in die Abendstunden hinein verlängerter Stundenplan, der allerdings auch Samstag und Sonntag ausweist. Mit verschiedenen farbigen Stiften rahmen sie Essenszeiten, nachmittägliche Schulstunden, Nachhilfe oder Therapien sowie feste Freizeitverpflichtungen (Sporttraining, Ballett, Musikschule, ...) ein. Dabei sind die Wegezeiten mit zu berücksichtigen. Jetzt können die Schüler für jeden Tag der Woche ihre Hausaufgabenzeit bestimmen und gleichfalls einrahmen. Falls der Plan nunmehr keine oder viel zu wenig freie Zeit für spontane Aktivitäten oder fürs »Chillen« aufweist, wäre er wichtiger Anlass für die Klärung von Prioritäten. Sein Sinn liegt darin, die Freizeit- und Erholungsbedürfnisse zu sichern und mit den Pflichten in Einklang zu bringen, so wie es John Steinbeck formulierte: »Die Kunst des Ausruhens ist ein Teil der Kunst des Arbeitens.«

Der *feste Platz* für Hausaufgaben und Lernen muss aufgeräumt, ungestört und hell sein. Das Mobiliar sollte den Grundanforderungen der Ergonomie entsprechen. Ideal wäre es, wenn dieser Platz zu nichts anderem als den Hausaufgaben diente, denn dann wirkte die Gewöhnung an ihn als Signalreiz: »Wenn ich mich hier hinsetze, arbeite ich für die Schule.«

Zum *festen Ablauf* gehört zunächst die Reihenfolge der Tätigkeiten:

- Ich schlage mein Hausaufgabenheft auf.
- Ich trage die »heimlichen« Hausaufgaben nach (regelmäßiges Vokabeltraining, kurzes Wiederholen des Stoffes der letzten Stunde für die Sachfächer, die am Folgetag auf dem Stundenplan stehen, verteiltes Lernen auf den nächsten Test und andere nicht ausdrücklich gestellte Aufgaben).
- Ich nummeriere die Aufgaben in der Reihenfolge, in der ich sie erledigen will (Leichtes am Anfang, Schwieriges in der Mitte des Pensums).
- Ich arbeite sie ab, möglichst jeden Tag in der gleichen Fächer-Reihenfolge.

Zum Ablaufritual gehören auch Pausen, denn viele kleine einminütige Minipausen (Sanduhr oder Küchenwecker!) helfen gerade bei »ätzenden« oder langweiligen Aufgaben, zügiger und mit weniger Flüchtigkeitsfehlern zu arbeiten (TRÄBERT 2007, 2008 und 2010b). Wenn Aufgaben dagegen Spaß machen, braucht man meist keine Pause. In den Pausen soll man sich bewegen, eventuell lüften und Wasser trinken.

Und schließlich gehören zum Ablaufritual fantasievolle, multi-sensorische Arbeitsweisen mit Bewegung, beispielsweise

- Vokabeln wie auch Lernwörter fürs Rechtschreiben als Lauf-diktat üben, mit dem »Nasenpinsel« an die Decke malen und gleichzeitig buchstabieren oder mit dem Finger auf den Unter-arm schreiben;
- Einmaleinsaufgaben, Vokabeln u. a. Paukinhalte mit Ball-an-die-Wand-Werfen oder auf dem Trampolin hüpfend üben;
- Vokabelabfragen mit dem Hin- und Herwerfen eines Balls im Frage-Antwort-Rhythmus durchführen;
- Lesen im Sitzen und Liegen, aber auch im Stehen und Gehen;
- Schreiben zwischendurch am Stehpult (ein Bügelbrett tut es auch).

Den Schluss des Rituals bildet das Packen der Schultasche, sodass anschließend Freizeit pur winkt.

d) Hausaufgaben besprechen

Auch wenn Lehrerinnen und Lehrer im Unterricht häufig Zeit-druck spüren: Hausaufgaben ohne Würdigung im Unterricht sind nicht nur ineffektiv für die Lernentwicklung, sondern sogar schädlich für die Motivation. Deswegen ist die Erledigungskon-trolle durch Abhaken das Minimum, das unbedingt sein muss. Effektiver ist die Ergebniskontrolle, durch die unsere Schüler die Richtigkeit ihrer Aufgaben erfahren. Sie lässt sich ökonomisch als Ritual organisieren, bei dem Schüler ihre Aufgaben mit dem Sitz-nachbarn austauschen. Jeder markiert alle richtigen Lösungen, die vorgelesen oder am Projektor präsentiert werden, mit einem Zeichen. Anschließend können Fragen zu wenigstens einigen Fehlern besprochen werden.

Für die Lernentwicklung besonders förderlich ist das gele-gentliche prozessorientierte Besprechen. Dabei geht es weniger um die Ergebnisse als darum, wie die Kinder zu ihren Resultaten gekommen sind. Im Kreisgespräch tauschen sie ihre Denkstrate-gien und Arbeitsmethoden aus, sodass sie nach und nach ihr Re-pertoire an Lerntechniken und -tricks erweitern.

6

So stärken wir Sozialverhalten und Respekt

> Der wichtigste Bodenschatz,
> den es in der Industriegesellschaft
> unbedingt zu fördern gilt,
> ist der Respekt, denn ohne ihn
> gibt es kein menschliches Miteinander.

»Ich hab doch gar nichts gemacht!« Das sagte ein Schüler, der vor meinen Augen einen anderen getreten hatte. – »Ich wollt' doch nur schnell in die Klasse«, rechtfertigte sich ein Junge, der beim Hineingehen ins Schulhaus so gedrängelt hatte, dass mehrere Kinder sich am Türrahmen stießen und verletzten. – »Na und?«, antwortete eine Zwölfjährige schnippisch auf den Vorwurf, dass sie eine Mitschülerin mit heftigsten Beleidigungen zum Weinen gebracht hatte.

Solche Verhaltensweisen begegnen uns im Erziehungsalltag täglich. Es heißt, die Kinder stritten sich nicht nur häufiger als wir früher, sondern sie seien auch aggressiver und zeigten gleichzeitig weniger Einsicht – beweisen lässt sich das allerdings nicht. Von »Sozialblindheit« und »Erörterungstaubheit« ist in der Fachliteratur die Rede, wenn Kinder kein Motiv für ihr Verhalten nennen können und auf die Frage nach dem Warum nur mit den Achseln zucken. Dabei ist in unserer komplexen Welt voller sozialer Konflikte ein gutes Sozialverhalten notwendiger denn je, von der Forderung nach »Teamfähigkeit« in der Arbeitswelt einmal ganz abgesehen.

Und wie sieht es in den Familien aus? Rund ein Viertel aller Kinder wächst ohne Geschwister auf und hat innerhalb der Familie keine Möglichkeit, das Teilen, Streiten und Versöhnen zu lernen. Dennoch gibt es keine eindeutigen Hinweise darauf, dass Einzelkinder egoistischer seien als andere. Für ein gutes Sozialverhalten sind eher andere Gründe maßgeblich.

Was ist Sozialverhalten?

Im Mittelalter wurde »Ora et labora« (Bete und arbeite) zum Leitsatz für die einfachen Menschen im christlichen Abendland. Damals waren etwa 95 Prozent von ihnen (zumeist unfreie) Bauern und hatten ihren Zehnten an den Grundherrn sowie Abgaben an die Kirche zu leisten. Deswegen entstand als satirische Verballhornung aus diesem Kirchenspruch irgendwann der Vers:

Bet und arbeit,
sei nicht faul,
zahl deine Steuer
und halt's Maul.

Eine weitere Variante war: »Bete und arbeite, denn andere wollen von dir leben.« Die Menschen begannen zu begreifen, dass die gesellschaftliche Ordnung nicht gottgewollt, sondern von realen Machtverhältnissen bestimmt war. Sozialverhalten hieß, sich diesen Machtverhältnissen anzupassen, sonst musste man mit schlimmen Strafen rechnen: Pranger, Kerker, Folter und Tod.

In den Bauernkriegen um 1525 lehnten sich die Menschen in den Regionen, die heute Deutschland heißen, erstmals großflächig und massiv gegen die Obrigkeit auf, konnten ihre Forderungen jedoch nicht durchsetzen. Was wir seit Dezember 2010 als »Arabischen Frühling« beschreiben, ist ein ähnlicher Prozess: Menschen lehnen sich gegen die althergebrachte Ordnung auf und kämpfen für eine bessere, menschlichere Gesellschaft und die Verwirklichung der Menschenrechte. Das Sozialverhalten dieser Aufständischen wie auch das der Bauern beim Übergang vom

Mittelalter zur Neuzeit ist also gegen die bestehende gesellschaftliche Ordnung gerichtet. Es ist antisozial im Sinne der Herrschenden, aber prosozial im Sinne der aufständischen Bewegung.

Sozialverhalten ist also ein zunächst völlig wertfreier Begriff. Er umfasst all die persönlichen Fähigkeiten und Einstellungen, die helfen, eigene Handlungsziele mit den Einstellungen und Werten einer Gruppe in Einklang zu bringen. Das kann auch beinhalten, das Verhalten und die Einstellungen von Mitmenschen beeinflussen zu wollen.

Wir bezeichnen solche Fertigkeiten als soziale Kompetenz (Soft Skills), die für das Umgehen mit anderen nützlich oder notwendig sind. Welche Fertigkeiten das sind, hängt von den Normen der Gruppe, von Interessenlagen und Machtverhältnissen ab.

Die soziale Kompetenz des Verkäufers bei einer Kaffeefahrt liegt darin, die Teilnehmer/innen so anzusprechen, dass sie wider alle Vernunft mehrere überteuerte Heiz- und Rheumadecken kaufen. Sein Sozialverhalten besteht darin, die Leute für sich einzunehmen und sie nicht gegen sich aufzubringen.

Die soziale Kompetenz von Eltern besteht u. a. darin, das Miteinander in der Familie so zu regeln, dass der Alltag gut funktioniert. Wenn sie in diesem Sinne den Wünschen der Kinder permanent zu entsprechen versuchen, fördern sie zwar kindlichen Egoismus, der im System Familie aber (zunächst) nicht stört. Solange alle Beteiligten das als positiv erleben, lernen Kinder Egoismus als angemessenes Sozialverhalten, was erst in einem anderen sozialen System wie beispielsweise der Schule negativ auffällt.

Zu Sozialverhalten erziehen

»Manchmal ist es mir richtig peinlich«, gesteht Frau R. im Beratungsgespräch. »Tobi kann einfach nicht ›Danke‹ sagen, wenn es sich gehören würde. Ob ihm die Verkäuferin in der Metzgerei eine Scheibe Wurst gibt oder die Oma ein Überraschungsei mitbringt, er bedankt sich einfach nicht!«

In diesem Beispiel fällt eine Verhaltensweise des Kindes außerhalb der Kernfamilie als unsozial auf. Das ist keine einfache Situation für die Mutter. Die Oma reagiert möglicherweise beleidigt, die Verkäuferin wird sich ihr Teil nur denken. Frau R. jedoch fragt sich, was sie falsch gemacht hat, dass ihr Sohn so ungezogen wirkt.

Er hat offenbar noch nicht verstanden, dass es in unserer Kultur eine ritualisierte Form von Höflichkeit ist, sich zu bedanken, nachdem man etwas erhalten hat. Dazu muss er solche Situationen im Alltag immer wieder erleben.

Wann erleben wir ein Dankeschön? Beim Verlassen des Lokals bedankt sich das Personal für unseren Verzehr. »Thank you for flying with …« – so lautet der Abschiedsgruß nach der Landung im Flugzeug. Auch als ICE-Reisende hören wir vor dem Aussteigen ein Dankeschön des Zugführers aus dem Bordlautsprecher. Und im Supermarkt erlebe ich gelegentlich ein »Danke für Ihren Einkauf!« von der Kassiererin. Wie fühlt sich das an? Gut natürlich, denn wer würde sich nicht gut fühlen, wenn er jemandem eine Freude gemacht und das rückgemeldet bekommen hat? Natürlich hat das auch mit Geschäftstüchtigkeit zu tun, denn Freundlichkeit im Service ist ein Wettbewerbsfaktor im Konkurrenzkampf der Unternehmen. Dennoch ist es ein Geben und Nehmen im Sinne einer gewissen Gleichwertigkeit: Du gibst mir Umsatz, ich gebe dir eine Ware oder Dienstleistung.

Können Kinder diese Gleichwertigkeit im Alltag auch erleben? Wie oft betonen Eltern im Gespräch mit anderen, wie viel Freude ihr Kind ihnen mache! Aber kaum jemand sagt dann abends mal zu ihm: »Danke für den schönen Tag, den ich heute mit dir hatte.« Wir machen Kindern immer wieder deutlich, dass wir etwas von ihnen erwarten, so wie Frau R. von Tobi: »Ich erwarte von dir, dass du ›Danke‹ sagst, wenn die Oma dir was mitbringt.« Dabei spürt Tobias nur zu gut, dass damit das persönliche Verhältnis zu seinen Ungunsten festgelegt wird: hier die wohltätig-gebende Oma, dort das abhängig-empfangende Kind. In früheren Zeiten musste ein Junge dann zudem einen Diener und das Mädchen einen Knicks machen. Kinder sind zwar noch in der Entwicklung, aber als Menschen doch von Anfang an gleichwertig. »Danke, dass ich dich besuchen darf«, könnte die Oma sagen. Dann verstünde Tobias, dass er auch als Gebender angesehen wird, und damit könnte er sich auch leichter bedanken.

Ein großer Teil des Verhaltens im zwischenmenschlichen Umgang ist ritualisiert. Um sich zu bedanken, sagt man »Danke schön!«, manchmal verbunden mit einem Händedruck. Zur Begrüßung schüttelt man Hände, unter Freunden und Verwandten sind auch Umarmungen und Wangenküsse üblich. Beim Abschied ist es ähnlich, oft kommt noch ein Winken hinzu. Solche Verhaltensrituale müssen einfach nur praktiziert werden, damit Kinder sie übernehmen. Wie viele Gelegenheiten, »Bitte« und »Danke« zu sagen, gibt es alleine schon bei den Mahlzeiten? »Reichst du mir bitte mal das Salz? Danke schön!« – »Gibst du mir bitte mal die Butter? Danke.« Auch bei der Erledigung von Haushaltspflichten wie dem Rausbringen des Müllbeutels ist ein Dank angebracht, selbst wenn das »Bitte« in diesem Fall nicht als Wahlmöglichkeit zu verstehen ist, auch ablehnen zu können.

Unser Vorbild allein reicht jedoch nicht aus. Schon Pestalozzi wies vor über 200 Jahren darauf hin, wie wichtig es für eine wirkungsvolle Kommunikation mit Kindern ist, sich auf Augenhöhe zu ihnen zu begeben, sie anzuschauen und zu berühren. Er empfahl dies, obwohl es damals die Bindungstheorie noch nicht gab.

Gute Bindung

Die Bindungstheorie geht auf den 1990 verstorbenen britischen Psychiater und Psychoanalytiker *John Bowlby* (vgl. u. a. BOWLBY 2006) zurück. Er begründete an der Tavistock-Klinik in London die Forschung darüber, wie sich Kinder in Abhängigkeit vom Verhalten der Mutter in der Beziehung zu ihr, aber auch zu anderen Bezugspersonen und der Umwelt entwickeln. Unter anderem konnte er nachweisen, dass die »Feinfühligkeit« der Mutter sehr viele positive Verhaltensweisen beim Säugling auslöst. Feinfühligkeit meint im Rahmen dieser Theorie die mütterliche Fähigkeit, sich dem Kind in der Regel rasch zuzuwenden, wenn es Zuwendungsbedürfnisse zeigt, und es in seinen Bedürfnissen zu akzeptieren. So kann sich das »Urvertrauen« entwickeln, wie es der Kinderpsychologe *Erik H. Erikson* nannte. Dieses ist Ausdruck einer sicheren Bindung des Kindes an seine Mutter und bewirkt, dass der Säugling bei Leid ihre Nähe sucht, sich nach der Tröstung aber auch wieder von ihr lösen kann. Solche Kinder zeigen weniger Ärger, Aggressionen und Ängste, sind also stimmungsmäßig ausgeglichener als unsicher gebundene, und sie akzeptieren es eher, wenn sie etwas tun oder lassen sollen. Sie entwickeln die Sicherheit, dass ihre Mutter für sie da ist, wenn sie sie brauchen.

Auf der Basis einer sicheren Bindung zur Mutter können Kinder leichter gute Bindungen zu weiteren Bezugspersonen – in erster Linie zu ihrem Vater – aufbauen, die sie im Zusammenhang mit ihren Erkundungs-, Spiel- und Lernbedürfnissen brauchen. Gelingt die Vater-Kind-Bindung von Anfang an, zeigt sich das Kleinkind in seiner Gegenwart in fremder Umgebung entspannter und weniger ängstlich. Gut gebundene Kinder betrachten ihren Vater als »Sicherheitsbasis« und protestieren, wenn er sie allein lässt, oder sie reagieren eifersüchtig, wenn er sich mit einem anderen Kind befasst. Sie profitieren von ihm besonders hinsichtlich ihrer Selbstwertentwicklung, weil er eine vorwiegend begleitende, ermutigende und sowohl unterstützende als auch beschützende Rolle spielt.

Je besser die Bindung, desto ausgeprägter sind das Erkundungsverhalten der Kleinen und ihre Bereitschaft zur Kontaktaufnahme mit fremden Personen, solange Mutter oder Vater anwesend sind. Ob es mit Papa oder Mama beispielsweise in einem Café sitzt, macht dann keinen Unterschied. Es erkundet die nähere Umgebung des Tisches und kehrt bei einer Beunruhigung sofort zurück.

Die Bindungserfahrung hilft bei der Eingewöhnungsphase im Kindergarten mit Begleitung durch ein Elternteil. Wenn das Kind Sicherheit in der neuen Umgebung und Vertrauen in die dortigen Bezugspersonen gefunden hat, dann kann es sich auch ohne Mutter oder Vater dort aufhalten. Mit etwa vier Jahren weiß ein Kind schließlich, dass seine Eltern auch bei Abwesenheit für es da sind.

Wer schon als Säugling sicher gebunden war, bringt später

im Schulalter beim Problemlösen mehr Durchhaltevermögen auf, zeigt größere und längere Aufmerksamkeit, sogar mehr Fantasie und ein positiveres Selbstwertgefühl. Die unsicher gebundenen Kinder hingegen reagieren schneller frustriert, zeigen öfter Symptome einer depressiven Verstimmung und können sich sogar gegen Vorschläge ihrer Bindungspersonen auflehnen.

Die Fähigkeit, als Jugendlicher und Erwachsener mit belastenden Emotionen in Beziehungen umzugehen, ist auf der Basis einer sicheren Bindungserfahrung deutlich ausgeprägter. Unsicher gebundene Säuglinge haben es dagegen später im Leben schwerer, sich in andere Menschen einzufühlen und Konflikte sowohl auszuhalten als auch auszutragen.

Wenn man das alles weiß, wird deutlich, wie wichtig eine gute Mutter-Vater-Kind-Beziehung ist, nicht zuletzt für das Sozialverhalten. Was in den ersten zwei Lebensjahren möglicherweise nicht gelungen ist, können Eltern später zwar nicht einfach nachholen, aber doch mehr oder weniger gut kompensieren. In jedem Alter wirkt es positiv, wenn Mütter und Väter etwas für eine gute Beziehung tun.

Positiv wirkt sich unter anderem all das aus, was der Förderung der Frustrationstoleranz und damit sogar dem Schulerfolg und der Lebenszufriedenheit dient. Klare Erwachsene können daher beispielsweise die Anregungen nutzen, die ich bereits bei der Förderung der Frustrationstoleranz erwähnt habe und hier nun in Bezug auf Förderung des Sozialverhaltens weiter ausführe:

• *Geschicklichkeitsspiele* trainieren die eigene Geschicklichkeit und stärken damit das Selbstwertgefühl. Wer dabei seine Fähigkeiten verbessert, möchte das gerne anderen vorführen, um den Stolz darauf mit ihnen teilen zu können. So ergeben sich Gelegenheiten für Anerkennung und vor allem für geteilte Freude, die als euphorischer Augenblick in der gemeinsamen Beziehung anstrengungsverstärkend wirkt. »Mama, Papa, guckt mal!«, kann man auf dem Spielplatz ständig hören, wenn Kinder ein neues Kunststück geübt haben. Allerdings müssen sie auch lernen, sich nicht in jedem Augenblick und unabhängig von der sozialen Situation mit ihren neuen Fähigkeiten in den Vordergrund zu drängeln. Mama und Papa haben schließlich auch Hausarbeit zu erledigen und können nicht permanent ihr Kind bewundern. Dafür lassen sich bei Bedarf Zeiten vereinbaren, in denen sie einen »Auftritt« oder eine »Vorführung« veranstalten.

- *Gesellschaftsspiele* kann man nur in Gesellschaft spielen, in einer sozialen Gemeinschaft also. Sie lassen Kinder Emotionen der Freude beim Gewinnen und der Traurigkeit oder gar Wut beim Verlieren erleben. So lernen sie, dass geteilte Freude doppelte Freude und geteiltes Leid halbes Leid bedeuten können – Verlierer trösten sich gegenseitig. Manchmal ist auch Schadenfreude im Spiel, mit der umzugehen gleichfalls gelernt sein will. Wie weit kann ich meine Schadenfreude etwa bei Mensch-ärgere-dich-nicht zeigen, ohne jemanden nachhaltig zu verletzen, sodass er gar nicht mehr mit mir spielen will? Miteinander zu kommunizieren, wird über das Spielen angeregt, und die Kommunikation über das Spiel übt in Metakommunikation ein: Wir besprechen, wie wir gehandelt haben und miteinander umgegangen sind.
Gesellschaftsspiele sind in jedem Alter möglich, sogar unter Erwachsenen – es hängt nur von der Auswahl der Spiele ab.

- Die *Begrenzung von Bildschirmzeiten*, die zur Auswahl zwingt, bietet gleichzeitig eine Chance für Kommunikation. Eltern können klar und deutlich sagen, warum sie die Zeiten begrenzen oder eine bestimmte Sendung, ein bestimmtes Computerspiel verbieten. Klare Erwachsene vertreten klare Standpunkte. Die Frage: »Findest du nicht, dass du jetzt genug ferngesehen hast?«, lässt die Möglichkeit der Verneinung offen. Jetzt ein Verbot anzuschließen wirkt auf Kinder und Jugendliche als Willkürakt. Viel besser sind eindeutige Aussagen: »Ich finde, dass du jetzt genug ferngesehen hast. Mach bitte den Apparat aus!«
Dabei besteht die Gefahr, sich jedes Mal in eine Diskussion zu verstricken. Deswegen wird eine solche Problematik bei geeigneter Gelegenheit, etwa im Familienrat, grundsätzlich besprochen und argumentativ begründet, sodass es in der Regel

reicht, ein Verhalten einzufordern. Sollte dennoch eine Konsequenz wie das Ausschalten des Fernsehapparats notwendig erscheinen, muss sie vorher vereinbart worden sein. Konsequenzen ohne Transparenz und Vorhersehbarkeit verstärken lediglich Widerstände.

• *Längerfristige Projekte* und das Sparen auf ein Ziel hin fordern Kinder und Eltern geradezu dazu auf, sich immer wieder über den Stand der Dinge auszutauschen. Das fördert die Prozessorientierung von Kindern und Jugendlichen wie ihre Geduld, die sie auch im Umgang mit anderen Menschen benötigen. Das Bilanzieren, wie weit der Stand des Projektes ist, was es bisher an Anstrengung gekostet hat und noch kosten wird, und die Ermutigung, es nur konsequent weiterzuverfolgen, verstärken diese Entwicklung. Wer eine Sache mit Geduld verfolgen kann, tut sich auch leichter damit, eine Beziehung allmählich zu entwickeln, sich beispielsweise nach und nach mit einem anfangs als unsympathisch empfundenen Lehrer zu arrangieren.

• *Familienaufgaben* oder *Haushaltspflichten* gewöhnen Kinder daran, in einer Gemeinschaft einen eigenen Beitrag zu ihrem Funktionieren zu leisten. Häufig höre ich Klagen von Lehrern, dass es eine große Anzahl Schülerinnen und Schüler gebe, die sich im Unterricht nur berieseln lassen möchten, ja geradezu eine Bringschuld des Lehrers ihnen gegenüber sehen. Aber so, wie lernen zu dürfen ein gar nicht hoch genug einzuschätzendes Privileg ist, sollte auch für das Leben in den komfortablen, geschützten Verhältnissen einer geordneten Familie jedes Familienmitglied seinen Beitrag leisten.

• Wer welchen Beitrag leistet und wie die Familie ihr Leben gestaltet, kann im *Familienrat* oder in der *Familienkonferenz* erörtert werden. Miteinander zu diskutieren, Argumente auszutauschen und sich dabei an Regeln zu halten, Vorschläge zu machen und Kompromisse einzugehen, sich gelegentlich durchzusetzen und bei Bedarf zurückzunehmen sind Fähigkeiten, die wir im privaten wie im Arbeitsleben benötigen. Kinder erwerben damit »Learning by Doing«-Schlüsselqualifikationen, die ihnen das Zurechtkommen in Schule und später im Beruf sehr erleichtern.

- Kindern nicht in jeder Situation mehr zu helfen als unbedingt erforderlich und sie auch bei Fragen zu ihren Hausaufgaben nicht spontan mit Lösungen zu versorgen zwingt sie dazu, ihre eigenen Ressourcen zu nutzen. Dazu gehört es nicht zuletzt, im eigenen sozialen Umfeld bei den Freundinnen und Freunden Hilfe zu suchen. Doch wer von anderen etwas haben will, muss sich bei ihnen revanchieren. Wer immer nur die Aufgaben der anderen abschreiben möchte, wird bald als Schmarotzer angesehen.

Außerdem ergeben sich über das Ansprechen der Mitschüler möglicherweise Kooperationen, die zu weiteren positiven sozialen Erfahrungen von konstruktiver Zusammenarbeit führen können.

Je besser Kinder und Jugendliche selbstständig zu arbeiten in der Lage sind, desto größer sind die elterlichen Möglichkeiten für Anerkennung ihrer Leistungen, was die Beziehung stärkt. Die Erfahrung aus meiner Beratungstätigkeit zeigt, dass die Eltern-Kind-Beziehung in aller Regel dort am meisten leidet, wo Eltern sich am intensivsten um Hausaufgaben und Lernen kümmern. Elterliches Interesse und Anerkennung sind wichtig, ohne die Autonomie des Kindes über Gebühr einzuschränken.

Sozialverhalten und Respekt in der Schule fördern

Schule kann das von ihr gewünschte Sozialverhalten heute nicht mehr als selbstverständlich voraussetzen. Diese Grundtatsache müssen wir angesichts der Vielfalt an Lebensformen, Kulturen und Werten in unserer Gesellschaft akzeptieren. Im Übrigen sind nicht einmal innerhalb eines Kollegiums die Standards für das »richtige« Sozialverhalten klar. Je größer der Kollegenkreis ist, desto schwieriger wird es, Konsens hinsichtlich konkreten Umgehens mit dem Handy der Schüler, dem Grüßen, Kaugummikauen oder Tragen einer Mütze im Unterricht herzustellen.

Also kommt Schule nicht darum herum, mit den Kindern gemeinsam an sozialen Kompetenzen zu arbeiten. »Für Schüler aus problembelasteten Elternhäusern ist die Schule oftmals der einzige Lebensraum, in dem sie die gesellschaftlich notwendige Sozialkompetenz erwerben können«, schreibt die Erziehungswissenschaftlerin Maria Fölling-Albers in einem Artikel auf www.familienhandbuch.de. Aber wie soll Schule das anstellen? Schließlich werden Lehrkräfte dafür nicht ausgebildet. Sie sind Fachleute für allgemeine und Fachdidaktik, aber nicht für »Beziehungsdidaktik« (MILLER 2011a). Außerdem spüren Lehrkräfte einen permanenten Zeit- und Stoffdruck, der durch die Einführung von Standards, Vergleichsarbeiten, zentrale Prüfungen, Qualitätssicherungsmaßnahmen, G8 und mehr seit PISA 2000 enorm gestiegen ist.

Wie immer in der freien Marktwirtschaft treten sofort Anbieter auf den Plan, wenn sich eine Marktlücke offenbart. Es gibt beispielsweise das »Berliner Institut für Soziale Kompetenz und Gewaltprävention«, die »Sicher-Stark-Initiative« oder das »Sozialtraining in der Schule« des Bremer Instituts für Pädagogik und Psychologie und viele, viele mehr. Die meisten dieser Angebote sind kommerzieller Natur; manche von ihnen werben sehr aggressiv und sind bundesweit als Franchise-Unternehmen tätig. In aller Regel kaufen Schulen sich bei einem solchen Anbieter einen Kurs für bestimmte Klassen ein. Finanziert wird das oft über Elternbeiträge und/oder den Förderverein. Wie nachhaltig solche Trainings wirken, ist sehr unterschiedlich und bei manchen Anbietern gar nicht evaluiert. Problematisch ist es vor allem, wenn die durch externe Trainer vermittelten Prinzipien von den Lehrkräften im Alltag des Schullebens selber nicht konsequent gelebt werden.

Sinnvoller sind daher solche Konzepte wie z. B. »Faustlos« oder das Jugendförderprogramm Lions-Quest (für 10- bis 15-Jährige), die Erzieher/innen und Lehrer/innen fortbilden und ihnen Unterrichtsmaterialien an die Hand geben, sodass die Bezugspersonen in der Schule selber mit den Kindern arbeiten. Damit ergibt sich im Normalfall eine größere Kontinuität des pädagogischen Einflusses, weil die Trainer/innen (= Lehrkräfte) auch außerhalb der Trainingsstunden im normalen Unterricht sozialerzieherisch im Sinne des Konzepts arbeiten können.

Selbstverständlich gibt es auch komplette Trainingskonzepte in Buchform, wie den mit Kopiervorlagen und Folien ausgestatteten Ordner »Prosoziales Verhalten lernen« (ROTH/REICHLE 2008) für die Grundschule.

Jenseits solcher »Komplettlösungen« möchte ich hier nur einige exemplarische Anregungen geben, die sich vorwiegend auf die Haltung von Lehrer/innen beziehen.

a) Schülerinnen und Schüler in ihren Möglichkeiten sehen

Lehrerinnen und Lehrer sind überwiegend auf sich allein gestellt. Sie sollen zwar Teamfähigkeit vermitteln, aber arbeiten selber nur höchst selten in funktionierenden Teams. Meistens stehen sie allein vor der Klasse, nachdem sie sich auch allein auf den Unterricht vorbereitet haben. Austausch von Arbeitsblättern und anderen Materialien kommt zwar häufiger vor, ist aber noch keine Teamarbeit, in der jeder seine Erfahrungen mit den Kollegen teilt, relativiert und in der Nachbetrachtung von Unterricht aufarbeitet.

Diese Situation hat zur Folge, dass Lehrer/innen wegen ihres in der Regel vorhandenen Wissensvorsprungs auf den jeweiligen Unterrichtsgebieten das Gefühl entwickeln, ihren Schülern überlegen zu sein und alles besser zu wissen. Diese konkrete Erfahrung kann sich leicht als sogenannte Déformation professionelle verfestigen und führt zum Image als Besserwisser. Wer das Bild von der eigenen Überlegenheit in seinem Persönlichkeitsschema fest verankert hat, kann mögliche Potenziale seiner Schülerinnen und Schüler im Sinne der sich selbst erfüllenden Prophezeiung nicht sehen. Schlimmer noch: Er ist auch nicht wirklich daran interessiert, weil er sie gar nicht für möglich hält. Diese Haltung vermittelt Schüler/innen das Gefühl, nicht wirklich wahr- und ernst genommen zu werden.

Gegen diese verzerrte Sichtweise hilft ein Verständnis der Lehrerrolle aus der systemisch-konstruktivistischen Perspektive: Jede Schülerin und jeder Schüler ist ihr bzw. sein eigener Lehrer; die Lehrperson kann mit anregenden, vielseitigen Lernarrangements helfen. Jeder Mensch konstruiert sich sein Weltbild selbst und spinnt sein eigenes kognitives Netz. Das erfordert von Lehrern das Eingehen auf individuelle Eigenheiten und Fähigkeiten und das Wahrnehmen der Schüler als Personen.

Dass diese Haltung beim ausgeprägten Fachunterricht an weiterführenden Schulen mit manchmal 200 und mehr Schülern pro Woche seine engen Grenzen hat, ist offensichtlich und verlangt nach völlig neuen Konzepten der Unterrichtsorganisation. »Selbstlernzentren« und »Kooperatives Lernen« sind zwei der bekanntesten Versuche, dieser neuen Sichtweise gerecht zu werden. Und trotzdem: Wollen wir, können wir mehr von unseren Schülern wissen als das, was wir wissen? Wer jemals Hausbesuche bei den Eltern seiner Schüler gemacht hat, weiß, wie anders man die Kinder und Jugendlichen anschließend sieht. In manchen Fällen entwickelt man sogar Hochachtung davor, was sie trotz der ungünstigsten häuslichen Verhältnisse in der Schule einbringen.

»Großer Geist,
bewahre mich davor,
über einen Menschen zu urteilen,
ehe ich nicht eine Meile
in seinen Mokassins gegangen bin.«
(Gebet der Navajo)

Ein grundsätzlicher horizontaler Respekt gegenüber Schülern ist jedenfalls höchst hilfreich, um eine gute Beziehung zu ihnen zu entwickeln. Nur auf dieser Basis haben Lehrpersonen eine Chance, selber als Personen und nicht nur als Unterrichtsfunktionäre wahrgenommen zu werden. In der Begegnung von Person zu Person lässt sich Sozialverhalten thematisieren und positiv verändern.

b) Sozialverhalten leben

»Es gibt keinen Weg zum Frieden,
wenn nicht der Weg schon der Frieden ist.«
(Mahatma Gandhi)

Wenn ich in diesem berühmten Gandhi-Zitat das Wort »Frieden«
durch »soziale Kompetenzen« ersetze, wird deutlich, dass die
Praxis des pädagogischen Alltags in Schulen das Entscheidende
ist. Soziale Kompetenzen können wir nicht lehren, wenn wir sie
nicht leben. Folgende Beispiele habe ich selbst erlebt:

- Ein Lehrer schimpft mit wütendem Gesicht ein Kind aus:
  »Kannst du nicht ein bisschen freundlicher sein?«
- Eine Lehrerin wird bei der Pausenaufsicht wegen miteinander
  rangelnder Kinder um Hilfe gebeten und antwortet: »Macht
  das mal unter euch aus.«
- Ein Lehrer kommt trotz angesagter Klassenarbeit ein wenig
  zu spät, lässt aber die seinetwegen am Anfang versäumte Zeit
  nicht nacharbeiten.
- Eine Lehrerin hat sich in der Klassenarbeit bei der Addition
  der Punkte vertan und dem Kind deswegen eine zu schlechte
  Note gegeben. Auf Verlangen ändert sie die Zensur, kommentiert aber den Vorgang mit: »Eigentlich hättest du die schlechtere Note verdient.«

Diese Beispiele sind sicher nicht sonderlich dramatisch, aber haben den betroffenen Schülerinnen und Schülern signalisiert, dass
ihre Lehrer sich offenbar nicht an die gleichen Verhaltensgrund-
sätze halten müssen wie sie. Über die Verwendung von Schimpf-
wörtern und Beleidigungen, über Bloßstellungen, Schikanen und
Ausgrenzung oder die Vernachlässigung von Pünktlichkeit, Ehrlichkeit und Zuverlässigkeit brauchen wir hier gar nicht zu diskutieren. Beim oben erwähnten Trainingsprogramm »Faustlos«
werden Empathie, Impulskontrolle und Umgang mit Ärger und
Wut eingeübt. Das und andere Trainingsinhalte machen nur Sinn,
wenn die Lehrer der Kinder diese Kompetenzen täglich zeigen.

Natürlich ist niemand perfekt. Das gestehen auch Kinder Erwachsenen zu. Sie finden es jedoch höchst ungerecht, wenn Erwachsene Verhaltensweisen fordern, die sie selbst nicht praktizieren. Zu seinen Fehlern zu stehen, sich für sie zu entschuldigen und gegebenenfalls Wiedergutmachung zu leisten ist ein Teil eben jener Sozialkompetenz, zu der wir erziehen wollen.

Lehrerinnen und Lehrer brauchen für ihre pädagogisch höchst anspruchsvolle berufliche Tätigkeit eine Aus- und Fortbildung sowie berufsbegleitende Unterstützung, die ihre Persönlichkeit sowie Sozialkompetenz stärken. Lehrerarbeit vollzieht sich vor allem im Gestalten von Beziehungen, doch das wird weder im Studium noch im Referendariat ausreichend vermittelt. Fachdidaktik ist ohne Beziehungsdidaktik nicht viel wert.

Und schließlich ist noch ein Problem von Bedeutung, über das kaum gesprochen wird: Dem Schulsystem selbst mangelt es an Sozialkompetenz! Lehrerinnen und Lehrer sind Teil eines hierarchischen Verwaltungsapparates, in dem über sie und ihren Einsatz verfügt wird. Verhaltensweisen als autonome Persönlichkeiten sind da eher störend, zumindest unbequem und konfliktträchtig. Wie können sie dann gleichzeitig ihre Schülerinnen und Schüler zu Ich-Stärke und sozialer Kompetenz erziehen? Diesen psychologischen Spagat schafft nicht jeder.

c) Konstruktiv kommunizieren

Die oben erwähnten Beispiele, in denen Lehrer/innen sich anders verhielten, als sie es von den Schülern einfordern, stellen Beispiele für einen Mangel an Kongruenz dar. Kongruent ist, wer sich so verhält, wie er es sagt, wer »echt« oder »authentisch« ist. Das erfordert eine Haltung der Offenheit gegenüber Schülern. Ich muss versuchen, sie in ihrer Situation (für) wahr zu nehmen und zu verstehen. Gleichzeitig muss ich mich selber und meine Emotionen wahrnehmen können und gegebenenfalls bereit sein, diese Wahrnehmung in die Kommunikation mit einzubringen. Um es mit den bekannten Termini von *Thomas Gordon* (vgl. GORDON 2011) auszudrücken: Ich muss aktiv zuhören und Ich-Botschaften senden können. Das sind nicht einfach Techniken, mit deren Hilfe ich meine erzieherischen Ziele leichter durchzusetzen vermag, sondern Mittel zur Verbesserung der Beziehung zu anderen Menschen auf der Grundlage einer ernsthaft am anderen interessierten, offenen Haltung. Diese Haltung ist gekennzeichnet eben durch Kongruenz, aber auch durch Empathie (Einfühlungsvermögen) und Akzeptanz.

Diese drei Aspekte unseres Kommunikationsverhaltens sind die Voraussetzungen für die Gestaltung von wirksamen Beziehungen zu Menschen jenseits des frühkindlichen Bindungsprozesses, den ich weiter oben in diesem Kapitel beschrieben habe (S. 138 ff.). Eine gute Beziehung zwischen Erzieher/innen oder Lehrer/innen und Kindern bzw. Jugendlichen fördert neben dem Sozialverhalten auch deren Resilienz. Damit ist die Fähigkeit gemeint, sich trotz schlechter Startbedingungen im Leben in Krisensituationen gut helfen zu können. Die Resilienzforschung hat gezeigt, dass sich Menschen trotz ungünstiger sozialer Herkunftsbedingungen u. a. dann besser als erwartet entwickeln, wenn sie in ihrer Kindheit und Jugend stabile Beziehungen zu pädagogischen Bezugspersonen erleben konnten. Sogar Lesepaten im Rentenalter können diese Rolle einnehmen.

Um als Lehrer eine gute, förderliche Beziehung zu einem Schüler aufbauen zu können, muss ich also echt sein sowie empathisch und akzeptierend kommunizieren. Das hat zur Konsequenz, die von ihm ausgedrückten Probleme und Gefühle nicht nur zu erkennen, sondern sie auch ehrlich anzunehmen – unabhängig von meiner Meinung, was für Gefühle er besser haben sollte. Das Wissen darum, wie rasch sich Gefühle zumal bei Kindern und Jugendlichen verändern, hilft mir bei dieser Haltung (vgl. Kapitel 2, S. 48 f.). Ganz konkret heißt das beispielsweise:

- Dennis zappelt auf seinem Stuhl herum. Anstatt ihn zu ermahnen, er solle endlich einmal ruhig sitzen, lächle ich ihn an: »Heute fällt es dir ganz schwer, still zu sitzen, stimmt's?«
- Ronny zischt deutlich hörbar zu seinem Nachbarn, der ihn offenbar geärgert hat: »Fick dich!« Ich reagiere mit: »Hoppla! Da hat dich aber jemand extrem wütend gemacht.«
- Christina gickelt und albert während des Unterrichts ohne Ende mit den um sie herum sitzenden Mitschülerinnen. Diver-

se Blicke haben bislang nichts gefruchtet. Also unterbreche ich, schaue eine Weil hin und sage, als es ruhig ist, in freundlichem Tonfall und ein bisschen amüsiert: »Christina, du bist heute aber gut drauf.«

Diese Erstreaktionen in den Beispielen sind natürlich noch nicht das Ende der jeweiligen Interaktion. Sie wollen nur die Haltung der Akzeptanz verdeutlichen. Bei Dennis kann ich ein Hilfsangebot anschließen: »Möchtest du im Stehen an der Fensterbank arbeiten?« Ich könnte ihm auch ein Luftpolsterkissen anbieten oder die Möglichkeit geben, vorübergehend im Reitersitz auf seinem Stuhl zu sitzen.

Bei Ronny muss ich entscheiden, ob ich seine verbale Entgleisung zum Thema machen und mit der Klasse aufarbeiten will, was Unterrichtszeit beansprucht. Ich kann aber auch eine Ich-Botschaft formulieren: »Ich kann deine Wut verstehen. Aber wenn du solche Ausdrücke verwendest, mache ich mir Sorgen um unser Klassenklima. Vor allem bin ich besorgt, dass du deine Wut nicht besser im Griff hast, denn das bringt dir woanders jede Menge Ärger ein, zum Beispiel später im Beruf. Deshalb will ich, dass du das sofort unterlässt.«

Eine gute Ich-Botschaft beschreibt die eigene Wahrnehmung (hier: Ausdruck), benennt die eigene Emotion (hier: Sorge) und begründet sie gegebenenfalls kurz und formuliert eine klare Verhaltensaufforderung, die konsequent eingehalten werden sollte.

Auch Christina wird sich nicht sofort nach meiner Äußerung angepasst verhalten. Der weitere Verlauf der Interaktion hängt von ihren Motiven ab, die hinter der albernen Stimmung stecken. Es darf mir zudem nicht passieren, dass sie meine Äußerung als Ironie empfindet. Die Chance auf eine störungsfreie Fortsetzung des Unterrichts ist jedenfalls größer, wenn ich mit meiner Intervention eine Konfrontation vermeide oder zumindest die Situation nicht eskalieren lasse.

Diese wenigen und äußerst knappen Hinweise zum konstruktiven Kommunizieren können kein komplettes Buch ersetzen und erst recht nicht die Teilnahme an einem Kommunikationstraining.

Aber sie wollen die Erkenntnis anstoßen, dass es nicht reicht, die Begriffe »aktives Zuhören« oder »Ich-Botschaft« zu kennen, wenn wir die dahinterstehende Haltung nicht verinnerlicht haben. Erst auf dieser Grundlage gelingt es uns, als authentisch erlebt zu werden, wenn wir mit unseren Schülern interagieren. Dann allerdings wirkt unser Vorbild positiv auf ihr Sozialverhalten und den respektvollen Umgang miteinander.

d) Werteerziehung

Kinder und Jugendliche suchen nach ihrem Weg. Besonders in der Pubertät steht die Frage nach dem Sinn des eigenen Lebens, nach der eigenen Identität, im Vordergrund. Daraus ergibt sich ein starkes Bedürfnis nach klaren Erwachsenen, die ihnen Orientierung bieten und zeigen können, was gut und schlecht, richtig und falsch ist, die ihnen aber auch Gelegenheiten eröffnen, sich in einem geschützten, betreuten Rahmen auszuprobieren.

Schule hat zahlreiche Möglichkeiten, um zu positiven Werten zu erziehen, allerdings kaum innerhalb des üblichen Unterrichts. Sich theoretisch mit Werten zu befassen, beispielsweise im Rahmen der politischen Bildung, verändert noch kein Verhalten in Richtung auf respektvolleren Umgang miteinander. Darum betreiben zahlreiche Schulen Projekte wie diese:

- Der schuleigene *Streichelzoo* hat stets Bedarf an Pflegekräften.
- Etliche Schulen organisieren Angebote zur *Seniorenbetreuung*: Vorlesen, Gesellschaftsspiele, Besorgungen machen, …
- Die Übernahme einer *Baum-Patenschaft* stärkt den Naturschutz-Gedanken.
- Die Hauptschule einer schwäbischen Kleinstadt gibt alljährlich ihren Schülerinnen und Schülern die Gelegenheit, sich auf freiwilliger Basis an der *Park-Putzaktion* zu beteiligen. Mit Greifzangen und Müllsäcken ausgestattet, wird der benachbarte Park gründlich von Abfall befreit. Am Ende gibt es ein Grillfest zur Belohnung.
- Ein Gymnasium bietet den Schülern in Kooperation mit dem Roten Kreuz nicht nur Erste-Hilfe-Kurse vor dem Erwerb des Mofa-Führerscheins an, sondern ermöglicht den Interessierten

darüber hinaus eine Sanitätsausbildung. Im Gegenzug lassen sich diese Schüler bei Schul- und öffentlichen Veranstaltungen als *Schulsanitäter* einsetzen.

- Eine Realschule organisiert in Zusammenarbeit mit dem Jugendamt *Babysitter-Kurse* für interessierte Schülerinnen und Schüler, was diesen die Übernahme von Verantwortung zumutet und gleichzeitig die Chance auf Aufbesserung ihres Taschengeldes eröffnet.

Was noch wirksamer und in seiner Wirkung auch wissenschaftlich überprüft ist, sind Projekte im Bereich des »Service-Learning«, auch »Lernen durch Engagement« genannt. Dabei handelt es sich um eine Unterrichtsmethode, die den Einsatz von Schülerinnen und Schülern im gesellschaftlichen Bereich mit Fachlernen verknüpft. Auf der Startseite der Internetpräsenz des Netzwerks Lernen durch Engagement, das von der Freudenberg Stiftung unterstützt und von der Heidelberger Erziehungswissenschaftlerin Anne Sliwka beraten wird, findet sich die folgende Erläuterung:

»Lernen durch Engagement oder Service-Learning »heißt:
- SchülerInnen setzen sich für das Gemeinwohl ein.
- Sie tun etwas für andere oder die Gesellschaft.
- Sie engagieren sich aber nicht losgelöst oder zusätzlich zur Schule, sondern als Teil von Unterricht und eng verbunden mit dem fachlichen Lernen.
- Das Engagement der Schüler wird im Unterricht geplant, reflektiert und mit Inhalten der Bildungs- und Lehrpläne verknüpft« (NETZWERK LERNEN DURCH ENGAGEMENT 2011).

Auf diese Weise erleben Jugendliche nicht nur völlig neue Tätigkeitsbereiche, sondern auch neue Formen der Kooperation mit ihren Lehrer/innen und anderen Erwachsenen. Manche erfahren vielleicht zum ersten Mal, dass ein Lehrer an ihnen persönlich interessiert ist, sie in jeder Hinsicht unterstützt und gleichzeitig hohe Erwartungen hegt, also ihnen etwas zutraut. »Freiwillig hätte ich das nie gemacht, aber jetzt würde ich es immer wieder machen« (KLASKA 2012, S. 4), wird ein Junge nach einer solchen Projektteilnahme zitiert.

Was haben die Kinder und Jugendlichen konkret getan? Was zeitigte solch positive Effekte und stärkte sogar ihre Resilienz? Einige Beispiele aus der Projektdatenbank des Netzwerks:

- Grundschulkinder lernen das betonte Vorlesen *und* bereiten selbstständig Vorlesestunden in einer nahe gelegenen Kita vor, die regelmäßig durchgeführt werden.
- In einem Wahlpflichtkurs beschäftigen sich Siebtklässler mit den Themen Einkauf, Preiskalkulation, Verkauf, Welthandel sowie fair gehandelten Produkten *und* engagieren sich für eine gerechte Welt, indem sie einen schuleigenen Weltladen betreiben und die Erlöse an Entwicklungshilfeprojekte spenden.
- Achtklässler beschäftigen sich in Biologie mit Ökosystemen *und* legen einen Naturlehrpfad mit Infotafeln zum lokalen Ökosystem an, denn ein brachliegendes Wiesenstück drohte zur Müllkippe zu verkommen.

Allen genannten Beispielen ist gemein: Kinder und Jugendliche erleben sinnvolles Tun in und für die Gemeinschaft, spüren ihre eigene Bedeutung, erfahren Dankbarkeit und entwickeln oder verbessern Fähigkeiten und Kompetenzen. Wo Kinder Sinn spüren, brauchen sie keinen Unsinn anzustellen, um die Resonanz der Mitwelt zu spüren.

e) Echte Beteiligung ermöglichen

Echte Beteiligung oder »Partizipation« bedeutet für Schülerinnen und Schüler, nicht nur formal mitwirken zu dürfen, sondern wirkliche Mitgestaltungsmöglichkeiten innerhalb des Schullebens zu haben. »Demokratie ist mehr als eine Regierungsform; sie ist in erster Linie eine Form des Zusammenlebens, der gemeinsamen und miteinander geteilten Erfahrung«, sagte *John Dewey* bereits 1916 (HOHR/RETTER 2008, S. 62). Da die Schüler im Geist der Demokratie zu erziehen sind, wie es beispielsweise in der Landesverfassung des Freistaats Bayern festgeschrieben ist, müssen wir ihnen in der Schule folgerichtig Möglichkeiten des demokratischen Zusammenlebens und gemeinsamer Erfahrungen bieten. Formen solch echter Partizipation gibt es schon lange, sie sind teilweise reformpädagogische Errungenschaften.

Der Klassenrat ist das in der Regel wöchentliche formalisierte Beraten, Diskutieren und Entscheiden über selbst gewählte Themen der Schülerinnen und Schüler. Er ist ab dem ersten Schuljahr möglich, wenn die Kinder allmählich in die Form eingeführt werden. Ab Mitte der zweiten Klasse können Kinder ihn in eigener Regie durchführen. Eine Sitzung dauert in den ersten Klassen etwa 20 Minuten und kann in den höheren Klassen bis zu einer Unterrichtsstunde beanspruchen.

Themen sind nicht nur aktuelle Konflikte der Kinder untereinander, sondern auch ganz allgemein die Gestaltung und Organisation von Unterricht und Schule.

Ämter, die über Ämterkarten jedes Mal neu besetzt werden können, sorgen für die Übernahme von Eigenverantwortung: Regelwächter, Zeitwächter, Protokollführer, Sitzungsleiter. Eine feste Ablaufstruktur führt zur Ritualisierung der Sitzungen und hilft, ökonomisch mit der Zeit umzugehen.

Es kommt öfter vor, dass Klassen, in denen der Klassenrat fest etabliert ist, in Vertretungsstunden oder bei Übernahme durch einen neuen Lehrer ihre Sitzungen ganz selbstständig durchführen und »den Neuen« in diese Arbeitsweise einführen.

Die **Schulversammlung** als Vollversammlung aller Schüler und Lehrer ist nicht so eindeutig definiert wie der Klassenrat. Sie hat in England eine lange Tradition und findet sich bei uns überwiegend an Freien Schulen wie beispielsweise den Demokratischen bzw. Sudbury-Schulen, wo sie wöchentlich stattfinden. Aber auch einige staatliche Schulen sowohl der Primar- als auch der Sekundarstufe haben die Schulversammlung in ihr pädagogisches Konzept aufgenommen.

In der Franz-Leuninger-Schule Mengerskirchen beispielsweise (www.franz-leuninger-schule.de; eine Grundschule in Hessen) liegen die ritualisierten Versammlungen stets in der ersten Stunde am Montagmorgen:

»Die Woche beginnt gemeinsam. Alle singen ein (Bewegungs-) Lied.

In der Schulversammlung werden …
- Neuigkeiten und Informationen bekannt gegeben
- Regeln besprochen, Beschlüsse und Ergebnisse des Schülerparlamentes vorgestellt
- Urkunden oder Auszeichnungen übergeben und Leistungen gewürdigt
- neue Angebote vorgestellt und Lieder für Schulgottesdienste eingeübt

Die Schulversammlung endet mit einem Lied, und alle gehen in den Unterricht.«

Die Rosensteinschule ist eine Grund- und Werkrealschule im Stuttgarter Norden. Sie hat soziales Lernen und demokratische Erziehung in ihr Leitbild aufgenommen und arbeitet nach dem Konzept der sozialwirksamen Schule (vgl. HOPF 2007). Die alle sechs Wochen nach Grund- und Hauptschule getrennt stattfindenden Schulversammlungen sind Teil der vielfältigen Maßnahmen, die der Schulebene zugeordnet sind; daneben gibt es in diesem Konzept Maßnahmen auf Klassen- sowie individueller Ebene.

In den Schulversammlungen der Hauptschule kommen um die 200 Jugendliche zusammen. Sie erfahren Anerkennung und Ehrungen, etwa nach Siegen bei Wettbewerben, nach erfolgreich absolvierter Streitschlichter-Ausbildung oder für ein gutes Ergebnis beim Sponsorenlauf für einen sozialen Zweck. Sie setzen sich aber auch mit den Schulregeln auseinander und diskutieren sie, wobei jeder Rederecht hat und die Lehrer/innen sich der Kritik stellen müssen. Vor solch großer Kulisse zu sprechen ist eine Herausforderung für ihr Selbstbewusstsein.

»Seit es in der Rosensteinschule regelmäßig Schulversammlungen gibt, hat sich das Schulklima maßgeblich verbessert. Der Begriff der ›Schulgemeinschaft‹ wird darin mit Leben gefüllt. Für die Schülerinnen und Schüler sind die Versammlungen ein wichtiger Lernort für eine lebendige Demokratie« (MENRAD 2012, S. 32).

Das **Schulparlament** schließlich ist wie Klassenrat und Schulversammlung ein Gremium, das in den Schulgesetzen der Länder nicht vorgesehen ist. Es setzt sich aus gewählten Vertretern aller drei in der Schule vertretenen Gruppen zusammen: Schüler/innen, Lehrer/innen und Eltern. Eine der wenigen Schulen mit Schulparlament in Deutschland ist die nach Ernst Bloch benannte Integrierte Gesamtschule Ludwigshafen-Oggersheim (IGSLO; Internet: *www.igs-ernstbloch.de*).

Als Ziele und Aufgaben dieses Gremiums nennt die Schule (IGS ERNST BLOCH 2012, S. 25 f.):
1. Förderung des Dialogs aller beteiligten Gruppen
2. Verbesserung der Interessenartikulation aller beteiligten Gruppen
3. Sammelbecken für jahrgangsübergreifende Schüler/innen-Interessen
4. Forum für neue Ideen zur Weiterentwicklung unserer Schule
5. gelebte Demokratie für alle Beteiligten
6. Ratgeber und Stimmungsbarometer für die Gesamtkonferenz der Lehrkräfte
7. Schülerinnen und Schüler erfahren eine Aufwertung gegenüber den Erwachsenen

Vor allem die Punkte 2, 3 und 7 dienen unmittelbar der Förderung von Sozialverhalten und Respekt der Schüler untereinander wie auch gegenüber Erwachsenen, wenn sie unmittelbar auch nur von den Delegierten der Schülerschaft erlebt werden können. Durch die Rückkopplung der Teilnehmer/innen mit ihren Klassen wird dann die gesamte Schülerschaft in den demokratischen Prozess einbezogen.

Sozialwirksame Schule

Sozialverhalten und Respekt in der Schule zu fördern ist nicht nur, aber auch als eine persönliche Aufgabe der einzelnen Lehrerin und des einzelnen Lehrers zu verstehen, denn sie stehen in der direkten Interaktion mit ihren Schülern. Sie realisieren sie u. a. – wie oben beschrieben – durch das Fokussieren auf die Potenziale ihrer Schüler/innen anstatt auf ihre Probleme und durch die praktische Gestaltung des Schul- und Unterrichtsalltags. Als »Merkmale einer guten Erziehungshaltung von Lehrerinnen und Lehrern« nennt Rudolf KNAPP (2007, S. 17 f.):

»1. Sie verbinden Zuneigung und Festigkeit.«

»2. Sie treten für den Standpunkt ein, den sie für richtig halten.«

»3. Sie bemühen sich, ein gutes Beispiel zu geben.«

»4. Sie übertragen altersangemessene Aufgaben auf Kinder und Jugendliche.«

Was so banal klingt und sich so leicht liest, bedeutet in der konkreten Umsetzung ein hohes emotionales und soziales Engagement, das man über ein ganzes Berufsleben hinweg nur durchhalten kann, wenn man selber in einem funktionierenden Team Gelegenheit zur Reflexion hat und Ermutigung und Anerkennung erfährt.

Selbst die Institutionalisierung des Klassenrates erfordert keine Kooperation, geschweige denn einen Konsens innerhalb des Kollegiums. Unter den gegebenen realen Arbeitsbedingungen von Schule scheint das »Ziehen an einem Strang« oft tatsächlich nicht möglich – einer der Skandale in der Bildungsrepublik Deutschland: Besonders an weiterführenden Schulen fehlt angesichts übermäßig hoher Belastung mit Unterrichts- und Verwaltungsaufgaben häufig die Zeit für abgestimmtes pädagogisches Arbeiten.

Und trotzdem reicht all das persönliche Lehrerengagement nicht aus, um in der heutigen Zeit eine wirksame Förderung von Sozialverhalten und Respekt zu gewährleisten. Es geht nicht ohne konzeptionelle Verankerung im Profil jeder einzelnen Schule. Diese Herausforderung wird mit dem Anspruch auf das Gestalten inklusiver Schule noch deutlicher. Ein bislang schon bewährtes Konzept, das weit über das Etablieren eines Gremiums wie Schulversammlung oder Schulparlament hinausgeht, ist die oben bereits erwähnte »sozialwirksame Schule«, die der Münchener

Schulpsychologe Dr. Werner H. Hopf entwickelt und evaluiert hat (www.sozialwirksame-schule.de).

Dabei handelt es sich um ein Mehr-Ebenen-Konzept zur Entwicklung der Schulkultur über fünf inhaltliche Bereiche: Schulentwicklung, autoritative Erziehung, soziales Lernen, kritische Medienerziehung und Gewaltprävention bzw. -intervention. Es funktioniert in der Praxis, wenn eine klare Mehrheit des Kollegiums sich für die Entwicklung einer neuen Schulkultur starkmacht und die Schulleitung es engagiert mitträgt.

Grundlage ist die Verständigung im Kollegium auf autoritative Erziehung. Diese beinhaltet Autorität im Sinne von klaren Regeln und dem Einsatz von Erziehungsmitteln, aber gleichzeitig ein hohes Maß an emotionaler Wärme, Akzeptanz und Kommunikationsbereitschaft.

Auf Schulebene werden Werte und Regeln eingeführt, diskutiert und mit Konsequenzen verknüpft. Dieser Prozess wird in Schulversammlungen und anderen Gemeinschaftsformen vorangebracht; Projekte haben dabei einen hohen Stellenwert. Die Kooperation mit den Eltern und außerschulischen Institutionen ist unabdingbar für die erfolgreiche Umsetzung des Konzepts.

Auf Klassenebene steht die Entwicklung der Lernkultur im Mittelpunkt. Dort geht es um das konkrete soziale Lernen, Formen kooperativen Lernens, um kritischen Umgang mit den Medien sowie musikpädagogische Elemente.
Auf der Individualebene können die Schülerinnen und Schüler erleben, dass die Schule ihnen persönlich helfen will und kann. Sie berät und betreut individuell, organisiert Einzelfallhilfen und ein Netzwerk für die Krisenintervention.

34 Schulen des Primar- und Sekundarbereichs aus Bayern, Hessen, Baden-Württemberg, Nordrhein-Westfalen und der Schweiz arbeiten derzeit (April 2012) nach diesem Konzept, dessen Rahmen sie individuell gemäß ihren Möglichkeiten und Bedürfnissen vor Ort ausgestalten können. Die zweijährige Evaluierung an zwei Versuchsschulen im Vergleich mit vier Kontrollschulen ergab eindeutig positive Effekte auf soziales Lernen und das erlebte Schulklima sowie auf verbale, instrumentelle und persönliche Gewalt (vgl. HOPF 2002).

Das Konzept sozialwirksame Schule ist ein Beispiel, das Hoffnung macht, denn es funktioniert, und zugleich Skepsis schürt, weil es einen erheblichen Zusatzaufwand an Aktivität und Zeit verlangt. Ohne das Ziehen an einem Strang und ohne die Einbindung von Eltern und außerschulischen Institutionen lassen sich Sozialverhalten und Respekt aber nun einmal nicht nachhaltig fördern. Immer wieder erlebe ich in Fortbildungsveranstaltungen die hohe Erwartungshaltung von Lehrerinnen und Lehrern, dass ich ihnen ein paar Tricks fürs Lehrerverhalten vermitteln könnte, um dieses Ziel zu erreichen, ohne dass sie grundsätzlich etwas an ihrer Haltung und den Prinzipien des Schullebens verändern müssten. Doch das ist nicht möglich. Gäbe es solche Tricks, wären sie schon längst allgemein bekannt, denn überall sehnt man sich nach ihnen.

Nach dem Kästner-Motto »Es gibt nichts Gutes, außer man tut es« bleibt Lehrerkollegien nur, trotz ungünstiger Rahmenbedingungen des Systems selber aktiv zu werden. Ich weiß aus eigener Erfahrung mit der Umsetzung eines Konzepts zur Gewaltprävention nach Dan Olweus (TRÄBERT 2011a), dass der eigene Leidensdruck einen erheblichen Anteil an der Motivation eines Kollegiums hat, konzeptionell zu arbeiten und etwas an seiner Schule grundsätzlich zu verändern. Es scheint die Perfidie unseres Systems zu sein, dass sich die Zustände an zahlreichen einzelnen Schulen erst so lange verschlechtern, bis nichts mehr übrig bleibt, als sich selbst unter Aufbietung aller Kräfte bis zur Selbstausbeutung am Schopf aus dem Sumpf zu ziehen.

Aber ich sehe auch eine andere Motivation für Schulentwicklung von unten: Es gibt gegenwärtig einen offensichtlichen Bedarf, Sozialverhalten und Respekt in der Schulgemeinschaft zu fördern. Als Unterrichtsbeamte sind wir zwar auf den Staat vereidigt, aber als Lehrpersonen und Pädagogen in erster Linie den Kindern und Jugendlichen verpflichtet. Sie sind unser primäres Curriculum. An ihnen müssen wir uns orientieren, wenn wir die von Gesellschaft und Staat in Plänen fixierten Kompetenzen vermitteln wollen. Die vorrangige Ausrichtung an Bildungsplänen dagegen stürzt uns immer wieder in die Malaise, dass Kinder und Jugendliche nicht nach Plan funktionieren – Lehrer/innen übrigens auch nicht.

Wenn die Basis Schule nicht erst in der Not verändert, sondern sich vermehrt auf ihr pädagogisches Ethos besinnt, kann Schule sich selbst entwickeln und damit den Druck von unten aufbauen, den die Politik braucht, um Mut für die nötigen Veränderungen von oben aufzubringen.

Es sind die klaren Erwachsenen, die in der Schule arbeiten, an die ich meine Hoffnungen knüpfe. In etlichen Ländern der OECD gab und gibt es auch klare Erwachsene in der Bildungspolitik – in Deutschland sehe ich sie (noch) nicht.

7

»Richtig erziehen« – unmöglich, aber anzustreben

Erziehung ist Beziehung.
Beziehung ist Zeit.
Zeit ist Geld – Kinder sind
einfach zu teuer ...

Gibt man bei einer Internet-Suchmaschine Stichworte wie »Erziehungskompetenz«, »Erziehungstipps« oder »richtig erziehen« ein, erhält man Ergebnisse in sechsstelliger Höhe; »Kindererziehung« ergibt sogar mehr als zwei Millionen Treffer. Ein riesiger Markt tut sich dem Suchenden auf, vom Ratgeberbuch bis zum kompletten Fernlehrgang über Kindererziehung mit international verwendbarem Abschlusszertifikat in englischer Sprache. Richtig oder gar perfekt zu erziehen wird als anzustrebendes Ideal dargestellt, während andererseits Klage über die nachlassende Erziehungskompetenz von Eltern geführt wird. Wer Selbstzweifel hinsichtlich seiner Erziehungstätigkeit hegt oder zum Perfektionismus neigt, sollte sich zu dieser Thematik besser nicht im Internet umschauen – man kann eigentlich nur ein schlechtes Gewissen bekommen. Aber längst nicht alle Quellen mit Tipps zum richtigen Erziehen oder zum Vermeiden der häufigsten Erziehungsfehler zeigen Übereinstimmung; viele widersprechen einander sogar.

Ich furchte: Würde man die hundert besten und bekanntesten Erziehungswissenschaftler und -berater zu einer Art Konklave wie bei der Papstwahl versammeln, damit sie sich ohne

Kontakt zur Außenwelt und bei verschlossenen Türen auf eine Definition für richtiges Erziehen einigten, sie kämen wohl nie mehr frei…

Die Vielfalt der Positionen bei den Experten sollte uns zeigen, dass es das richtige Erziehen nicht gibt. Es gibt ja auch keine genormten Menschen – Gott sei Dank! Kein Mensch gleicht dem anderen, auch wenn jeder Mensch auf Anhieb als Vertreter seiner Art erkennbar ist. Keine Familie gleicht einer anderen, auch wenn es klar bestimmbare Merkmale für Familie gibt. Und eben darum kann kein Rat in Sachen Erziehung Allgemeingültigkeit beanspruchen. Das Erziehen oder – wenn ich den Begriff wegen seines negativen Beigeschmacks vermeiden möchte – Begleiten von Kindern beim Aufwachsen ist stets eine ganz individuelle Sache zwischen konkreten Individuen. Wenn eine Internetseite bei Eltern damit wirbt, dass sie ihr Kind mit den vorgestellten Tipps besser verstünden, sollten sie misstrauisch sein. Woher wollen die Betreiber dieser Seite gerade Sie und Ihr Kind kennen?

Wenn es aber das richtige Erziehen nicht gibt, können wir wesentlich gelassener mit dem Thema umgehen, auch wenn unsere konkreten Fragen zum Umgang mit Kindern damit noch lange nicht beantwortet sind. »Jedes Kind ist ein unentdeckter Kontinent, der erforscht und verstanden werden will. Wer glaubt, dass kleine Menschen im Grunde alle gleich sind, den muss ich enttäuschen: Patentrezepte gibt es für den Umgang mit Kindern nicht« (KÖHLE/RIESS 2007, S. 11). Das heißt also, es gibt auf individuelle Fragen auch nur individuelle Antworten, die man selber finden muss. Niemand kann einem das abnehmen. Aber ein paar Leitideen zur Orientierung und außerdem einige Beispiele, die gibt es in diesem Kapitel.

Was Kinder brauchen

Eine Leitidee ist es beispielsweise, anstelle der Frage nach dem richtigen Erziehen die danach zu stellen, was Kinder brauchen. Mia Kellmer Pringle ist eine britische Wissenschaftlerin, die ein

Gutachten dazu verfasste (PRINGLE 1979). Im Auftrag des Gesundheits- und Sozialministeriums stellte die Direktorin des National Children's Bureau zusammen, was man damals über die Bedürfnisse von Kindern wusste. Der damalige Gesundheits- und Sozialminister, Keith Joseph, erhoffte sich von dieser Studie Hinweise, um den »Teufelskreis der Deprivation« zu durchbrechen. Was entbehren Kinder, denen es nicht gut geht und deren Entwicklung bedroht ist? Natürlich haben sie häufig unter materiellen Einschränkungen zu leiden. Kinderarmut war nicht nur damals in Großbritannien, sondern ist auch heute und bei uns ein wesentliches Thema. Die Studie sollte jedoch vor allem aufzeigen, welche emotionalen, seelisch-geistigen und sozialen Bedingungen junge Menschen brauchen, um mehr Widerstandskraft gegen Schulversagen, Gewalt, Kriminalität und Drogen zu entwickeln. Somit ist sie im Grunde ein Dokument der damals noch jungen Resilienzforschung, auch wenn dieses Wort im ganzen Text nicht ein einziges Mal auftaucht.

Pringle geht in ihrem Buch von vier psychosozialen Grundbedürfnissen aus: nach Liebe und Geborgenheit, nach neuen Erfahrungen, nach Lob und Anerkennung sowie nach Verantwortung.

a) Liebe und Geborgenheit

Es mag banal klingen, aber was Kinder von klein auf in einer verlässlichen Beziehung zu Mutter und Vater oder zu stabilen Ersatzeltern erleben, prägt fürs ganze Leben und bildet die Basis für den Umgang mit sich und anderen, also auch für Selbstdisziplin und Respekt. Klare Eltern sind gleichzeitig bedingungslos annehmende Eltern. Wie selbstverständlich ist das? Auch dann, wenn das Kind ein anderes als das gewünschte Geschlecht hat, anders aussieht als erhofft, ein anderes Temperament aufweist und andere Interessen entwickelt? Können Eltern ihr Kind bedingungslos annehmen und eine sichere Bindung wachsen lassen, so lassen sich Kinder selbst durch Kriegsgeschehen nicht sehr beunruhigen, geschweige denn von kleinen Unpässlichkeiten oder einem erschreckenden Geräusch.

Nach den grundlegenden Beziehungen zu seinen Eltern geht das Kind später auch Bindungen mit Bezugspersonen außerhalb der Familie ein, vor allem mit den Erzieher/innen im Kindergarten und den Lehrer/innen in der Schule. Auch dort spielen Liebe und Geborgenheit eine wesentliche Rolle. In der Schule sind es nach Pringle vor allem die Begeisterungsfähigkeit sowie die menschliche Wärme von Lehrpersonen, die sowohl jedes einzelne Kind als auch die Klassengemeinschaft aktivieren und zu konstruktivem Verhalten animieren können.

b) Neue Erfahrungen

Im Kapitel »Kinder brauchen Strukturen« habe ich die Rolle von sensorischen und motorischen Erfahrungen für die Entwicklung von Kindern bereits ausführlich beschrieben. Alle Erbanlagen und alle Intelligenz nützen nichts, wenn ein Kind keine eigenen Erfahrungen machen kann. Hat es keine Gelegenheit, das Greifen zu üben, wird es nicht selbstständig die Hand zum Mund führen und essen können. Eine Schulleiterin berichtete mir einmal von einem Jungen, der bei der Schulanmeldung dadurch auffiel, dass er auf ungeschickte und nicht altersgemäße Weise die Treppe erklomm. Im Elterngespräch stellte sich dann heraus, dass er als einziges Kind gerne verwöhnt und mit fünf Jahren noch meistens herumgetragen wurde. Ohne altersgemäße motorische Geschicklichkeit entwickelt sich jedoch die intellektuelle Leistungsfähigkeit nicht.

Darum ist nach Pringle das Spiel so wichtig, um immer neue Erfahrungen machen zu können. Es übt nicht nur die Motorik, sondern auch die Sprache und das soziale Miteinander beim gemeinsamen Spiel. Außerdem kann das Kind sich dabei emotional ausdrücken, später sogar abreagieren und lernen, seine Gefühle zu kontrollieren. Wenn Kinder den Teddybären oder eine Puppe »erziehen« oder gar Wut und Ärger in schöpferische Arbeit umwandeln, indem sie basteln, malen oder Schlagzeug spielen, entwickeln sie emotionale Reife. Das Rollenspiel schließlich, ob mit Puppen oder als »Vater, Mutter und Kind«, ermöglicht das Ausprobieren verschiedener Erwachsenenrollen und übt gleichzeitig Empathie. Wenn es heißt: »Du wärst jetzt der Papa«, versucht das Kind so zu handeln wie er und fühlt sich ein.

Neben dem Spiel ist die Sprache die zweite Voraussetzung für neue Erfahrungen, weswegen Eltern sehr viel mit ihren Kindern sprechen sollten, auch wenn diese das selber noch nicht können. Die Muttersprache erwerben wir durch das Sprechen der Mutter (und des Vaters) mit uns. Sprechen, Geschichten erzählen, Märchen, Bücher sind Gelegenheiten zur Interaktion, zur sozialen Erfahrung. Je mehr ein demokratisches, kommunikatives Klima in Familien herrscht, desto besser werden Kinder im Bearbeiten eigener Probleme, und desto stärker wird ihr Sinn für persönliche Unabhängigkeit ausgeprägt. Eine starke, autonome Persönlichkeit ist doch das Wunschbild der meisten Eltern von ihrem Kind.

Auf das Schulalter übertragen gelten für Lehrer/innen die gleichen Prinzipien, Kindern und Jugendlichen neue Erfahrungen zu ermöglichen. Konfuzius werden die rund 2.500 Jahre alten Worte zugesprochen:

»Sag es mir, und ich vergesse es,
zeig es mir, und ich erinnere mich,
lass es mich tun, und ich behalte es.«

Was wir unseren Schülern sagen und zeigen, ist niemals das, was sie erfahren. Eigene Erfahrung ist immer ein eigenaktives Konstrukt. Insofern ist der Unterricht am erfahrungsreichsten, der viel Eigenaktivität und Kommunikation ermöglicht. Offene Unterrichtsformen und Methoden des kooperativen Lernens, Experimente, Projekte und Präsentationen sowie vielfältige Angebote eines außerunterrichtlichen Schullebens bieten sich dafür an.

c) Lob und Anerkennung

Das Heranwachsen eines Menschen vom abhängigen, hilfsbedürftigen Säugling zum eigenverantwortlichen Erwachsenen ist ein langer Prozess voller Erfolge wie auch Misserfolge. Der Ansporn, in diesem Prozess nicht nachzulassen und die Misserfolge wie das Hinfallen beim Laufenlernen oder später in der Schule die Fehler beim Schreiben überwinden zu wollen, ist die mit den Bezugspersonen geteilte Freude über den Erfolg und ihre Anerkennung. »Ermutigung und eine dem kindlichen Vermögen entsprechende

Erwartungsebene spornen seine Ausdauer an« (PRINGLE 1979, S. 68).

Das gilt natürlich gleichermaßen für den Bereich der Schule. Lehrer/innen sind nach Pringle durch ihre Rolle dafür prädestiniert, Schüler/innen eine positive Einstellung zum Lernen im Allgemeinen und zu ihrer schulischen Leistungsentwicklung zu vermitteln. Allerdings hat Schule in Deutschland immer noch eine Selektionsfunktion, muss Ziffernnoten schon sehr früh verteilen und ist keine flächendeckende gebundene Ganztagsschule, was diese Aufgabe sehr erschwert. Dennoch: Wer seinen Schülern Lernfreude vermittelt und Augenmerk auf Ermutigung legt, wird auch die besseren Unterrichtsresultate erzielen.

d) Das Bedürfnis nach Verantwortung

Der Weg zur Verantwortung führt über die Selbstständigkeitserziehung. Das Zweijährige sagt oft genug: »Selber will«, und drückt damit sein Bedürfnis nach Übernahme von Kompetenzen aus. Im Jugendalter geht es dann mehr um eigene soziale Erfahrungen, die nur in den Peergroups erworben werden können. Man muss den Jugendlichen also Verantwortung zumuten, wenn sie lernen sollen, sie zu übernehmen. Das gilt auch dort, wo Jugendliche sich verantwortungslos und unreif zeigen. Ohne die Übertragung von Verantwortung können sie sie nicht üben.

In Schulen zeigt sich immer wieder, dass Kinder, die selber Schwierigkeiten mit dem Einhalten von Regeln haben, als »Regelwächter« erfolgreich lernen können, sie selbst zu übernehmen. An der Hauptschule erlebte ich gemeinsam mit den Kolleg/innen, dass problematische Schüler gut in der Lage waren, unsere Pausenaufsicht zu ergänzen und dabei Fortschritte im Sozialverhalten machten. Gerade Schulen in sozial schwierigen Einzugsgebieten erleben positive Entwicklungen, wenn Schüler in einer Schülerfirma Verantwortung tragen müssen.

Auch dieser Aspekt bestätigt die Bedeutung von offenen Unterrichtsformen und Methoden des kooperativen Lernens. Disziplin und respektvoller Umgang miteinander sind u. a. Resultat der erfolgreichen Übernahme von Eigenverantwortung.

Glückskinder

Was Mia Kellmer Pringle 1979 veröffentlichte, ist mittlerweile durch die Forschung in Pädagogik, Psychologie und Neurophysiologie weiter erhärtet und vor allem präzisiert worden. Ihre Hinweise für Eltern wie auch ihre Anregungen für das öffentliche Erziehungswesen sind allerdings bis heute weder in Großbritannien noch bei uns befriedigend umgesetzt worden.

Dabei macht die Erfüllung ihrer psychosozialen Grundbedürfnisse Kinder zu zufriedenen und glücklichen Menschen, zu »Glückskindern«, wie sie die Internetpräsenz www.starke-eltern.de nennt. Deshalb sind klare Erwachsene, Eltern wie auch professionell erziehende Personen, stets daran interessiert, was sie dazu beitragen können. Die Forschung zum Erziehungsstil hat deutlich werden lassen, dass es einige Prinzipien gibt, die bei besonders intensiver und gut ausbalancierter Umsetzung Kindern helfen, sowohl persönlich zufrieden als auch beliebt, sozial anerkannt und schulisch erfolgreich zu sein. Solche Erwachsenen beherzigen Folgendes:

- »Sie geben den Kindern viel Liebe und Zuwendung.
- Sie setzen klare Regeln, die eingehalten werden müssen. Darauf wird stets geachtet und das mit aller Konsequenz umgesetzt.
- Sie verzichten auf jegliche Form seelischer und körperlicher Gewalt. Methoden wie Fertigmachen, Niedermachen, Unter-Druck-Setzen, Beleidigen sind tabu.
- Sie fördern das kindliche Selbstbewusstsein und unterstützen die individuelle Persönlichkeit mit Vertrauen in die Fähigkeiten und eigenen Begabungen.«
(STARKE ELTERN 2012)

a) Liebe und Zuwendung

Entscheidend für das Gefühl des Kindes, von seinen Eltern geliebt zu werden, ist nicht die Menge der Zeit, die sie ihm widmen, sondern die Qualität. Ein paarmal täglich uneingeschränkte Aufmerksamkeit für jeweils wenige Minuten sind meist schon ausreichend.

Je nach Alter des Kindes ist dabei Körperkontakt mit Schmusen und Umarmen oder volle Zuwendung im Gespräch angesagt.

Ein gutes Signal ans Kind ist es dabei, Fernsehen oder Radio auszuschalten: »Jetzt will ich ganz bei dir sein und mich dabei von nichts stören lassen.«

Der 2011 verstorbene Kinderpsychologe und Bestsellerautor Wolfgang Bergmann erzählte in seinen Vorträgen gerne folgende Anekdote: Seine damals vielleicht sechsjährige Tochter umarmte ihn und sagte: »Du bist der liebste Papa von der Welt. – Krieg ich ein Eis?« Er habe darauf geantwortet: »Du hast recht. Ich bin für dich der liebste Papa von der Welt, denn ich bin der einzige Mann von den Milliarden Männern auf der Erde, der dein Papa ist. Und von den Milliarden Kindern auf der Erde bist du die einzige, die meine Tochter ist.« Und bevor dann beide weinten, ließ er das Kind laufen, um sich ein Eis zu besorgen.

Machen wir uns beispielsweise beim Blick in den nächtlichen Sternenhimmel bewusst, dass in der unendlichen Weite des Universums unser Kind und wir zusammengefunden haben, um diese einzigartige Familie zu bilden, dann spüren wir vielleicht die Emotion der Liebe zum Kind, das gerade in seinem Bett liegt und selig schläft, selbst wenn es tagsüber nicht so einfach mit dieser Liebe sein sollte.

Lehrer/innen sind keine Eltern; sie können und sollen sie auch nicht ersetzen. Trotzdem kommt es vor allem in der Grundschule immer wieder einmal vor, dass Kinder den Körperkontakt suchen, sich auf den Schoß der Lehrerin setzen oder in den Arm genommen werden wollen. Sogar in der Hauptschule habe ich es erlebt, dass einige Jungen gerne ab und zu einen »männlicheren« Körperkontakt mit ihrem Lehrer suchten. Es sollte jedoch klar sein, dass Lehrer weder Familienmitglied noch Kumpel sind. Ihre Art von Zuwendung besteht vor allem im Wahr- und Ernstnehmen, in Freundlichkeit und Ermutigung. Das gilt selbst dann, wenn ein Kind nicht unsere volle Sympathie besitzt, was völlig normal ist. Aber alle Schülerinnen und Schüler dürfen von uns erwarten, dass wir sie annehmen. Ein freundlicher Blick, ein Augenzwinkern, ein nettes Wort sollten wir stets parat haben.

Reinhold Miller hat in seine Sammlung von Geschichten über das Beziehungsgeschehen in der Schule (MILLER 2011b) folgenden Text aufgenommen:

1. Klasse

Die Lehrerin steht alleine an ihrem Pult.
Die Kinder arbeiten still auf ihren Plätzen.

Plötzlich kommt ein Junge auf sie zu, nimmt
verstohlen ihre Hand und sagt leise zu ihr,
sodass es die anderen nicht hören:
Gell, du bist meine Mama.

Die Lehrerin zeigt sich überrascht.

Nach einigen Sekunden löst sie behutsam ihre Hand
von der des Jungen, wendet sich ihm zu und sagt
in freundlichem Ton:
Peter, ich bin deine Lehrerin.

Beide bleiben noch nebeneinander stehen.
Dann geht der Junge auf seinen Platz zurück.

Er scheint zufrieden zu sein,
auch wenn er die Antwort
erst noch innerlich verdauen muss.

Die Lehrerin schickt ihm ein Lächeln nach.
Die Lehrerin kann mit Übertragungen umgehen:
Sie zeigt Verständnis.
Sie handelt stimmig, ohne zu verletzen.
Der Junge fühlt sich angenommen.

b) Klare Regeln und Konsequenz

Wo Menschen zusammenleben, müssen Regeln sein. Klare Erwachsene sind sich dessen bewusst und geben manche Regeln vor, während andere Verhaltensweisen dann geregelt werden, wenn sich ein Bedarf dafür ergibt. Freundlich miteinander reden, bestimmte Tischsitten, begrenzte Fernseh-/Internetzeiten und manches mehr werden sicherlich grundsätzlich besprochen und festgelegt sein. Natürlich testen Kinder ihre Grenzen aus – täten sie es nicht, müsste man sich Sorgen machen. Deswegen ist es sinnvoll, Regelverstöße sofort anzusprechen. Häufig kommt es in Familien zum Krach, wenn eine Regel mehrfach missachtet wurde, bis den Eltern der Kragen platzt. Nehmen wir als Beispiel an, Lukas habe länger als vereinbart am Computer gespielt. Die Mutter bemerkt es und sagt: »Lukas, wir haben eine Höchstzeit für Computerspiele abgemacht.« Lukas antwortet: »Ich weiß, ist klar.« Nach einer Viertelstunde stellt die Mutter fest, dass Lukas immer noch spielt: »Lukas, du weißt, was los ist!« »Ja«, antwortet der Junge, »ich bin gleich fertig.« Als er den PC kurz darauf immer noch nicht ausgeschaltet hat, explodiert seine Mutter ...

Sie hat aus falsch verstandener Geduld auf Einsicht gewartet, während Lukas ihre Mahnungen nicht als verbindlich ansah. Sie hätte sich ihm wirklich zuwenden sollen, mit Blickkontakt, auf Augenhöhe, vielleicht mit einer Berührung am Arm: »Du hast deine Zeit überschritten, Lukas, du machst *jetzt* den PC aus.« Freundlich, aber bestimmt. Wer konsequent ist, erspart sich und seinem Kind die Konsequenzen.

Natürlich spielen Regeln und Konsequenzen auch in der Schule eine wichtige Rolle. Die Klassengemeinschaft ist viel komplexer als die der Familie. Außerdem geht es dort um das Erreichen vorgegebener Ziele des Lernens, was eine gewisse Funktionstüchtigkeit der Klassengemeinschaft und ein gutes Klima voraussetzt. Aber immer wieder passiert es, dass Eltern dort geltende Regeln für ihr Kind außer Kraft setzen möchten, wie folgende Episode zeigt, die ich erlebt und in einer Zeitungskolumne verarbeitet habe:

Eine aufgeregt und empört klingende Mutter ruft mich an: »Stellen Sie sich vor, da fährt mein Sohn im 4. Schuljahr mit der Klasse ins Schullandheim, und die Lehrerin verbietet den Kindern, ein Handy mitzunehmen. Können Sie da nichts machen?«

Nein, da kann ich nichts machen, denn die Lehrerin darf die Spielregeln für den Schullandheim-Aufenthalt festlegen. Und außerdem: Warum sollte ich?

Eine Klassenfahrt ist keine Urlaubsreise, sondern dient pädagogischen Zielen. Schule hat schließlich sowohl einen Bildungs- als auch einen Erziehungsauftrag. Eines ihrer ganz wichtigen Erziehungsziele besteht darin, Kindern zu helfen, ihre Persönlichkeit zu stärken, selbstständiger zu werden, Eigenständigkeit zu entwickeln. Eine Klassenfahrt hilft ihnen, für ein paar Tage Abstand zur Familie zu gewinnen. Freuden genauso wie Konflikte wollen selbst verarbeitet, bewertet und manchmal ausgehalten sein. Würde ein Kind bei jedem Ärger gleich zu Hause anrufen, könnte es nicht lernen, selbst damit umzugehen und den Konflikt eigenverantwortlich zu bewältigen. Ich-Stärke kommt nicht von Du-Hilfe. Ich-Stärke ist das Ergebnis der selbstständigen Bewältigung eigener Erfahrungen.

»Aber das Heimweh«, mag jetzt manche Mutter, mancher Vater einwenden. Genau – das Heimweh! Es ist eine ganz normale Reaktion, die ein Kind kennen- und bewältigen lernen muss, um seelisch reifen zu können. Durch das Heimweh und den Trennungsschmerz hindurchzugehen heißt, zu erfahren, dass ich stark genug bin, das alles auszuhalten. Die ständige Möglichkeit des telefonischen Kontaktes verhindert diese Erfahrung und behindert das Kind in seinem Wachstum. Kleine Kinder brauchen Wurzeln; wenn sie älter werden, brauchen sie Flügel. Sollen sie denn nicht flügge werden dürfen?

Manche Eltern empfinden die Prinzipien, ihr Kind zu lieben und ihm gleichzeitig das konsequente Einhalten von Regeln abzuverlangen, als einen Widerspruch. Doch Liebe bedeutet nicht, dem geliebten Wesen alles zu ermöglichen und jede Unbill zu ersparen, was zwangsläufig zu Konflikten mit der sozialen Umgebung führt. Liebe heißt, wohlwollend und zugewandt Beistand dabei zu leisten, sich in der Welt zurechtzufinden. Dazu gehören natürlicherweise Grenzen und Regeln, denn meine Freiheit hört stets da auf, wo die Freiheit der anderen beginnt.

c) Verzicht auf körperliche und seelische Gewalt

»Gütig zu sein, wenn sich dein Kind danebenbenimmt,
erfordert große Selbstbeherrschung und ist der Weg der Stärke.«

Diese Zeilen aus einem der wunderbaren poetischen Erziehungs-
texte von William Martin (MARTIN 2000, S. 66) drücken aus, wie
anspruchsvoll und gleichzeitig gut es ist, in der Kindererziehung
auf körperliche und seelische Gewalt zu verzichten.

Seit dem 2. November 2000 ist im Bürgerlichen Gesetzbuch das
Recht von Kindern auf gewaltfreie Erziehung in Kraft (vgl. S. 20).
Dennoch haben in einer FORSA-Umfrage für die Zeitschrift »Eltern« 40 Prozent der Befragten angegeben, während der letzten
zwölf Monate ihrem Kind einen »Klaps auf den Po« gegeben zu
haben (DERWESTEN 2012). Zehn Prozent hatten ihrem Kind Ohr-
feigen gegeben und vier Prozent ihm den Hintern versohlt. Damit
sind die Quoten über die letzten fünf Jahre rückläufig, während
der Anteil von Eltern mit einem schlechten Gewissen wegen dieses Erziehungsverhaltens mit 74 % leicht angestiegen ist.

Die Motive der Eltern fürs Schlagen sind in erster Linie »Un-
verschämtheit« (51 %) sowie »Aggressivität« ihnen gegenüber
(40 %). Was kann ihnen helfen, ihr Kind ohne körperliche und
seelische Gewalt zu erziehen?

Die Grundlage für ein möglichst harmonisches Familienleben ist
ein offenes, annehmendes und sehr kommunikatives Klima. Wo
man immer gleich alles bespricht, was zu besprechen ist, können Unstimmigkeiten oder Erwartungen geklärt werden, bevor
ein Konflikt belastend wird. Ein konfliktfreies Leben gibt es
nicht, aber sehr wohl eines, in dem die Beteiligten konstruktiv
mit auftauchenden Problemen umgehen. Im regelmäßigen Familienrat oder bei den informellen Gesprächen beim gemeinsamen
Abendessen kann alles aufgearbeitet werden, was sich während
des Tages oder der letzten Zeit angesammelt hat. Dabei trifft man
Absprachen oder vereinbart Regeln.

Trotzdem gibt es manchmal Situationen, in denen sich Ihr Kind nicht an diese Vereinbarungen hält. Beispielsweise war besprochen worden, dass Sie heute mit Tim seine Uroma im Seniorenheim besuchen wollten. Der Zwölfjährige hat das aber vergessen, weil er zum einen derzeit so vieles im Kopf hat und zum anderen diese Besuche ohnehin nicht mag.

Nun ist die Klarheit entscheidend, mit der Sie Ihrem Kind etwas sagen. Sorgen Sie zuerst dafür, dass es Sie wahrnimmt, indem Sie Blickkontakt herstellen, auf Augenhöhe gehen und Ihr Kind berühren. Teilen Sie ihm mit wenigen, aber deutlichen Worten mit, was zu tun oder zu lassen ist. Ihr Tonfall sollte sowohl freundlich als auch bestimmt sein: »Tim, wir haben am Wochenende vereinbart, dass ich mit dir zusammen heute zur Uroma fahre. Lass jetzt bitte alles stehen und liegen, ich möchte in drei Minuten mit dir im Auto sitzen.«

Diskussionen müssen Sie an dieser Stelle nicht führen, wenn der Sachverhalt bereits diskutiert worden ist. Sollte Ihr Kind recht damit haben, dass die bisherige Diskussion zu kurz gegriffen hat, können Sie entscheiden, ob Sie sich für den Moment darauf einlassen.

Vielleicht sagt Tim: »Ja, das haben wir vereinbart, aber du weißt, dass das gegen meinen Willen war. Ich hab noch so viel zu tun, und außerdem ist das Heim furchtbar, und es riecht dort so eklig.«

Eine mögliche Reaktion Ihrerseits könnte sein: »Okay, ich merke, wir müssen das noch einmal grundsätzlich besprechen und regeln. Aber für jetzt gilt: Die Uroma erwartet uns. Ich möchte eine 90-jährige Frau, die sich auf uns freut, nicht enttäuschen. Also komm jetzt.«

Falls Sie merken, dass es ohne Konsequenzen nicht abgehen wird, teilen Sie Ihrem Kind mit, was es erwartet, wenn es sich nicht an Ihre Ansage hält. Künden Sie nur solche Konsequenzen an, die Sie auch wirklich umsetzen können. Je logischer und vorhersehbarer sie sind, desto besser kann Ihr Kind sie akzeptieren und als gerecht empfinden.

1978 verlieh der Börsenverein Astrid Lindgren den Friedenspreis des Deutschen Buchhandels. In Ihrer Dankesrede ging sie auf die damals grassierenden Rufe nach einem »Zurück zur Erziehung« und nach »härterer Zucht« ein und sagte:

»Freie und unautoritäre Erziehung bedeutet nicht, dass man die Kinder sich selber überlässt, dass sie tun und lassen dürfen, was sie wollen. Es bedeutet nicht, dass sie ohne Normen aufwachsen sollen, was sie selber übrigens gar nicht wünschen.

Verhaltensnormen brauchen wir alle, Kinder und Erwachsene, und durch das Beispiel ihrer Eltern lernen die Kinder mehr als durch irgendwelche anderen Methoden. Ganz gewiss sollen Kinder Achtung vor ihren Eltern haben, aber ganz gewiss sollen auch Eltern Achtung vor ihren Kindern haben, und niemals dürfen sie ihre natürliche Überlegenheit missbrauchen. Liebevolle Achtung voreinander, das möchte man allen Eltern und allen Kindern wünschen« (LINDGREN 1978).

Im Anschluss an diese Passage erzählte sie die berühmte Geschichte vom Stein auf dem Küchenbord, die es als Kurzfilm von knapp sechs Minuten nun auf www.niemals-gewalt.de zu sehen gibt: Eine Mutter meint, ihren kleinen Sohn mit einer Tracht Prügel strafen zu müssen, und schickt ihn hinaus, einen geeigneten Stock zu suchen. Er bleibt sehr lange fort. Als er weinend zurückkehrt, gibt er ihr einen Stein, weil er keinen Stock gefunden hatte. Damit könne sie ja nach ihm werfen, wenn sie ihm wehtun wolle. Das rührt die Mutter so sehr, dass sie den Stein auf ein Küchenbord legt, wo er sie ständig mahnen soll, niemals Gewalt anzuwenden. Astrid Lindgren fährt in ihrer Rede fort: »Vielleicht wäre es gut, wenn wir alle einen kleinen Stein auf das Küchenbord legten als Mahnung für uns und für die Kinder: Niemals Gewalt!«

d) Selbstbewusstsein und Persönlichkeit fördern

Dieser Punkt scheint mir der anspruchsvollste zu sein. Die »individuelle Persönlichkeit mit Vertrauen in die Fähigkeiten und eigenen Begabungen« (vgl. S. 167) zu unterstützen heißt ja nicht nur, sein Kind nach und nach loszulassen, sondern auch, Abschied von elterlichen Hoffnungen oder gar Träumen in Bezug auf seine Zukunft zu nehmen.

Heutzutage wissen Eltern meistens schon vor der Geburt, welches Geschlecht das Kind haben wird. Ihre Fantasien über seinen Werdegang setzen darum noch früher ein als zu jenen Zeiten, als man bei der Geburt einfach nur glücklich darüber war, ein gesundes Kind bekommen zu haben. Schon werdende Eltern entwickeln häufig Ideen dazu, ob der erwartete Sohn künftig Vaters Anwaltskanzlei übernehmen oder die angekündigte Tochter Mutters musikalische Neigungen als Konzertgeigerin verwirklichen soll. Aber stellen Sie es sich bildlich vor: Ein Kind, das in Vaters oder Mutters Fußstapfen tritt, kann ja gar nicht seinen eigenen Weg gehen! Schlimmer noch: Es wird immer im Vergleich zu dem Bild gesehen, dem es einmal entsprechen soll. Darum ist es während seiner ganzen Kindheit und Jugend nie richtig, nie gut genug. Einen eigenen Kopf dürfte es auch nicht haben, wenn er nicht zur elterlichen Vision passt.

Dieser Tendenz entspricht unsere freie Marktwirtschaft mit dem Angebot lustiger Erstlingshemdchen, die mit »Abi 2030« bedruckt sind. Ich habe sogar bedruckte Bauchtücher für Schwangere mit dem Motiv »Anna – Genie im Wachstum« entdeckt. Der Erwartungsdruck aufs Kind beginnt manchmal schon vor der Geburt. Doch gleichzeitig erleben auch die Eltern den Druck, dafür zu sorgen, dass die Entwicklung wie geplant verläuft. Jede kleine Abweichung davon macht große Sorgen und führt zu übermäßiger Fürsorge und Kontrolle. Das wiederum behindert die so wichtigen eigenen Erfahrungen des Kindes, die es um seiner motorischen, sensorischen und intellektuellen Entwicklung willen braucht, und es beeinträchtigt die Ausbildung einer sicheren Gebundenheit.

Wollen Eltern das Selbstbewusstsein und die Persönlichkeitsentwicklung ihres Kindes fördern, benötigen sie Vertrauen in die von der Natur hervorragend organisierte Tatsache der Entwicklung. Sie müssen das Kind nur versorgen und gesunde Bedingungen für sein Aufwachsen arrangieren, sich auf seine Bedürfnisse einlassen und entwicklungsgemäße Anregungsreize geben, um sicherzustellen, dass es sich optimal entfalten kann. Je älter es wird, desto größere Spiel- und Freiräume benötigt es, um sich und seine Grenzen auszuloten. Dass das mit Risiken verbunden ist, weil man fallen kann, wenn man balanciert oder klettert, ist logisch – Leben ist immer lebensgefährlich. Aber Leben ist auch eine Lust, vorausgesetzt, man darf etwas ausprobieren und Erfahrungen machen.

Die Ängstlichkeit von Eltern hat natürlich auch objektive Gründe. Es ist heutzutage im urbanen Umfeld gefährlicher als vor 50 Jahren, draußen zu spielen, wenn man nicht das Glück hat, am Rande der Natur zu wohnen. Das verleitet Eltern zu verstärkter Kontrolle. Eine technische Errungenschaft ist beispielsweise das GPS-Handy mit Ortungsfunktion. Per SMS-Abfrage oder Internet können Eltern ziemlich genau erkennen, wo sich ihr Kind gerade aufhält, außer in geschlossenen Gebäuden. Unabhängig von den technischen Grenzen ist diese Möglichkeit aus einem anderen Grund problematisch. Das Motto »Vertrauen ist gut – Kontrolle ist besser« ist ja gerade nicht Ausdruck von Vertrauen. Kinder brauchen Spielräume, in denen sie sich so verhalten können, wie ihre Eltern es von ihnen erwarten, in denen ihnen aber auch der Missbrauch ihrer Freiheiten möglich ist. Die elterlichen Erwartungen beinhalten das Vertrauen: »Du wirst es schon richtig machen.« Für beide Seiten ist es wunderbar, wenn dieses Vertrauen gerechtfertigt wird. So erwirbt sich ein Kind das Selbstbild: »Auf mich kann Mama sich verlassen, ich bin zuverlässig.« Enttäuscht es aber die Erwartungen, sorgt die Auseinandersetzung darüber dafür, dass sich sein Gewissen entwickeln kann. Die Entwicklung von Selbstbewusstsein und Persönlichkeit erfordert zwingend Probleme und Konflikte, denn nur an ihnen kann der Mensch wachsen.

Zutrauen in die Fähigkeiten und Begabungen ihrer Schüler brauchen auch Lehrer/innen, um deren individuelle Persönlichkeiten zu fördern. Unser Schulsystem allerdings behindert diese positive Haltung. Der Zwang zum Einsortieren in Schullauf-

Praktische Anregungen für Erziehung und Unterricht

bahnen nach der Grundschule führt zu frühzeitigem Einstufen. »Ich sehe schon im ersten Schuljahr, ob ein Kind später einmal aufs Gymnasium gehen wird«, sagte mir eine Grundschullehrerin im Gespräch, die stolz auf ihre langjährige Erfahrung war. Erfahrung ist grundsätzlich gut, aber zwangsläufig subjektiv. Sie verhindert nicht, dass ich ein Kind, das ich aufgrund einiger Erlebnisse im ersten Schuljahr als vermutlich gymnasialuntauglich ansehe, künftig auch genauso bewerten werde und damit der Self-fulfilling Prophecy ausliefere. Dieser Mechanismus hat seinen Einfluss auch bezüglich der sozialen Herkunft der Kinder und sogar ihrer Vornamen.

Lehrer schreiben nicht nur an der Schullaufbahn ihrer Schüler mit – sie schreiben sie teilweise sogar vor, und das ohne jede Absicht.

Der autoritative Erziehungsstil

Die oben geschilderten Erziehungsprinzipien, mit denen Kinder sich zu sogenannten Glückskindern entwickeln können, entsprechen weitgehend dem autoritativen Erziehungsstil, den ich im Zusammenhang mit der sozialwirksamen Schule (vgl. S. 156 ff.) bereits einmal erwähnt habe. »Autoritativ« meint nicht »autoritär«, wohl aber »mit Autorität«.

»Autorität« leitet sich vom Lateinischen »auctoritas« ab, was Ansehen oder Geltung bedeutet, aber nicht Macht im Sinne von Gewalt. Der Begriff hat auch mit »auctor« zu tun, also dem Autor, der Urheber ist und etwas hervorbringt. Wer autoritativ erzieht, ist sich seiner Autorität bewusst, kennt sein Ansehen, weiß, wofür er steht und was er anstrebt. Er hat eine Position, er vertritt Standpunkte. Dadurch wirkt er klar und kann Orientierung bieten. Er setzt seine Position aber nicht um jeden Preis durch, sondern ist empathisch und kommunikativ.

Klare Erwachsene, die autoritativ erziehen, verhalten sich Kindern und Jugendlichen gegenüber zugewandter, emotional wärmer und kommunikativer als autoritäre. Im Vergleich zum Laisser-faire-Erziehungsstil hingegen, in dem man alles laufen lässt und nicht erzieherisch eingreift, haben autoritative Erwachsene klarere Vorstellungen von ihren Absichten und setzen demgemäß auch mehr Erziehungsmittel ein. Ihr Erziehungsverhalten ruht auf drei Säulen:

Die erste steht für *Liebe*. Autoritative Menschen gehen liebevoll mit Kindern um, sorgen achtsam für die Erfüllung ihrer Grundbedürfnisse und teilen gerne Freude und Begeisterung mit ihnen. Sie verhalten sich unterstützend und ermutigend.

Die zweite Säule repräsentiert *Regeln und Grenzen*, wobei die Eltern, Erzieherinnen und Lehrer stets den Entwicklungsstand ihrer Kinder im Blick haben. Ihre Erwartungen an deren Verhalten müssen für diese nachvollziehbar und transparent sein, was häufiges Kommunizieren erfordert.

Und die dritte Säule repräsentiert die *Selbstständigkeitserziehung* und das Fördern der kindlichen Autonomie. Autoritative Menschen geben Kindern die Möglichkeit, innerhalb von Grenzen eigene Erfahrungen zu machen und Freiräume zu erkunden.

Abb. 6a: Ohne Rahmen keine Orientierung

Abb. 6a symbolisiert ein Kind. Dieses Kind erlebt keinerlei Grenzen. Es hat also alle Freiheit der Welt, kann gehen, wohin es will, und alles tun und lassen, was ihm möglich ist. Aber es hat auch keinerlei Anhaltspunkt darüber, wo es gut und sicher ist. So entwickelt es einerseits Allmachtsfantasien und rücksichtsloses Verhalten, andererseits aber auch große Ängste. Wer soll ihm beistehen, wenn einmal Gefahr droht, wo doch niemand in der Lage ist, ihm zu sagen, wo es langgeht?

Abb. 6b: Eine (klare?) Linie

In Abb. 6b erlebt das Kind wenigstens eine Linie, die ihm zeigt, bis wohin es gehen darf. Aber ist das schon eine *klare* Linie? Nehmen wir einmal an, Sie hätten eine dreizehnjährige Tochter, Lisa. Ganz begeistert kommt sie von der Schule nach Hause und erzählt, dass am Samstag bei ihrem Klassenkameraden Pitt eine Party steigen wird. Alle würden bis Mitternacht bleiben. Sie haben aber eine Linie, die besagt, dass um 22 Uhr für Ihre dreizehnjährige Tochter Schluss ist. Diese Ansage erzeugt natürlich einen Konflikt, Bitten und Betteln, Wut und Türenknallen. Letztlich geht Lisa aber hin, auch wenn sie weiß, dass sie um 22 Uhr zu Hause sein muss.

Es wird 21 Uhr, 21.30 Uhr, 21.45 Uhr – allmählich müsste sie sich auf den Heimweg machen. Sie nähert sich also der Linie und merkt, dass sie sie links oder rechts umgehen kann. Schließlich kommt sie um 22.15 Uhr nach Hause.

Wie reagieren Sie nun? Ich sehe im Prinzip zwei Möglichkeiten:

a) »Schön, dass du da bist. Du bist ja fast pünktlich, prima! Hast du denn Spaß gehabt?«

b) »Schön, dass du da bist. Du bist ja fast pünktlich, nur eine Viertelstunde zu spät. Die musst du beim nächsten Mal früher zu Hause sein, dann hast du dein Konto ausgeglichen. Hast du denn Spaß gehabt?«

Ich kann Ihnen nicht sagen, für welche Lösung Sie sich entscheiden sollten, denn Sie sind der einzige Mensch, der Ihren

Standpunkt genau kennt und begründen kann. Aber wenn Sie sich für Lösung a) entscheiden, ist zu vermuten, dass Lisa die nächsten Male erst um 22.30 Uhr und dann vielleicht um 23 Uhr heimkommen wird. Entscheiden Sie sich für b), wird es sicher wieder einen Konflikt geben, aber die Chance, dass Ihre Tochter sich an die vorgegebene Linie hält, ist deutlich größer.

Abb. 6c: Ein Rahmen schafft begrenzten Freiraum

Ein Rahmen schafft die beste Orientierung und die größte Klarheit. Innerhalb des Rahmens gibt es einen Freiraum, den ein Kind auslotet und testet. Er darf kein Gefängnis sein, sondern soll altersangemessene Spielräume für eigene Erfahrungen eröffnen. Je älter, selbstständiger und verantwortungsbewusster ein Kind wird, desto weiter wird der Rahmen gesteckt. Wer wie ich in einer Schar von Geschwistern aufgewachsen ist, hat die Erfahrung gemacht, dass der Rahmen für die jüngeren in der Regel großzügiger gehandhabt wurde als für die älteren. Das liegt daran, dass Eltern beim ersten Kind häufig noch ängstlich sind und erst mit ihren Erfahrungen an Gelassenheit gewinnen. Auch wenn das aus Kinderperspektive als ungerecht erscheinen mag – es ist einfach menschlich und deswegen völlig in Ordnung.

Gelassen erziehen

Wenn man weiß, dass man als Eltern mit zunehmender Erfahrung gelassener werden wird, kann man sich möglicherweise schon von Anfang an gelassener verhalten. Auch Lehrer/innen gewinnen über Erfahrungen an Souveränität; Souveränität macht sicher und gelassen, weil man weiß, was als Nächstes auf einen zukommt. Auf jeden Fall können alle Erwachsenen im Umgang mit Kindern und Jugendlichen erleben: Druck erzeugt Gegendruck. Gelassenheit hingegen nimmt Druck aus der Situation. Sie bedeutet nicht, alles zuzulassen, sondern die Situation wahrzunehmen und in Ruhe auf sie zu reagieren.

Beispiel Max:
Der Name klingt eigentlich flott. Aber Maximilian, wie der Neunjährige richtig heißt, ist ein großer Trödler. »Ich weiß nicht mehr, wie ich das noch aushalten soll«, klagt seine Mutter. »Ob er sich anziehen, für einen Ausflug fertig machen oder die Hausaufgaben erledigen soll, alles zieht sich bei ihm unendlich hin.«

Max' Mutter ist das genaue Gegenteil des Jungen. Sie ist stolz auf ihre Multitasking-Fähigkeiten, mit denen sie im Haushalt wirbelt. Ohne ihr Tempo würde sie Familie, Haushalt und Beruf wohl auch kaum managen können. Deswegen nervt sie Max' Langsamkeit ganz besonders, denn für einen gut durchorganisierten Tagesablauf ist das äußerst störend.

Genau da liegt der Ansatzpunkt, um die Situation besser zu verstehen. Die Mutter will ungestörte Abläufe, um den Alltag bewältigen zu können. Max geht es – wie allen Kindern – um das Gefühl, Aufmerksamkeit zu bekommen und geliebt zu sein. Natürlich liebt ihn seine Mutter, sehr sogar, aber der Junge erlebt ständig Aufforderungen wie »Beeil dich«, »Mach schneller«, »Trödel nicht so« oder »Mein Gott, du bist ja immer noch nicht fertig!«. Von klein auf wollte er immer alles recht machen, wie jedes Kind. Aber er war für seine Mutter nie schnell genug. Das hat ihn nachhaltig entmutigt. »Ich werde nie so schnell, wie ich sein soll«, wurde seine feste Überzeugung. Wenn ein Kind so weit kommt, gelangt es logischerweise zu der Auffassung, dass es sich dann auch nicht mehr anzustrengen braucht, denn das hat ja eh keinen Zweck.

Diese Einsicht muss Maximilians Mutter nicht entmutigen und ihr auch kein schlechtes Gewissen machen. Aber sie kann lernen, Max zu ermutigen und ihn stets dann zu »erwischen«, wenn er etwas erledigt oder sich überhaupt positiv verhalten hat. Je mehr der Junge durch den Perspektivenwechsel seiner Mutter das Gefühl entwickeln kann, okay zu sein, desto besser wird er seine Fähigkeiten zur Entfaltung bringen können.

Je mehr Druck die Mutter wegen Max' Langsamkeit machte, desto angespannter wurde die Situation. Zu erkennen, was er braucht, nämlich Zuneigung und Ermutigung, wird sie entspannen. Um das erkennen zu können, müssen erziehende Menschen sich ab und zu zurücklehnen, nachdenken und sich möglichst mit anderen Menschen austauschen können. In der Schule haben Lehrer/innen ihre Kollegen, mit denen sie zumindest gelegentlich und zwischen Tür und Angel reden können. Besser geht es denen, die regelmäßig die Möglichkeit zu Supervision oder Kollegialer Fallberatung haben.

Eltern haben, sofern sie nicht alleinerziehend sind, ihren Partner. Es macht Sinn, sich möglichst jeden Tag einmal in Ruhe für eine Viertelstunde über das zu unterhalten, was mit den Kindern war. Eine Paarbeziehung verändert sich schließlich, sobald ein Kind hinzukommt. Man ist nicht einfach ein Paar plus Kind, sondern das Beziehungssystem gewinnt eine andere Qualität, die sich auf alle Lebensbereiche auswirkt. Da ist es empfehlenswert, sich täglich ein paar Minuten zu nehmen und die Beziehung zu pflegen. Darüber hinaus ist ein ausführliches Gespräch pro Woche ratsam, um ungestört über Zukunftspläne und -träume zu sprechen oder sich anbahnende Konflikte frühzeitig anzugehen. Spaziergänge sind ideal dafür.

Jesper Juul empfiehlt in seinem wunderbaren Buch »Elterncoaching. Gelassen erziehen«: »Frage dich, wie es dir geht und wie es euch Erwachsenen als Paar geht. Stress und Uneinigkeit zwischen Erwachsenen erzeugen Unruhe, einen Mangel an Geborgenheit und Konflikte in der ganzen Familie« (JUUL, 2011, S. 270).

Wer allein erzieht, braucht erst recht jemanden zum Reden, denn wenn man keine der zahlreichen Alltagslasten mit jemandem teilen kann, ist die Belastung ungleich größer. Gute Freunde sind hilfreich, aber auch eine Gruppe, in der man sich regelmäßig trifft und die mit den Kindern ab und zu etwas unternimmt, wie das der Verband alleinerziehender Mütter und Väter (VAMV) vielerorts anbietet.

Die Idee, mit Gelassenheit zu erziehen, suggeriert auch, dass dann alles spielerisch leicht ginge. Tatsächlich ist Spielen nicht nur eine Entspannungsmöglichkeit für gestresste Menschen, sondern auch ein Medium, um angespannte Situationen zu entspannen. So erlebte ich in meiner Beratungstätigkeit diese Geschichte:

Die Halbjahreszeugnisse waren der Anlass für Familie M. gewesen, sich bei mir zur Beratung anzumelden. Ihre Tochter Kerstin, damals im 5. Schuljahr, hatte den Vermerk »Versetzung gefährdet« erhalten. Das ließ bei den Eltern die Alarmglocken schrillen.

Kerstin hatte schon heftig zu pubertieren begonnen, wurde von den Eltern als sehr »zickig« beschrieben und hatte einfach keine Lust, sich für die Schule ins Zeug zu legen. Für sie war »alles doof«, und ihre Eltern »interessieren sich gar nicht für mich«.

Die Eltern wiederum waren sehr gekränkt darüber, dass Kerstin sich keine Mühe gab, wo sie doch »alles für das Kind getan« hatten, was gute Eltern nur tun können.

Es war wie so oft in Familien: Die Eltern erleben das Kind als undankbar, und das Kind hat den Eindruck, die Eltern interessierten sich nur dafür, dass es funktioniert, nicht aber für es als Person. Nach ein paar ausführlichen Gesprächen, in denen die gegenseitigen Erwartungen geklärt wurden, verständigten wir uns auf einen Vertrag, in dem Eltern und Kerstin gegenseitige Verpflichtungen eingingen. Die Voraussetzungen waren gut. Frau und Herr M. nahmen ihre Elternverantwortung sehr ernst. Kerstin mochte ihre Eltern im Grunde sehr, aber sie spürte es im Alltag nicht mehr, weil sich alles nur noch um die Noten drehte.

Eine der vertraglichen Vereinbarungen sah vor, dass die Familie einmal in der Woche abends den Fernseher aus ließ und sich zum Spielen um den Esstisch versammelte. Diese Abmachung erwies sich als der Schlüssel zum Erfolg. Beim Spielen stritt und tröstete man sich, freute sich miteinander, teilte Emotionen. Es wurde geredet; man hatte Zeit, aufeinander einzugehen. Das Zusammengehörigkeitsgefühl wurde enorm gestärkt, und damit wuchs auch Kerstins Motivation wieder, sich für die Schule anzustrengen. Manchmal ist es so einfach …

Auch hier lässt sich wieder beobachten: Nimmt man den Druck aus der Situation, entspannt sie sich und kann sich positiv verändern. Ganz konkret erlebe ich das immer wieder beim »aktiven Zuhören« (vgl. S. 49, 93 und 148) und anderen Möglichkeiten, mit Einfühlung und Verständnis zu kommunizieren und Chancen für neue Wege zu eröffnen:

- Wenn Leon bei den Hausaufgaben trödelt, kann ich ihn trietzen und mit allen möglichen Verboten drohen. Ich kann aber auch sagen: »Gell, es ist manchmal nicht leicht, zügig und konzentriert zu arbeiten.«
- Hat Hannah wieder einmal ihr Zimmer nicht aufgeräumt, kann ich die vereinbarte Konsequenz anordnen. Ich kann aber auch sagen: »Ich habe den Eindruck, du möchtest mir mit deiner Unordnung etwas sagen. Ich verstehe nur noch nicht was. Willst du mir nicht helfen?«
- Lukas fährt mal wieder vor Wut aus der Haut und wirft mir die unflätigsten Schimpfwörter an den Kopf. Ich kann ihm in Basta-Manier die Grenzen aufzeigen. Ich kann aber auch einfach den Raum verlassen und damit ihm und mir die Gelegenheit zum Abkühlen verschaffen. In einer ungestörten Situation kann ich später mit ihm darüber reden: »Vorhin warst du so wütend, dass du wohl die Beherrschung verloren hast.«

Natürlich sind alle diese Situationen nicht mit der einen Reaktion beendet. In den Beispielen zeige ich nur auf, wie man mit dem Entspannen der Situation nachhaltige Lösungen anbahnen kann.

»Zehn Gebote« der Kindererziehung

»Zehn Gebote« der Kindererziehung – dieser Begriff löst Widerstände in mir aus. Erziehung ist keine Religion, und jeder, der erzieht, begeht Fehler, aber keine Sünde. Selbst das Wort »Fehler« halte ich in diesem Zusammenhang für problematisch, denn wo Menschen miteinander umgehen, kommt es *unvermeidlich* immer wieder zu unerwarteten Reaktionen und Konflikten. Aber Mia Kellmer Pringle hat in »Was Kinder brauchen« eine Liste mit »zehn Geboten der Kindererziehung« aufgestellt (PRINGLE 1979, S. 203), die ich unabhängig von ihrer Überschrift für sehr hilfreich halte. Verstehen Sie sie bitte als Wegweiser, die die Richtung anzeigen, in die unser elterliches Erziehen gehen sollte. Sie beschreiben eine erzieherische Grundhaltung auf der Basis dessen, was wir über die kindliche Entwicklung wissen. Ich ergänze Pringles Sätze mit Kommentaren in kursiver Schrift, die den Bezug zu »Disziplin, Respekt und gute Noten« herstellen.

1. Bring deinem Kind beständige, gleichmäßige Liebe und Fürsorge entgegen – das ist für seine seelisch-geistige Gesundheit so wesentlich wie die Nahrung für den Körper.
Versorgen wir unser Kind liebevoll und kontinuierlich mit dem, was es braucht, entwickelt es sich nicht nur körperlich gut, sondern bildet auch das Gefühl einer sicheren Gebundenheit aus – die Voraussetzung für die Entfaltung einer selbstbewussten Persönlichkeit und der in ihm steckenden Talente.

2. Sei großzügig mit deiner Zeit und deinem Verständnis – mit deinem Kind zu spielen und ihm vorzulesen zählt mehr als ein ordentlicher, reibungslos funktionierender Haushalt.
Es ist die Eigenart der Zeit, dass sie nie stehen bleibt. Was wir an Zeit versäumen, ist nicht nachholbar. Zuwendung vermittelt das Gefühl von Zugehörigkeit und Geliebtwerden, den beiden Basisbedürfnissen für das Ausbilden des Leistungsmotivs. Spielen und das Beschäftigen mit Literatur haben hohen Bildungswert; sie fördern Problemlöse- und Lesekompetenz. Durch sie wird die Basis für erfolgreiches Lernen in der Schule gelegt.

3. Ermögliche deinem Kind neue Erfahrungen und »hülle« es von früh auf in Sprache – das bereichert seine geistige Entwicklung.

Erfahrungen bilden die Grundlage für die Entwicklung von Motorik, Sensorik und Gehirn. Sprache ist das Medium, Erfahrungen bewusst zu machen und zu reflektieren. Sprache ist die zentrale Kulturtechnik für das Leben in einer Gemeinschaft und wichtig für die Ausbildung von Sozialkompetenz.

4. Ermuntere es zum Spiel in jeder Form, für sich und mit anderen Kindern, zum Forschen, Nachahmen, Bauen, schöpferischen Gestalten.

Je mehr Eigenaktivität Kinder entwickeln, desto mehr Erfahrungen machen sie. Schöpferische Prozesse lassen sie Geduld und Frustrationstoleranz erwerben. Vielfältige Anregungen zu spielerischer Aktivität wecken aber auch Interessen und lassen Kinder entdecken, was ihnen liegt.

5. Lobe Anstrengungen mehr als Leistungen.

In schulischer Hinsicht spielt die Anstrengungsbereitschaft eine zentrale Rolle für den Erfolg. Doch nicht jeder Erfolg ist das Ergebnis einer Anstrengung. Oft entwickeln gerade talentierte Kinder keine Anstrengungsbereitschaft, weil sie leicht und ohne großes Bemühen Erfolge erzielen. Wer Erfolge lobt, stärkt nicht die Anstrengung. Wer sich hingegen mit dem Kind über das Erbringen von Anstrengungen freut, stärkt sein Leistungsmotiv. Mich anstrengen zu wollen ist das einzige Mittel, das ich selbst in der Hand habe, um Erfolge zu erzielen.

6. Übertrage dem Kind stetig wachsende Verantwortung – wie alle Fertigkeiten muss auch diese geübt werden.

Ohne das Übertragen von altersgemäßer Verantwortung kann sie nicht erlernt werden. Verantwortung zu übertragen heißt zudem, Vertrauen ins Kind zu setzen und ihm zu signalisieren, dass man an es glaubt. Dass Kinder, die sich und ihre Grenzen ausprobieren müssen, dieses Vertrauen gelegentlich missbrauchen, ist kein

Grund, es ihnen zu entziehen: Nur Vorschuss bringt Zinsen in Form von Disziplin und Respekt.

7. Denk daran, dass jedes Kind einzigartig ist – die Behandlung, die dem einen voll gerecht wird, ist vielleicht für das andere nicht richtig.
Geschwisterkinder können sehr unterschiedlich sein. Selbst eineiige Zwillinge bilden Eigenheiten aus. Gerechtigkeit bedeutet nicht, alle Kinder gleich zu behandeln, sondern jedes nach seinen Bedürfnissen. Während das eine Ermutigung braucht, muss ich das andere vielleicht bremsen. So lernen Kinder Rücksicht, die Grundlage für Respekt.

8. Zeige Missbilligung auf eine Weise, die das Alter, die Persönlichkeit und das Verständnis des Kindes nicht überfordert.
Kinder brauchen authentische Erwachsene, die ehrlich sind und es deutlich sagen, wenn etwas nicht in Ordnung ist. Aber Einsicht können Kinder nur entwickeln, wenn sie uns und unser Anliegen verstehen. Es ist unsere Verantwortung, uns verständlich zu machen. Dialog, emotionale Nähe und Vertrauen (RÜEDI 2003) sind die dafür erforderlichen Erziehungsmittel.

9. Drohe niemals mit Liebesentzug oder damit, dein Kind wegzugeben. Du kannst sein Verhalten ablehnen, aber lass nie den Verdacht entstehen, du könntest seine Person ablehnen.
Ablehnung der Person heißt: »Jetzt mag ich dich nicht mehr, weil du … tust.« Damit wird keine sichere Gebundenheit verstärkt, sondern Unsicherheit erzeugt. Ein sicher gebundenes Kind weiß, dass es bedingungslos geliebt wird. Liebesentzug stellt aber Bedingungen: »So musst du sein, damit ich dich lieb habe.« Das Kind zu lieben und gleichzeitig sein Verhalten abzulehnen ist Ausdruck von Akzeptanz – die beste Art, unerwünschtes Verhalten positiv zu verändern und Sozialverhalten zu üben.

10. Erwarte keine Dankbarkeit. Dein Kind hat nicht darum gebeten, geboren zu werden – es war deine Entscheidung.

Mein Kind ist von Anfang an ein autonomer Mensch. Ich habe es ins Leben und damit freigesetzt. Es muss seinen eigenen Weg gehen können – nicht den, den ich mir für es ausgedacht habe. Dafür biete ich ihm die bestmöglichen Entwicklungsbedingungen; so wird es eine eigenständige Persönlichkeit ausbilden können und damit fähig sein sowohl zur Rücksicht auf andere als auch zum Verfolgen eigener Ziele.

Schülerdisziplin – eine Funktion der Lehrerdisziplin

*Kinder brauchen
unser gutes Vorbild,
sonst haben sie später
das Nachsehen.*

Eine weiterführende Schule hat mich eingeladen, um mit dem Kollegium zum Thema »Disziplinförderung« zu arbeiten. Wir stehen zum Auftakt im Foyer der Schule. »Die Disziplin der Jugend war zu unserer eigenen Jugendzeit viel besser als heute«, sage ich laut in die Runde und bitte die Kolleg/innen, sich je nach Meinung auf die Ja- oder die Nein-Seite der Halle zu stellen. Die meisten bejahen die Aussage, eine größere Anzahl steht in der Mitte, aber einige haben die Nein-Position eingenommen. Jetzt müssen die eingenommenen Stand-Punkte vertreten werden. »Warum konnten Sie sich nicht für Ja oder Nein entscheiden?«, frage ich in die Mitte. »Ich finde, man kann das gar nicht vergleichen«, meint jemand, »die Zeiten haben sich doch total verändert.« Ein Nein-Vertreter wirft ein: »Eben deswegen stehe ich hier. In meiner Kindheit haben wir genauso gegen die Erwachsenen rebelliert wie die Kids heute, aber die Formen waren anders, weil die Zeit eine andere war.« »Das sehe ich nicht so«, entgegnet jemand von der Mehrheitsfraktion. »Diese enorme Erwartungshaltung nach dem Motto ›Komm, Lehrer, bring mir Bildung, aber lass mich dabei in Ruhe‹, ohne jede Anstrengungsbereitschaft, die gab es früher nicht.« – »Ach ja«, widerspricht eine Kollegin direkt neben ihm, »bei uns gab es auch Faulenzer und notorische Abschreiber. Aber was ich beobachte, sind die fehlende Einsichtsfähigkeit, das fehlende Unrechtsbewusstsein bei ganz vielen Schülern. Und die Mädchen sind heute viel aggressiver und zickiger als wir damals.«

Die Diskussion verläuft meistens sehr lebhaft. Wenn ich sie nach zehn Minuten beende und frage: »Wer möchte denn jetzt nach diesem Austausch von Standpunkten die Seite wechseln?«, bleibt in der Regel jeder an seinem Platz.

Konsens anstreben

Es ist einfach so: Innerhalb eines Kollegiums gibt es nie einen Konsens bezüglich der Disziplinsituation in der Schule.
Wollen Lehrerinnen und Lehrer in ihren Schulklassen oder in der Schule insgesamt »die Disziplin verbessern«, müssen sie erst einmal klären, was sie darunter verstehen. Ziele lassen sich nur erreichen, wenn sie überprüfbar formuliert sind. Dass die Schüler sich anständiger benehmen sollen, ist ein nachvollziehbarer Wunsch, aber kein operationalisiertes Verhaltensziel. Solche Ziele können beispielsweise sein:

- Kaugummikauen ist im Unterricht verboten.
- Elektronische Spiele werden zu Hause gelassen.
- Die Quote der Schüler, die gemachte Hausaufgaben vorzeigen können, soll über 90 Prozent liegen.
- Alle Schüler sollen pünktlich zu Unterrichtsbeginn an ihrem Platz sein.

Je größer ein Kollegium ist, desto schwieriger ist die Konsensbildung selbst hinsichtlich klarer, konkretisierbarer Kriterien. Nicht jeden stört das Kaugummikauen. Wenn elektronische Spiele im Ranzen bleiben, stellen sie doch gar kein Problem dar. 90 Prozent gemachte Hausaufgaben heißt nicht, dass 90 Prozent der Schüler sie selber gelöst hätten. Niemand kann immer pünktlich sein, aber wer unpünktlich kommt, sollte sich dabei störungsfrei verhalten.

Vermutlich haben alle Kollegien solche Diskussionen schon geführt und sich wirklich schwer damit getan, einen Katalog erwünschter oder verbotener Verhaltensweisen samt Konsequenzen aufzustellen. Eingehalten wird er dann immer noch nicht von allen, weil viele keine Energie auf Verhaltensweisen verwenden wollen, hinter denen sie persönlich nicht stehen.

Nicht die Disziplin der Schüler/innen ist hier das Problem, sondern die Disziplin der Lehrer/innen. Wie sollen Schüler Regeln für das Verhalten in der Gemeinschaft akzeptieren können, wenn schon ihre Lehrer nicht klar und eindeutig dahinterstehen?

Aus dieser Erkenntnis heraus erhoffen sich viele Kollegien von einer Fortbildung, dass der Referent ihnen aufgrund seiner fachlichen Autorität sagen möge, welche Regeln unverzichtbar sind und wie man es schafft, dass die Schüler sie einhalten. Ohne den Prozess der Konsensbildung jedoch kann das nicht funktionieren. Zudem bin ich überzeugt, dass das Verständnis von Disziplin als Katalog von Verhaltensweisen samt Sanktionsliste kontraproduktiv ist. Ziel pädagogischen Handeln müssen das Ermöglichen von Selbstdisziplin sowie die Fähigkeit zum Gestalten von Beziehungen sein (vgl. Kap. 1, S. 29 f.). Dafür können Klassen- oder Schulregeln allenfalls ein hilfreiches Werkzeug darstellen, aber nicht mehr.

Hilfreiche Grundeinstellungen für Lehrpersonen

Was man in einer Fortbildung über Disziplinförderung jedoch immer vermitteln kann, sind einige Einsichten sowie etliche praktische Tipps, die das Umgehen mit Unterrichtsstörungen, Respektlosigkeiten und destruktivem Lernverhalten erleichtern können. Hier zunächst einige hilfreiche Grundgedanken ohne Anspruch auf Vollständigkeit:

Es gibt keinen störungsfreien Unterricht

Für mich persönlich war dieser Hinweis als junger Lehrer sehr entlastend, denn die Selbstzweifel an der persönlichen Eignung für den Beruf hängen wesentlich mit dem Erleben von Unruhe und Störverhalten in der Schulklasse zusammen. Irgendwie steht doch immer, wie mir zahlreiche Lehrer/innen bestätigen, der Gedanke im Raum: »Ein guter Lehrer hat keine Disziplinprobleme.« Als ob die Disziplin der Unterrichtszweck wäre! Disziplin ist eben kein Selbstzweck, sondern Mittel zur Entfaltung des eigenen Lernpotenzials und zur Gestaltung von Beziehungen. Insofern sind »Disziplinprobleme« immer auch Chancen, in diesem Entfaltungsprozess etwas über sich und die anderen zu lernen. Es geht also nicht um die Frage, wie ich den Unterricht störungsfrei bekomme, sondern wie ich mit Störungen umgehe.

Störungen haben nicht nur Ursachen, sondern auch Zwecke

Was wir im Unterricht als Störung erleben, ist nur das Symptom, die Spitze des Eisbergs. Die Gründe für das Geschehen vermuten wir jedoch unter der Wasseroberfläche: die Lebensgeschichte eines Schülers, seine familiäre Situation mit vielleicht instabilen Beziehungen oder gar Gewalterfahrungen, die Einflüsse aus der Gleichaltrigengruppe, aus den Medien, aus dem gesellschaftlichen Klima, …

Lehrerinnen und Lehrer sind im Sinne des pädagogischen Ideals von Verständnis häufig versucht, diese Hintergründe zu erforschen. Oft verwenden sie viel Zeit und Energie dafür, führen zahlreiche Gespräche, merken aber meist: Selbst wenn man sich ein vermeintlich klares Bild machen konnte, hilft das nicht für das konkrete Umgehen mit Kind und Situation.

Zielführender ist in vielen Fällen die Frage, welchen Zweck ein Verhalten erfüllt. Wenn beispielsweise der Klassenclown wieder einmal seine Späße macht, dann vor allem deswegen, weil er das Lachen als dringend benötigte Zuwendung empfindet. Zu wissen, dass er als Kind vernachlässigt wurde, hilft nicht weiter. Weiß ich aber um sein Zuwendungsbedürfnis oder seine Sehnsucht nach Erfolgserlebnissen, kann ich sie zu arrangieren versuchen und ihn jedes Mal dann »erwischen«, wenn er sich positiv verhält. Falls dann die Klasse auch noch ernst gemeinten Beifall klatscht, wird er tendenziell vermehrt nach Situationen suchen, in denen er sich positiv hervortun kann.

Bei einem Grundschüler aus der dritten Klasse, der öfters und aus Sicht der Lehrerin unmotiviert während des Unterrichts mit seinem Stuhl um sich warf, lag die Sache anders. Ein neutraler Beobachter merkte nach einiger Zeit, dass das Stuhlwerfen zeitlich mit der Situation der Hausaufgabenkontrolle zusammenhing. Er hatte meistens keine Hausaufgaben gemacht. Dabei erwischt zu werden, erschien ihm bedrohlicher, als für das Stuhlwerfen bestraft zu werden. Hatte er den Stuhl geschmissen, war auch die Hausaufgabenkontrolle »geschmissen«; insofern war seine Verhaltensauffälligkeit erfolgreich.

Als Konsequenz aus diesen Gedanken ist mir besonders wichtig, zu verstehen, dass störendes oder auffälliges Verhalten immer funktional sind. Kinder und Jugendliche (genauso wie Erwachsene) haben von ihren Verrücktheiten einen Gewinn. Den zu erkennen setzt meine Fähigkeit voraus, individuelles Verhalten im Kontext des Systems zu verstehen. Dabei hilft der Perspektivenwechsel, das Betrachten der Situation mit den Augen des anderen.

Unterrichtsstörungen gehen nicht nur von den Schülern, sondern auch von mir aus

Einige Beispiele gefällig?
- Ich bin selber unpünktlich.
- Während der Stillarbeit der Klasse kommentiere ich laut die Fehler eines Schülers.
- Beim Anschreiben einer Stundenzusammenfassung, die die Schüler ins Heft übertragen sollen, weise ich darauf hin, dass Morgen die Unterschrift für den Elternbrief fällig ist.

- Durch das laute Eingehen auf das Flüstern zweier Schülerinnen mache ich diese Situation erst zur Störung für alle.

Es wird Ihnen nicht schwerfallen, die Liste zu verlängern. Schlimm? Nein, aber ein Grund zum Reflektieren und Optimieren des eigenen Lehrerverhaltens.

Das Beanspruchen meiner Autorität untergräbt sie

Als Lehrer habe ich Amtsautorität. Ich bin Herr über Noten, Versetzungen und Abschlüsse. Wenn ich jedoch mit dieser formalen Macht arbeite und den vertikalen Respekt (vgl. S. 40) einfordere, verstecke ich meine persönliche Autorität hinter der des Amtes und werde kaum horizontalen Respekt erfahren. Die Anerkennung meiner Schüler/innen muss ich mir verdienen, sei es durch Humor, Verständnis, interessanten Unterricht oder dadurch, dass ich ein ganz eigener Charakter bin, der nicht darauf angewiesen ist, von allen geliebt zu werden.

Als Lehrer habe ich einen Auftrag: Erfolgreiches Lernen ermöglichen

Das ist meine Verpflichtung, ob als Angestellter oder als Beamter. Das ist mein Hier-stehe-ich-und-kann-nicht-anders. Ich bin dafür zuständig, dass die Kinder arbeiten *können* (ob ich am Ende Erfolg habe, liegt nicht allein bei mir).

Darum kann ich bei Konflikten in der Klasse nicht sagen: »Macht das mal unter euch aus, und wenn ihr fertig seid, arbeiten wir weiter.« Meine Verantwortung ist es, den Arbeitsprozess in Gang zu halten oder bei Störungen dafür zu sorgen, dass er schnellstmöglich wieder in Gang kommt.

Wo es angebracht ist, kann ich zwei Streithähne fragen, ob sie ihr Problem selbstständig aushandeln können. Dann dürfen sie vor die Tür und nach Klärung wieder hereinkommen.

Dieser Punkt schließt neben dem Fachunterricht die sozialerzie-herische Arbeit ein. Das bedeutet zum Beispiel, eine Störung bei gegebenem Anlass zum Thema zu machen, weil ich weiß, dass die Atmosphäre nach wirklicher Klärung wieder rein ist und die Schüler wieder einen freien Kopf haben. Verschobene oder oberflächlich beigelegte Konflikte jedoch machen den folgenden Unterricht zäh. Das bedeutet gegebenenfalls aber auch, je nach Sozialklima und Verhalten in der Klasse, außerunterrichtliche Aktivitäten durchzuführen (Erlebnispädagogik, Schullandheim u.v.m.) oder gar ein Verhaltenstraining zu organisieren. Wenn es Reibungsverluste im Miteinander gibt, ist es an uns, die Reibungsverluste zu minimieren – intensive Elternarbeit inklusive.

Disziplinförderndes Lehrerverhalten

Die folgenden Anregungen ergeben wenig Sinn, wenn sie nur rezepthaft angewendet werden. Wesentlich ist vielmehr ein sinnvolles, »antinomisches« Verständnis von Disziplin (RÜEDI 2008; vgl. S. 29), das auf den drei Säulen der autoritativen Erziehung beruht: Liebe (in der schulisch angemessenen Form von Wertschätzung und horizontalem Respekt), Lenkung (mithilfe von Regeln und ihrer Kontrolle) sowie Autonomie (durch schülerorientierte Unterrichtsmethoden, demokratisches Schulleben und Freiräume für Verantwortungsübernahme).

In »Störungen in der Schulklasse« weist der Autor (NOLTING 2011) auf die Forschungen Jacob Kounins seit Mitte der 60er-Jahre des 20. Jahrhunderts hin. Dieser war der Frage nachgegangen, die alle Lehrerinnen und Lehrer beschäftigt: Welche Reaktionen auf störendes Schülerverhalten vermögen am besten, Disziplin herzustellen? Es muss doch irgendwelche Tricks geben, weswegen manche Lehrperson kaum Disziplinprobleme erlebt, während andere ständig in ihren Klassen zu kämpfen haben. Die Ergebnisse waren überraschend und sind es für viele Schulpraktiker auch heute noch: Die Reaktionen auf Störungen sind sehr unterschiedlich wirksam, von Lehrer zu Lehrer, von Klasse zu Klasse verschieden, sodass sich keine optimalen Strategien der Einwirkung ergaben. Mithilfe von Videoanalysen erkannten die Wissenschaftler dann aber, dass sich der Unterschied im Disziplinniveau aus den vorbeugenden Strategien ergibt. Dafür gibt es erlernbares Handwerkszeug aus dem weiten Bereich der sogenannten Klassenführung (Classroom-Management).

Präsenz im Unterricht

Präsent zu sein kann man üben. In der Klasse zu stehen heißt ja noch nicht, wahrgenommen zu werden und selber alles wahrzunehmen.

- Zunächst einmal ist das *Raumverhalten* als Teil der nonverbalen Kommunikation von Bedeutung. Im Unterricht legen wir für gewöhnlich großes Gewicht auf die Worte, die wir sprechen. Dabei sind der körpersprachliche Ausdruck und daneben auch noch die Stimme viel entscheidender dafür, ob und wie unsere Worte ankommen. Versetzen Sie sich doch bitte einmal in die Rolle eines Fußballtorwarts. Er bekommt in der Regel die wenigsten Ballkontakte, ist aber ständig dabei, hält Kontakt zum Team, bewegt sich, ist permanent konzentriert. Beim Elfmeter macht er sich groß und breit. Sein ganzer Körper signalisiert Reaktionsbereitschaft. So sieht Präsenz aus. Üben Sie ruhig im Unterricht immer wieder, groß und aufrecht zu sein und alles wahrzunehmen.
- Ein anderer Aspekt von Präsenz ist die Gleichzeitigkeit oder *Überlappung*, wie Kounin es nannte: Während ich eine Sache tue, nehme ich gleichzeitig eine zweite wahr und reagiere auf sie. Schreibe ich beispielsweise etwas an die Tafel und bemerke Kevin und Torsten beim Sammelkartentauschen, ermahne ich sie während meines Schreibens.
Sollte ich in dieser Situation übersehen, dass Carina gerade Briefchen weiterreicht, wäre mein Überlappungsverhalten noch steigerungsbedürftig, denn erstens erleben es ermahnte Schüler als ungerecht, wenn andere nicht ermahnt werden, und zweitens lösen kleine Störungen leicht eine Welle weiterer, zunehmender Störungen aus.

- Eigentlich geht es also um die berühmten »*Augen im Hinterkopf*«, mit deren Hilfe man im lehrerzentrierten Unterricht frühzeitig genug die richtigen Schüler/innen entdeckt und ansprechen kann. In Klassen mit größerer Unruhe lohnt es sich, seine Wahrnehmungsfähigkeit diesbezüglich zu trainieren. Hier kann ich nicht gleichzeitig etwas korrigieren, während die Schüler einer Stillarbeit nachgehen, sondern muss meine Blicke praktisch ständig schweifen lassen. Dass sich das dort erübrigt, wo Kinder und Jugendliche eigenaktiv und weitgehend selbstgesteuert in Formen des offenen Unterrichts arbeiten, liegt auf der Hand.

Unterrichtsfluss

Ein guter Unterrichtsfluss fällt im Grunde gar nicht auf, Störungen des Flusses schon eher. Negativbeispiele habe ich oben bei der Beschreibung von Unterrichtsstörungen durch Lehrer (S. 193 f.) bereits erwähnt. Es geht aber auch um *organisatorische Routine*:
- Wenn ich zum Austeilen von Arbeitsblättern komme, sollte ich sie nicht erst aus der Tasche holen müssen.
- Ein eingespieltes System, bei dem bestimmte Schüler je einen Teil der Blätter in ihrem Umfeld verteilen, beschleunigt das Ganze und sorgt für eine zügige Fortsetzung des Arbeitsprozesses.
- Benötige ich während des Unterrichts einen Beamer, sollte die Technik vor dem Beginn der Stunde eingerichtet sein, damit ich nicht für eine ungewollte Pause sorge, in der sofort wieder Unruhe auftritt. Ein Technikdienst der Schüler ist hier hilfreich.

Aktivität der ganzen Klasse

»Wenn alles schläft und einer spricht, den Zustand nennt man Unterricht.« Diesen Schülerspruch kennt wohl jeder. Gegenmittel im lehrerzentrierten Unterricht ist die Gruppen- oder *kollektive*

Mobilisierung. Dabei sollen sich möglichst alle Schüler angesprochen fühlen, indem ich beispielsweise nach einer Frage meine Blicke durch die ganze Klasse schweifen lasse. Auch die Formulierung kann schon dazu führen, dass sich alle aufmerksam verhalten: »Jetzt bin ich mal gespannt, wer von euch weiß, ...« Oder: »Wer in der Klasse kann mir sagen, ...«

Eine andere Form der Gruppenmobilisierung ist die Meldekette, bei der sich die Schüler wechselseitig aufrufen.

Habe ich aber schon vor der Frage jemanden konkret angesprochen oder die Reihenfolge des Drankommens etwa nach Sitzordnung festgelegt, können sich die anderen leichter ausklinken.

Ein weiterer Aspekt der Klassenaktivität ist das *Rechenschaftsprinzip*. Möglichst oft möglichst viele Schüler in die Kontrolle ihres Arbeitens einzubeziehen ist sein Grundgedanke. Das Abfragen einzelner Schüler provoziert die Unruhe derjenigen, die sich währenddessen langweilen. Beim Abfragen alle anzusprechen erhöht dagegen ihre aktive Beteiligung. Zwischenfragen, die nur ein »Ja«, »Nein« oder »Weiß nicht« zulassen, können von der Gesamtheit der Schüler mit hochgerecktem, gesenktem oder waagerechtem Daumen beantwortet werden. Immer wieder nach stillen Arbeitsphasen alle Schüler ihre Hefte hochhalten zu lassen, um wenigstens eine Eindruckskontrolle zu gewährleisten, verdeutlicht die Erwartungshaltung, dass alle arbeiten sollen. Dass individuelle Rückmeldungen zu Schülerarbeiten noch motivierender und förderlicher für den Lernfortschritt sind, ist klar; hier aber geht es nur um die Aktivierung der Gruppe.

Und schließlich spielt der *Anregungsgrad des Unterrichts* eine große Rolle. Sicherlich haben alle Lehrerinnen und Lehrer schon mal Sternstunden erlebt, in denen eine ganze Klasse ausnahmslos interessiert und begeistert mitgearbeitet hat, ja vielleicht sogar am liebsten die Pause versäumt hätte. Nicht immer weiß ich hinterher, wie ich das geschafft habe, aber irgendwie fanden alle die Stunde spannend oder besonders lustig. Ich habe sogar schon Stillarbeitsstunden erlebt, in denen alle Schüler zufrieden waren, konzentriert arbeiten konnten und die Ruhe genossen. Dafür braucht man interessante Aufgaben und differenzierte Anforderungen, sodass jedes Kind seine Erfolgserlebnisse findet.

Die physiologischen Bedürfnisse der Schüler/innen

Ein diszipliniertes, konzentriertes Arbeitsverhalten kann ich nur erwarten, wenn die Schüler/innen sich in ihrer physiologischen Befindlichkeit nicht beeinträchtigt fühlen. Gerade in dieser Hinsicht erlebe ich immer wieder große Gedankenlosigkeit oder auch Naivität in Schulen.

→ Sauerstoff

Obwohl das menschliche Gehirn durchschnittlich nur rund 1.300 (Frauen) bzw. 1.400 Gramm (Männer) wiegt und damit gerade einmal rund zwei Prozent unserer Körpermasse ausmacht, verbraucht es allein etwa 40 Prozent des Sauerstoffs, den wir einatmen. Kein Muskel und kein anderes Organ im Körper sind so anspruchsvoll. Deswegen ist die Qualität der Raumluft enorm wichtig. Gerade dort aber, wo viele Menschen einen Raum miteinander teilen, ist sie rasch verbraucht. Bei intellektueller Arbeit verbraucht das Gehirn mehr Sauerstoff als bei geringerer Beanspruchung; nicht umsonst gibt es das sprachliche Bild von den rauchenden Köpfen. Darum auch riecht es am Ende einer Mathematikstunde meistens schlechter im Klassenzimmer als nach einer Zeichenstunde.

Das Leitkriterium ihrer Qualität stellt der CO_2-Gehalt der Luft dar. Daran orientiert sich die Luftgüteampel, die es zu Preisen zwischen etwa 150,- und 200,- EURO im Elektronikhandel zu kaufen gibt. Sie schaltet auf Gelb bzw. Rot, wenn ein kräftiges Stoßlüften angezeigt ist.

Wo Schulen aufgrund der Machart der Fenster nicht stoßlüften können, sind die Messwerte der Luftgüteampel vielleicht ein gutes Argument für Verhandlungen mit dem Schulträger über bauliche Veränderungen. Das Gesundheitsamt und die Gemeindeunfallversicherung wären mit Sicherheit auf Ihrer Seite!

→ Wasser

Alle Körperzellen benötigen Wasser, um gut zu funktionieren. Während Muskelzellen schmerzen, wenn sie dehydriert sind, haben wir in unseren Nervenzellen kein Schmerzempfinden. Trotzdem funktionieren auch sie schlechter, wenn ihnen Wasser fehlt; schließlich besteht das Gehirn zu 80 Prozent daraus. Darum ist Trinken in der Schule nützlich, vor allem das Trinken von Wasser. Ob Sie Ihre Schüler während der Stunde trinken lassen oder in den kleinen Pausen zwischendurch, obliegt Ihrer Entscheidungshoheit. Es ist auf jeden Fall der Konzentration dienlich und verringert damit Unruhe aufgrund von unnötig starker Müdigkeit.

In manchen Schulen vor allem der Primarstufe haben Eltern einen Mineralwasser-Dienst organisiert. In der Regel ist aber auch das Leitungswasser qualitativ unbedenklich.

→ Blutdruck

Die dritte physiologische Größe in thematischem Zusammenhang mit der Konzentration ist der Blutdruck. Er lässt bei längerem Sitzen nach. Das merke auch ich, wenn ich nach einer Weile sitzender Tätigkeit anfange zu frösteln, obwohl die Raumtemperatur konstant ist. Was die Kreislauffunktion aktiviert und den Blutdruck normalisiert, ist Bewegung. Darum sind sowohl Bewegungspausen auch innerhalb der Unterrichtsstunden sowie Formen bewegten Lernens hilfreiche Mittel. Konkrete Anregungen für diese beiden Punkte gebe ich im nächsten Unterkapitel (S. 206 ff.).

→ Dynamisches Sitzen

»Sie können davon ausgehen, dass mindestens die Hälfte aller Unruhe und Unkonzentriertheit im Klassenzimmer von nicht optimal angepassten Schulmöbeln, einem falschen Sitzverhalten und außerdem zu langem Sitzen herrührt« (TRÄBERT 2008, S. 27). Unser Körper verfügt über sogenannte somatische Intelligenz, was bedeutet, dass er stets am besten »weiß«, wie er seine Funktionstüchtigkeit aufrechterhält. Dazu gehört, nicht zu lange still zu sitzen: 5–10 Min. bei 7- bis 10-Jährigen, 10–15 Minuten bei 10-

bis 12-Jährigen und 15–20 Minuten bei 12- bis 16-Jährigen gelten für Dieter Breithecker, den Leiter der Bundesarbeitsgemeinschaft Haltung und Bewegung e. V., als Richtzeiten (BREITHECKER, S. 13).

Still sitzen fördert nicht die Konzentration, wie wir aus einem veralteten Disziplinverständnis heraus auch heute noch oft glauben. Stattdessen sollten wir auf dynamisches Sitzen achten. Es umfasst dreierlei:

1. die Verhältnisse den ergonomischen Bedürfnissen des Menschen durch ergonomische Möbel sowie ergänzende Steharbeitsplätze anzupassen,
2. das Sitzverhalten im Unterricht zu dynamisieren und Stehen sowie Bewegen in den Unterricht zu integrieren sowie
3. die Arbeitsorganisation konzentrationsfördernd zu gestalten, indem kooperative Lernformen, freies Arbeiten, Stationenlernen etc. gefördert werden.

»Das haben wir früher alles nicht gebraucht und trotzdem erfolgreich gelernt«, antworten mir Lehrer/innen immer wieder auf diese Anregungen. Zum einen wissen wir heute aber aus der Arbeitsmedizin, Gehirnforschung und Lernpsychologie mehr über die Bedingungen erfolgreichen Lernens als früher und sollten dieses Wissen nutzen, um unseren Unterrichtserfolg zu verbessern. Zum anderen haben wir selber als Schüler unsere Lernmöglichkeiten sicher nur selten optimal ausgeschöpft, ganz abgesehen davon, dass die heutigen Lernanforderungen weit höher liegen. Darum gehört es zur Förderung von Unterrichtsdisziplin und Schulerfolg, die drei oben genannten Punkte mit Augenmaß umzusetzen.

Zu 1) Schulen brauchen ein langfristig angelegtes Möblierungskonzept. Ersatzbedarf für alte Tische und Stühle sollte nicht rasch mit billigen, aber ergonomisch schlechten Möbeln gedeckt werden, sondern lieber über mehrere Jahre gestreckt mit der Anschaffung guten Mobiliars. Steharbeitsplätze lassen sich notfalls provisorisch mit Regalbrettern an der Wand improvisieren oder von der Technik-AG der Schule kostengünstig selber bauen.

Wo die Situation besonders problematisch ist, weil in der Schule beispielsweise nur eine einzige Tisch- und Stuhlgröße für alle Jahrgänge zur Verfügung steht, ist schulübergreifende Kooperation erforderlich, um Schulmöbelreserven flexibel auszutauschen. Es stellt eine Art von Körperverletzung dar, Jugendliche über Jahre hinweg zur Nutzung unverändert großer Möbel zu zwingen, die nicht hinnehmbar ist. Schulen finden für diesen Aspekt Bündnispartner u. a. bei ihrer Gemeindeunfallversicherung.

Zu 2) Dynamisches Sitzen bedeutet konkret, die Sitzposition immer wieder zu verändern, denn stilles Sitzen signalisiert dem Gehirn eine Ruhephase, sodass es sich allmählich auf Schlafen einstellt. Also verändern Sie veraltete Interpretationen von Sitzhaltungen als flegelhaft oder störend und nutzen Sie neue Möglichkeiten:

- Beim Lesen oder im Unterrichtsgespräch ist das Sitzen auf dem seitlich gedrehten Stuhl manchmal bequem.
- Kleingruppengespräche sind im Stehen oder im Sitzen auf der Tischkante möglich, wobei es erlaubt ist, die Füße auf dem Stuhl abzustützen.
- Zwischendurch ist das Sitzen mit angehockten Beinen möglich. Sogar das Knien auf dem Stuhl ist für manche Kinder eine Erleichterung – sie knien nie sehr lange.
- Die optimale Zuhörhaltung beim Lehrervortrag ist der Reitersitz auf dem umgedrehten Stuhl: Die Wirbelsäule ist dabei aufrecht, der Bauch für tiefes Atmen frei, die Arme sind aufgestützt.
- Und für besonders konzentrierte Arbeitsphasen, etwa in Klassenarbeiten, ist das gelegentliche Sitzen auf der Stuhlkante nützlich: Für 5–10 Minuten hat man so eine aktivierte, aufrechte Haltung, die dann aber wieder den Wechsel mit Entspannung für die Rückenmuskulatur benötigt.
- Schüler/innen mit veränderter Körperwahrnehmung, sowohl hyper- als auch hypoaktive (= schlaffe), profitieren besonders von einer Sitzhilfe in Form eines Luftpolsterkissens, von Kindern auch gerne »Wackelkissen« genannt. Es zwingt den Körper zum Balancieren und sorgt für maßvolle Bewegungsreize, die störendes Zappeln oder Hinfallen verringern.

Zu 3) Alle schülerzentrierten, aktivierenden und kooperativen Arbeitsformen sind geeignet, Kreislauffunktion und Aufmerksamkeit zu unterstützen. In Fortbildungen merken wir es selbst immer wieder: Während eines Vortrags, mag er noch so interessant sein, werden wir schneller müde als während einer Gruppenarbeit, in der gemeinsam ein Ergebnis erarbeitet werden soll.

Dass ich als Lehrer während einer Unterrichtsstunde weniger Konzentrationsprobleme als meine Schüler habe, liegt zum einen daran, dass ich vielfältiger gefordert bin und ständig aktiv sein muss, zum anderen daran, dass ich kaum einmal sitze.

Ordnungsrahmen

Ein möglichst reibungsloser, störungsfreier Unterricht hängt neben den bereits aufgeführten Punkten auch von einem klaren Ordnungsrahmen ab. Dazu gehören *Regeln* und der konsequente Umgang mit ihnen, wie ich es bereits unter »Kinder brauchen Strukturen« beschrieben habe (S. 123 ff.). Hier möchte ich den *Vorgang des Verankerns* noch konkretisieren.

Wollen Sie in der Klasse zum Beispiel die Regel »Im Klassenzimmer gehe ich langsam« einführen, muss sie natürlich zuerst mit den Schülern besprochen werden, denn sie ist noch nicht absolut eindeutig. »Im Klassenzimmer« bedeutet: »Sobald ich durch den Türrahmen trete«. »Langsam gehen« heißt, sich im Gehschritt zu bewegen und damit das Rennen zu verhindern; es bedeutet aber nicht Schneckentempo.

Jetzt bedarf es eines Reizes, der beim Passieren des Türrahmens die Regel ins Bewusstsein rückt, denn wenn Schüler lebhaft aus der Pause kommen, denken sie kaum an sie. Am wirksamsten wäre ein Regelwächter, der für die ersten zwei der insgesamt acht Wochen beanspruchenden Verankerung unbedingt erforderlich ist. Dieses Amt darf ruhig im Wechsel von den Schüler/innen besetzt werden. Jedes Mal, wenn die Schüler das Klassenzimmer betreten, also vor allem morgens sowie nach den Hofpausen, steht der Regelwächter als Erster am Türrahmen und erinnert jeden einzeln: »Denk dran, im Klassenzimmer langsam gehen!« Die erste Handlung der Lehrperson beim anschließenden Unterrichtsbeginn ist es dann, eine verstärkende Rückmeldung zur von ihr beobachteten Regeleinhaltung zu geben.

Nach zwei Wochen können Sie auf den Regelwächter an der Tür verzichten und ihn durch ein Plakat im Türrahmen ersetzen. Unverzichtbar hingegen ist es, auch weiterhin anschließend der Klasse eine Rückmeldung über die Regeleinhaltung zu geben. Um ein Verhalten zu etablieren, gehören seine Einforderung und die unmittelbar folgende Verstärkung untrennbar zusammen.

Merken Sie, dass das Plakat im Türrahmen nicht die gewünschte Wirkung hat, müssen Sie entweder den Regelwächter für einige weitere Wochen reaktivieren oder einen anderen sinnlich wahrnehmbaren Reiz installieren, der an die Regel erinnert. In diesem Fall können Sie beispielsweise einen Vorhang aus Schnüren an der Innenseite des Klassenzimmers anbringen, den die Schüler beim Betreten durchschreiten. Er bremst sie unmittelbar ab.

Nach vier Wochen können Sie die verstärkende Rückmeldung über die Regeleinhaltung auf etwa dreimal pro Woche reduzieren und dabei die Schüler einbeziehen: »Wie habt ihr das selber erlebt? Wer hat die Regel gut einhalten können? Wer hatte es nicht immer geschafft? Wie können wir demjenigen helfen?«

Während der gesamten etwa acht Wochen dauernden Verankerung sind Konsequenzen bei Missachtung der Regel noch nicht zielführend. Es geht ja um konsequentes Gewöhnen und nicht um die Gewöhnung an Konsequenzen. Letzteres lässt die Schüler nur strafvermeidendes Verhalten lernen, Ersteres jedoch die einsichtsvolle Regeleinhaltung.

Nach sechs Wochen brauchen Sie nur noch zum Wochenende hin die Regeleinhaltung mit der Klasse zu reflektieren, und wenn Sie mögen, feiern Sie in der achten Woche mit den Schülern gemeinsam die Verankerung, etwa mit einem beliebten Spiel oder einer sonstigen altersgemäßen Belohnung.

Das Prinzip einer solch gründlichen Verankerung gilt für alle Regeln. Ein Regelwächter erinnert zu Beginn jedes Mal vor der entsprechenden Situation an die besprochene Regel. Ein Plakat o.Ä. ersetzt ihn nach einer gewissen Zeit. Die regelmäßige verstärkende Rückmeldung der Lehrkraft wird ab der fünften Woche allmählich seltener, und am Ende kann gefeiert werden.

Zwei oder höchsten drei Regeln pro Schuljahr lassen sich auf diese Weise nachhaltig verankern. Das ist allemal besser, als wenn ein Katalog von acht Regeln nicht gut eingehalten wird und Sie ständig mit den Konsequenzen zu kämpfen haben.

Zum Ordnungsrahmen gehört außerdem eine gute Organisation aller Unterrichtsabläufe, was ich oben im Zusammenhang mit dem Unterrichtsfluss bereits angesprochen habe. Klassendienste sind dafür unverzichtbar, doch immer wieder habe ich es erlebt, dass die Tafel zu Stundenbeginn doch nicht sauber war oder der angekündigte Stuhlkreis noch nicht stand. Eine Lösung für dieses Problem beschreibt der Gymnasiallehrer Jonas Lanig in mehreren seiner Veröffentlichungen: den Stundenwächter. Er ist u. a. der Assistent des Lehrers, der diesen von organisatorischen Aufgaben entlastet. Jeder Schüler sollte dieses Amt einmal erlebt haben, deswegen wird es wie andere Dienste auch im Rotationsverfahren vergeben. Der Stundenwächter erhält eine Checkliste mit seinen Aufgaben (nach LANIG 2006, S. 35):

1. Ich muss dafür sorgen, dass die Stühle und Tische so gestellt sind, wie es für den Stundenablauf notwendig ist.
2. Ich habe sicherzustellen, dass die Tafel gewischt und genügend Kreide vorhanden ist.
3. Ich bin dafür verantwortlich, dass die Arbeitsblätter, Atlanten, Laborgegenstände u. Ä. rechtzeitig an die Schüler verteilt werden.
4. Ich muss die Lehrkräfte rechtzeitig daran erinnern, dass die Stunde bald zu Ende ist.
5. Ich muss dafür sorgen, dass meine Klasse den Raum in einem zivilisierten Zustand verlässt.
6. Ich bin nach Unterrichtsschluss dafür verantwortlich, dass die Stühle auf den Tischen stehen und dass alle Fenster geschlossen sind.

Da der Stundenwächter nach Lanig auch inhaltliche Aufgaben zur Unterstützung des Lehrers übernimmt wie Rückmeldungen bzgl. der Unterrichtsstunde oder Fragen zu den Hausaufgaben, habe ich sie hier im Zusammenhang mit dem Ordnungsrahmen aus seinen insgesamt zwölf Punkten ausgeklammert. Selbstverständlich ist der Stundenwächter nicht selber für Tafel, Sitzordnung, Aufstuhlen usw. zuständig, sondern er ist der Koordinator für die verschiedenen Dienste, der sie bei Bedarf rechtzeitig erinnert.

Wenn jeder Schüler immer wieder in der Assistentenrolle erlebt, für einen reibungslosen Unterrichtsablauf mitverantwortlich zu sein, verändert sich allmählich die vielfach vorhandene Konsumentenmentalität.

Bewegung im Unterricht

Individualisierte Minipausen

In »So macht Lernen Spaß« berichtet *Wolfgang Endres* (ENDRES 2008) von einem Experiment, bei dem Schüler einfache Rechenaufgaben an einem Tag 30 Minuten ohne Pause bearbeiteten, an einem anderen Tag nach 15 Minuten eine fünfminütige Pause einlegten, also insgesamt nur 25 Minuten rechneten, und an einem dritten Tag etwa alle fünf Minuten eine Minipause machten, sodass sie auch an diesem Tag in der Summe 25 Minuten mit dem Rechnen verbrachten. Das Ergebnis war eindeutig: An den Tagen mit Pausen wurden insgesamt mehr Aufgaben bewältigt und weniger Fehler gemacht als am ersten Tag ohne Pause. Die beste Leistung ergab sich in der halben Stunde mit Minipausen. Durch diese Strategie blieb der Blutdruck stabil, denn wenn Schüler sich alle paar Minuten etwas bewegen, bleibt die Kreislauffunktion konstant. So schleichen sich auch weniger der unbewussten Pausen ein, die jedem Menschen bei stillem Arbeiten passieren, sofern man die Aufgaben nicht als faszinierend empfindet.

In Grundschulen sind kleine Bewegungspausen in Form von Bewegungsliedern oder spielerischer Gymnastik weit verbreitet, an weiterführenden Schulen hingegen wird zumeist auf sie verzichtet. Sie sind ja auch keine Lösung für das Problem, dass einzelne Schülerinnen und Schüler während einer Still- oder Klassenarbeit alle paar Minuten eine Pause brauchen, andere vielleicht nur zweimal während einer Stunde und wieder andere gar keine, weil ihnen die Aufgaben Spaß machen und damit aktivierend wirken. Dieses Problem erfordert individualisierte und gleichzeitig sozial verträgliche Minipausen. Jeder Schüler muss sie bei Bedarf einlegen und sich für etwa eine Minute bewegen können, ohne andere zu stören. Ein Beispiel dafür ist die Übung »Händefalten« zum Stressabbau von S. 99. Auch die folgenden drei Beispiele (vgl. TRÄBERT 2008, S. 35 ff.) sind für alle Altersstufen geeignet.

· ·

Locker auf dem Hocker

Lehne dich bequem zurück und strecke deine Beine aus.
Lass die Füße einzeln je 10-mal im Fußgelenk kreisen, sowohl rechts als auch links herum.
Strecke die Arme unter dem Tisch nach vorne aus und lege deine Hände auf den Oberschenkeln ab.
Balle sie dort abwechselnd zur Faust und spreize sie wieder, wie ein Blinklicht (10-mal).

Jetzt setz dich aufrecht vorne auf die Stuhlkante, lass die Arme hängen und rolle deine Schultern 10-mal vorwärts und 10-mal rückwärts. Bewege dabei vorsichtig auch den Kopf, damit der Nacken locker wird.

Lass nun die Arme seitlich hängen und atme 3-mal langsam und tief aus.

Denke: »Jetzt kann ich weiterarbeiten.«

· ·

Stuhldrücken

Eine isometrische Kraftübung, besonders geeignet
für zappelige Schüler/innen:

Setz dich aufrecht auf das vordere Drittel der Sitzfläche deines Stuhls.
Greife mit beiden Händen seitlich unter die Sitzfläche und ziehe konstant,
so fest du kannst.
Atme gleichzeitig locker weiter (versuche zu lächeln!), fünf Atemzüge lang.

Lockere kurz und unauffällig deine Arme.
Stütze nun die Handballen seitlich neben dir auf die Sitzfläche auf.
Drücke dich kräftig und gleichmäßig ab, aber behalte die Fußsohlen auf dem
Boden. (Du sollst nicht »schweben«!)
Atme während der Kraftübung weiter, locker (lächeln!) und tief, fünf Atem-
züge lang.

Denke: »Jetzt kann ich weiterarbeiten.«

In der Kraft liegt die Ruhe

Setz dich aufrecht auf das vordere Drittel der Sitzfläche deines Stuhls.

Hebe das rechte Bein an und falte deine Hände vor dem Knie.
Sie versuchen, das Knie an den Körper zu ziehen, aber dein Knie drückt mit
aller Kraft dagegen.
Atme während der drei Atemzüge der Kraftübung weiter, so locker und tief
du kannst.

Lege nun beide Hände übereinander auf das rechte Knie und drücke nach
unten. Versuche gleichzeitig mit aller Kraft für drei Atemzüge, das Knie an-
zuheben. Deine Hände lassen es jedoch nicht zu.
Atme während der Kraftübung weiter, so locker und tief du kannst.

Wiederhole anschließend beide Übungsteile mit dem linken Bein.
(Selbstverständlich darfst du auch mit dem linken Bein beginnen.)

Denke: »Jetzt kann ich weiterarbeiten.«

Kennen Sie das Phänomen, dass einige Schüler/innen im letzten Drittel einer Klassenarbeit mehr Fehler machen als in den ersten zwei Dritteln zusammen? Das liegt an der nachlassenden Konzentration. Eigentlich sollten Sie bei diesen Schülern nur den ersten Teil bewerten, denn das letzte Drittel zeigt keine Fachleistung mehr. Wenn Sie aber Ihren Schülern solche Minipausen beibringen, wird sich die Quote dieser und auch der sogenannten Flüchtigkeitsfehler verringern. Wenn Sie das wollen, müssen Sie Minipausen erst einmal mit allen Schülern gemeinsam einüben, immer nur eine Übung auf einmal. Nach drei bis vier Durchgängen können Sie die nächste Übung einführen. Am Ende kann jeder Schüler selbst entscheiden, welche Übung er oder sie anwenden möchte. Ermuntern Sie zunächst während harmloser Stillarbeiten zu ihrer Anwendung, denn die Schüler/innen brauchen die Erfahrung, dass diese Strategie tatsächlich eher Zeit spart als kostet, wie das Endres-Experiment gezeigt hat. Später animieren Sie auch während Tests und Klassenarbeiten zu Minipausen.

Bewegtes Lernen

Damit die Schüler/innen in Ihrem Unterricht möglichst nie länger als verträglich still sitzen müssen, könnten Sie es sich zur Gewohnheit machen, bei der Unterrichtsvorbereitung die Möglichkeit zur Planung von bewegten Lern- und Arbeitsphasen zu prüfen. Es ist immer wieder verblüffend, zu erleben, wie viel nachhaltiger Lerninhalte abgespeichert werden, wenn Bewegung im Spiel ist. Außerdem ist gleichzeitig eine viel bessere Stimmung spürbar. Hier einige Anregungen (vgl. TRÄBERT 2008, S. 38):

- Orthografie (Deutsch und Fremdsprachen): Schüler können Wörter üben, indem sie sie zunächst mit dem Finger groß auf die Tischplatte, an die Wand oder Zimmerdecke malen. Der »erlaubte Spickzettel« ist das Schreiben mit dem Finger auf den Unterarm (ein komplettes multisensorisches Übungskonzept für das Rechtschreiben bietet TRÄBERT 2004b).
- Fremdsprachliche Texte erlesen: Die Schüler machen sich mit einem neuen Text vertraut, indem sie ihn leise vor sich hin-

sprechend lesen, während sie auf dem Schulhof oder in der Schuleingangshalle spazieren gehen. Die mediale Unterstützung durch gleichzeitiges Hören des Textes mit dem MP3-Player verstärkt den Effekt.

- Literatur: Szenisches Lesen mit verteilten Rollen ist lebendiger und aktiviert mehrere Schüler gleichzeitig. Wenn Notenständer zur Verfügung stehen, können die Schüler dabei stehen und gestikulieren.
- Geografie: Die Schüler nutzen den Raum oder Schulhof als Landkarte und stellen sich entsprechend auf. Das ist auch als Quiz möglich: Songül stellt sich ziemlich im Süden der »Deutschlandkarte Klassenzimmer« auf – welche Großstadt stellt sie dar?
- Argumentieren mit Pro und Contra (Deutsch, Religion/Ethik, sozialwissenschaftliche Fächer): Es gibt eine Pro- und eine Contra-Seite im Raum. Die Schüler verteilen sich je nach Meinung zu einem Thema (z. B. Wahlrecht ab 16 Jahren) auf die beiden Seiten. Je nach Diskussionsverlauf können Standpunkte gewechselt werden oder sich differenzierte, neue Positionen ergeben. Auf jeden Fall gewinnt die Diskussion an Dynamik.
- Grammatik, Satzglieder (Deutsch und Fremdsprachen): Jedes Wort eines Satzes steht auf einem eigenen großen Blatt. Die Blätter werden an Schüler verteilt, die sich vor der Klasse aufstellen. Die Mitschüler sortieren sie nun, bis ein sinnvoller Satz entsteht. Durch Umstellen können sie feststellen, dass es verschiedene Lösungen gibt, wobei einige Wörter immer in der gleichen Reihung aufeinanderfolgen: die Satzglieder.
- Mathematik: Dieses Fach bietet viele Möglichkeiten, vor allem beim Messen und Wiegen. Das Bruchrechnen lässt sich anstelle mit einer Pizza auch mit einem Kreis aus 16 Schülern veranschaulichen, die sich an den Händen fassen und nun Halbe, Viertel und Achtel bilden können.

Das Auslegen von alten Teppichfliesen oder quadratischen Keramikkacheln kann der Veranschaulichung von Einmaleins-Reihen dienen, aber auch den Satz des Pythagoras verständlich machen.

Klassen mit besonderen Verhaltensproblemen

Der Schulleiterin einer Grundschule verdanke ich das folgende Konzept, mit dessen Hilfe sie versucht hatte, die Arbeit mit einer Klasse mit besonders vielen auffälligen Kindern in geordnete Bahnen zu bringen. Ihr Vorgehen hatte einigen Erfolg und ist in weiten Teilen auch auf die Sekundarstufe zu übertragen, was ich in der Darstellung verschiedentlich deutlich mache. Es handelt sich um ein Mehr-Ebenen-Konzept. Braucht man schon im ganz normalen Schulalltag die Kooperation im Team, um die beruflichen Belastungen erträglich zu gestalten, ist man in sogenannten schwierigen Klassen als Einzelkämpfer rettungslos verloren. Dort bedarf es immer eines ganzheitliches Vorgehens, bei dem die Kolleg/innen auf verschiedenen Feldern gleichzeitig aktiv sind sowie gut untereinander und mit der Schulleitung kooperieren.

1. Klare und übersichtliche Strukturen im Klassenzimmer schaffen

a) räumlich: Eine strukturierte Lernumgebung durch Schaffung von Lern- oder Funktionsecken z. B. für Sprache, Mathematik, Sachunterricht, Kunst verbessert die Orientierung der Kinder und schafft Signalreize für bestimmte Unterrichtssituationen: In dieser Ecke wird dieses getan, in jener Ecke jenes.
Dem entsprechen an weiterführenden Schulen die Fachräume. Das Lehrerraumprinzip, bei dem die Unterrichtsräume Lehrern und nicht Klassen zugeordnet werden, ist eine weitere Möglichkeit dieser Orientierungshilfe und verbessert zugleich die Bewegungsbilanz des Schulvormittags.

b) zeitlich:
- Ein verlässlicher Stundenplan mit täglich immer gleichen Unterrichtszeiten schafft für desorientierte Kinder die Gewöhnung an zeitliche Strukturen.
- Der rhythmisierte Tagesablauf mit regelmäßig gleichen Phasen von Unterricht, Bewegung und Pausen berücksichtigt den gleichen Aspekt sowie die physiologischen Bedürfnisse der Kinder.
- Rituale z. B. für die Begrüßung, ritualisierte Bewegungspausen, Stillezeichen usw. schaffen Verhaltenssicherheit.

- Mit Tagesplanschildern erhalten die Schüler/innen einen Überblick, was alles ansteht. Diese Transparenz vermeidet unerwartete Situationen, die Gift für AD(H)S- und aus anderen Gründen unstrukturierte Kinder sind. Im Fachunterricht der Sekundarstufe setzt man entsprechende Schilder für die Phasen des geplanten Unterrichts ein.
- Kurze spezielle Toilettenpausen verringern das Störpotenzial durch Schüler, die sonst während des Unterrichts ein Bedürfnis haben.

c) bezüglich des Lernens:

- Die Einführung des Arbeitsplanes fördert die Selbstständigkeit der Schüler. Er ermöglicht die Individualisierung der Lernprozesse und wird wöchentlich durch die Lehrerin aktualisiert. Grundlage dafür sind zum einen die Wochenhausaufgaben und zum anderen regelmäßige kleine, informelle Tests.
- Die immer gleiche Form der Wochenhausaufgaben gewöhnt die Kinder an regelmäßiges häusliches Arbeiten. Sie erleben Anforderungen, die sie bewältigen können, und haben dadurch Erfolgserlebnisse. Die Eltern bekommen über dieses Vorgehen einen Einblick in die Lernfortschritte ihres Kindes.

2. Pädagogische Ziele

Mit dem Einziehen klarer räumlicher, zeitlicher und lernmethodischer Strukturen

- machen die Lehrerinnen den Kindern die angestrebten Lernziele transparent,
- erhöhen ihre Arbeitsbereitschaft durch differenzierte Lernanforderungen,
- geben den Zeitrahmen (zumindest für bestimmte Arbeiten) frei,
- lassen sie die Kinder nach und nach ein Gespür fürs eigene Lerntempo entwickeln und
- Verantwortung für die eigene Arbeit übernehmen. Voraussetzung dafür ist freilich, die Lernausgangslage zu ermitteln und regelmäßige Lernentwicklungsdiagnostik zu betreiben.

3. Soziale Erziehung

Unterricht und Erziehung sind untrennbar miteinander verbunden, weswegen sozialerzieherische Maßnahmen in den Unterricht integriert werden.

- Der tägliche Morgenkreis dient der mentalen Vorbereitung auf den Unterrichtstag. Gleichzeitig werden hier Gesprächsregeln eingeführt und verankert.
- Im Wochenabschlusskreis vergewissert sich die Klasse, was sie alles während der Woche gelernt hat und reflektiert, wie die Einhaltung der Regeln klappte.
- Bei gravierendem Fehlverhalten werden Schüler gleich in der Situation damit konfrontiert.
- Sie werden angehalten, ihr eigenes Verhalten zu hinterfragen.
- Sie müssen die entsprechende Verhaltensregel formulieren und
- erklären, dass und wie sie sie jetzt einhalten.
- Konflikte und Streitigkeiten werden entweder während des Unterrichts oder danach angesprochen, je nachdem, wie störend sie sich auf die aktuelle Unterrichtssituation auswirken. Die Lehrer versuchen primär, zu schlichten und die Schüler/innen zum Perspektivenwechsel zu veranlassen. So kommen die Kinder oft selber auf Verhaltensalternativen.
- Auf die Arbeitsruhe wird konsequent geachtet.
- Ein altersangemessenes Belohnungssystem mit Verstärkungen sowohl für die ganze Klasse als auch für einzelne Schüler/innen fördert Arbeitsdisziplin und individuelles Verhalten, soweit es sich mit solchen Maßnahmen fördern lässt.

4. *Planung eines besonderen Projekts*
Ein musisches Gemeinschaftsprojekt wie beispielsweise eine Theateraufführung bietet die Chance, Klassenklima und Teamgeist zu stärken und die Bereitschaft zu entwickeln, Egoismen zurückzustellen.

Theater-, Tanz- oder Musicalprojekte sind ein übereinstimmendes Merkmal der meisten Schulen, die bei Schulpreisen erfolgreich abschneiden. Wie viel Disziplin gerade Jugendliche dabei aufbringen, zeigt eindrucksvoll der Film »Rhythm Is It«.

5. *Den Sinn besonderer Sanktionen transparent machen*
Für besonders verhaltensauffällige Schüler/innen sind unter Um-

ständen besondere Maßnahmen erforderlich. Sie dürfen jedoch nicht als Willkür erlebt, sondern müssen Kindern wie Eltern begründet und transparent gemacht werden. So können sie als vorhersehbare Konsequenz zum Einsatz kommen.

- Der *Einzeltisch* ist notwendig, wenn Schüler nicht in der Lage sind, ihre Nebensitzer in Ruhe arbeiten zu lassen. Er kann auch als Normallösung vereinbart werden, denn manche reizoffenen Kinder sind mit einem Sitznachbarn oder gar dem Gruppentisch (zunächst) überfordert.
- Das *Pausenverbot* erfordert die Bereitschaft im Kollegium, dass sich jemand für die Aufsicht im Klassenzimmer bereit erklärt. An manchen Schulen habe ich auch die Notlösung beobachtet, dass betroffene Schüler an einem Tisch im Flur vor dem Lehrerzimmer sitzen mussten, wo die Aufsicht durch kommende und gehende Lehrer gewährleistet ist. Es ist eine isolierende Maßnahme, um Kinder im Konflikt voneinander fernzuhalten und zum Nachdenken zu bewegen. Dafür bekommen sie die Aufgabe, ihre Sicht der Dinge aufzuschreiben.
- Wenn Schüler sich während der Unterrichtsstunde nicht zu konstruktivem Verhalten bewegen lassen, werden sie zum zeitweiligen *Unterrichtsbesuch in eine Nachbarklasse* geschickt, was mit den dortigen Kolleg/innen grundsätzlich abgesprochen ist.
- In manchen Fällen ist die *Teilnahme der Eltern* des auffälligen Kindes *am Unterricht* hilfreich. Es dauert nicht lange, bis die Kinder sich an die Gäste gewöhnt haben, die dann sehr überrascht davon sind, wie sich ihr Kind verhält. Manchmal vermag diese Maßnahme ihre Kooperationsbereitschaft zu fördern.
- Der *Ausschluss von besonderen Unterrichtsangeboten* als angekündigte Konsequenz bei gravierenden Verhaltensproblemen ist nicht nur ein Druckmittel, sondern dient auch dem Schutz der anderen in der Klasse.
- Die *Reduzierung der täglichen Unterrichtszeit für einzelne Kinder* konnte die Schulleiterin für einen begrenzten Zeitraum in eigener Regie festlegen. Für längere Phasen (mehrere Monate) bedurfte es der Absprache mit der Schulaufsicht.

6. Intensive Elternberatung

- Manche Kinder verhalten sich auffällig, weil sie die elterliche Kontrolle nicht ertragen und kein Selbstvertrauen in ihr Lernverhalten entwickeln. Das tritt bei Eltern auf, die intensiv für den schulischen Erfolg sorgen, sodass die Kinder keine eigenen Lernerfahrungen machen, wohl aber spüren, dass sie nie gut genug sind. Dann muss Schule versuchen, die Eltern zu bewegen, sich aus dem häuslichen Lernen weitgehend herauszuhalten.

- Eltern benötigen Beratung auch dahingehend, die unterschiedlichen Lernstände der Kinder zu akzeptieren. Es fällt etlichen schwer, zu verstehen, dass ihr Kind nicht gleich gut wie andere dem Unterricht zu folgen vermag.

- Besonders heikel und gleichermaßen notwendig ist Elternberatung dahingehend, die Angebote außerschulischer Beratungs- und Therapieeinrichtungen wahrzunehmen (Familien- und Erziehungsberatung, Schulpsychologischer Dienst, Sozialpädiatrisches Zentrum, Kinderpsychiater und -psychotherapeuten, Logopäden, Lerntherapeuten u. a. m.). Aber um die zehn Prozent aller Grundschulkinder zeigen behandlungsbedürftige emotionale und Verhaltenssymptome, weitere zehn Prozent Teilleistungsstörungen. Die oben erwähnte Jugendgesundheitsstudie KIGGS (S. 75 f.) bestätigt hohen Behandlungsbedarf fürs Jugendalter. Wo Eltern die Beratung durch Lehrer/innen nicht annehmen, ist die Kooperation der Schule mit sozialen Diensten und dem Jugendamt geboten.

Mag dieses Konzept auch an einigen Stellen rigide wirken, so sind seine Grundlage dennoch Dialog, emotionale Nähe und Vertrauen. Viele Probleme, die Schüler/innen in die Schule mitbringen, sind nicht pädagogisch zu lösen. Darum fühlen sich Lehrer/innen nicht nur häufig überfordert – sie sind es. Das geschilderte Konzept geht an die Grenzen dessen, was in der deutschen Schule leistbar ist. In vielen anderen Ländern sind soziale und psychologische Hilfesysteme integriert – einer der Gründe für besseres Abschneiden bei PISA.

Die Beschäftigung mit den sechs Ebenen macht außerdem

deutlich, dass nicht alles, was den Unterricht stört, Disziplinprobleme sind. Was pädagogisch nicht zu bewältigen ist, erfordert den Einsatz anderer Professionen. Umgekehrt sollte man sich jedoch vor der Schlussfolgerung hüten, was ich nicht beeinflussen kann, ist krank. Viel mehr, als wir glauben, ist pädagogisch beeinflussbar, aber setzt unsere volle Kompetenz, unser volles Engagement und pädagogisch-konzeptionelle Teamarbeit auf der Basis eines optimistischen humanistischen Menschenbildes voraus.

TEIL III

MEHR MENSCHLICHKEIT IN SCHULE UND GESELLSCHAFT

Die Hausse der Tigermütter
ist die Baisse der Menschlichkeit
in der Erziehung.

9

Werte der Kinder und Konsequenzen für Schule

Wer im Internet zum Stichwort »Werte« recherchiert, bekommt es mit rund fünfzig Millionen Verweisen zu tun. Sehr viele davon beziehen sich logischerweise auf Strahlungs- und andere Messwerte oder Börsennotierungen, aber erstaunlich viele, wie ich angesichts unserer materialistischen Orientierung finde, beschäftigen sich mit ethisch-moralischen Fragen. »Wertekommission – Initiative Werte Bewusste Führung e. V.« beispielsweise ist eine Initiative junger Unternehmer, die ihr Ethos darstellen. In der Auflistung ihrer Motive heißt es unter Punkt 3.: »Wir sind noch nicht abgestumpft genug, um nicht frustriert zu sein von täglich neuen Beispielen, wie im Management Werte wie Fairness, Ehrlichkeit und Verantwortung missachtet werden – hier schlägt die Quartalsorientierung zu oft die Nachhaltigkeit« (WERTEKOMMISSION 2012). Mit Nachhaltigkeit ist in diesem Zusammenhang nicht allein der langfristige Profit gemeint, sondern auch die Balance von ökonomischen, ökologischen und sozialen Bedingungen sowie Entwicklungschancen für die nachwachsenden Generationen. Diese Initiative ist eines der gar nicht seltenen Beispiele für Wertebewusstsein auch in der Wirtschaft.

FAZ-Herausgeber Frank Schirrmacher stellte am 15.08.2011 in einem Artikel die Frage, ob die linke Gesellschaftskritik, die im Zeichen des wachsenden Wohlstands während der letzten Jahrzehnte scheinbar obsolet geworden war, angesichts unserer Wirtschafts- und Bankenkrise nicht doch recht habe mit Sätzen wie: »Das politische System dient nur den Reichen.« Selbst ein ausgewiesener Wertkonservativer wic der frühere baden-württembergische Ministerpräsident Ernst Teufel sagt: »Ich glaube, die Menschen müssen spüren, dass Wirtschaft kein Selbstzweck ist, sondern von Menschen für Menschen gemacht wird« (FAZ, 2.8.2011). Er richtete sich mit diesem Satz kritisch an die eigene Partei, die CDU.

Solange in unserer Gesellschaft Ängste herrschen – wegen der Wirtschafts- und Bankenkrise, wegen Globalisierung, Arbeitslosigkeit und internationaler Konkurrenz auf dem Arbeitsmarkt –, werden sie sich in Form von Leistungs- und Erwartungsdruck auf die Kinder und Jugendlichen zeigen. Die »Tigermütter« wie Amy Chua wollen ihren Kindern das Siegen beibringen, wollen, dass sie besser sind als alle anderen, damit sie auch die besseren Chancen im Konkurrenzkampf um gute Positionen und eine sichere Existenz haben. Doch das nimmt den Kindern das »Recht auf den heutigen Tag«, wie es Janusz Korczak einst nannte. Vor lauter Zukunftsorientierung dürfen sie nicht mehr im Hier und Jetzt einfach Kinder oder Jugendliche sein. Nicht nur, dass die Produktorientierung der an den Marktbedürfnissen ausgerichteten Welt schon für Kinder Maßstab sein soll, was entwicklungspsychologisch für die prozessorientierten Kinder gar nicht passt – die Zukunftsorientierung lässt das Erziehen selbst produktorientiert werden! Kinder werden als Produkte elterlicher Erziehung gesehen. Wenn sie nicht so sind, wie Eltern sich das vorstellen, suchen diese nach Rat, wie sie das besser hinbekommen. Diese Haltung breitet sich in unserer Gesellschaft aus. Sie macht auch vor den Schulen nicht halt, deren Lehrerinnen und Lehrer immer öfter danach fragen, wie sie ihre Schüler dazu kriegen, das zu wollen, was sie sollen. Eigensinn, Individualität, persönliche Identität, Ich-Stärke – als hehre Erziehungsziele werden sie genannt, aber im gleichfalls produktorientierten Schulalltag stören sie doch nur. Die Konjunktur der Tigermütter-Mentalität in Familien und Schulen beraubt die Beziehung zwischen Erwachsenen und Kindern ihrer Menschlichkeit.

Gesichtspunkte für eine humane, leistungsfähige Schule

Mag eine »Tigermutter« sich auch für klar in ihren Zielvorstellungen halten, so wirkt sie auf ihre Kinder dennoch nicht klar. Ihr Lob, ihre Anerkennung, ihre Zuwendung sind nämlich nicht bedingungslos, wie Kinder es brauchen, um eine gute Gebundenheit zu entwickeln. Die Werte der Tigermutter orientieren sich an einem unmenschlichen Ideal, wonach Kinder ihre Wünsche und sogar ihre Bedürfnisse verleugnen sollen, wenn sie mit der elterlichen Zielvorstellung nicht im Einklang stehen. Das wird als Disziplin verstanden.

Manche Lehrerin, mancher Lehrer sieht es ähnlich: »Wer sich den Anforderungen nicht anpassen kann, gehört hier nicht her.« – »Wir müssen Mathe machen, wir haben keine Zeit für eine Diskussion über Syrien.« – »Ob du Probleme mit deinen Eltern hast, spielt keine Rolle, du musst die Klassenarbeit jetzt mitschreiben.«

Wird Disziplin in diesem Sinne verstanden, fühlen Schüler sich nicht nur nicht angenommen, sondern erleben Schule als eine feindliche Umgebung. Gegen Feinde muss man sich wehren, mit Freunden ist man solidarisch.

Empathie, Akzeptanz und Echtheit, Dialog, emotionale Nähe und Vertrauen – das sind die Ingredienzien einer guten pädagogischen Beziehung. Erleben Schüler ihre Lehrer in dieser Weise, empfinden sie sie als klare Erwachsene mit Standpunkten, die eine Auseinandersetzung und damit Entwicklung hin zu Werten wie Respekt und Selbstdisziplin erlauben.

Wissen wir eigentlich, welche Wertvorstellungen Kinder und Jugendliche haben? Das könnte uns zu präziserer Orientierung und größerer Klarheit im Umgang mit ihnen verhelfen. Der GEOlino-Kinderwertemonitor 2010 (GEOLINO 2010) spiegelt die Ansichten von 1.500 repräsentativ ausgewählten Kindern zwischen 6 und 14 Jahren wider. So wurden sie u.a. gefragt: »Es gibt ja Dinge oder Werte im Leben, die einem sehr wichtig sind. Was ist dir denn ganz wichtig im Leben?« »Total wichtig« finden sie Freundschaft (75 %), Familie (75 %), Geborgenheit (58 %), Vertrauen (57 %), Ehrlichkeit (52 %), Zuverlässigkeit/Treue (51 %) und Bildung (50 %). Auf mittleren Plätzen rangieren neben anderen Gerechtigkeit, Hilfsbereitschaft, Leistungsbereitschaft, Respekt und Pflichtbewusstsein. In der Liste mit insgesamt 22 Begriffen stehen Geld/Besitz, Durchsetzungsfähigkeit, Ordnung und Glaube auf den letzten vier Rängen.

Die Kinder meinen nach dieser Untersuchung, dass es in erster Linie ihre Eltern sind, die ihnen diese Werte vermitteln können (97 %), gefolgt von Lehrer/innen (77 %) und Großeltern sowie anderen Verwandten (76 %). Sie finden im Übrigen die Berufstätigkeit ihrer Eltern positiv, beklagen allerdings, dass diese deswegen zu wenig Zeit für sie hätten. Auch die berufstätigen Mütter wünschen sich andere Formen der Arbeitszeitorganisation, obwohl sie insgesamt meinen, Beruf und Familie gut miteinander vereinbaren zu können. Die Studie stellt fest, dass Väter selbst an Wochenenden weniger Zeit mit den Kindern verbringen als Mütter, weshalb Großeltern und andere Verwandte eine wichtige Rolle spielen.

Hier zeigen sich nicht nur Wertorientierungen, sondern auch fundamentale Bedürfnisse. Wenn Politik und Wirtschaft es ernst damit meinen, dass wir mehr Kinder in den Familien und mehr Familie in der Gesellschaft brauchen, dann müssen sie sich einem Paradigmenwechsel stellen. Sie sind es, die die Rahmenbedingungen für eine menschlichere Gesellschaft gestalten. Sie sind als gesellschaftliche Elite nicht nur in einer besonderen Vorbildrolle, was Disziplin und Respekt angeht, sondern auch verantwortlich dafür, dass aus schönen Worten konkrete Verhältnisse werden. Im thematischen Zusammenhang mit diesem Buch stelle ich deswegen hier und abschließend Gesichtspunkte vor, die ich für die Realisierung einer ebenso humanen wie leistungsfähigen Schule für wesentlich halte. Sie beziehen sich auf den Forderungskatalog, den der Bundesverband Aktion Humane Schule e. V. in seinen Informationsmaterialien vertritt (AHS 2012).

Eine Schule der Geborgenheit

Geborgenheit ist für Kinder nach dem GEOlino-Kinderwertemonitor 2010 der drittwichtigste Wert. Sie verstehen diesen Begriff als emotionale und körperliche Nähe zu ihren Eltern, aber auch als Zuverlässigkeit und Sicherheit. »Geborgenheit heißt Sicherheit. Ich fühle mich geborgen, wenn ich nach Hause komme. Mein Zuhause ist meine Insel, wo mit mir nichts passieren kann«, wird eine Dreizehnjährige zitiert (GEOLINO 2010).

Auch Schule muss diesem berechtigten Anspruch von Kindern und Jugendlichen gerecht werden. Sie wird es dann, wenn sie der Ort ist, an dem alle Schüler/innen Anerkennung und Achtung erfahren und damit erleben, dass sie hier willkommen und geschätzt sind. Respektvoller Umgang auf allen Beziehungsebenen gehört ebenso dazu wie professionelle Interventionen, wenn Respekt und Menschenwürde verletzt werden oder gar Mobbing und Gewalt auftreten. Schule ist der Lebensraum, in dem Kinder und Jugendliche nach dem Elternhaus die meiste Zeit verbringen. Will sie jedoch lediglich ein Lernraum sein, kann sie dem Anspruch auf Geborgenheit nicht Rechnung tragen.

Beziehung als Grundlage für Bildung und Erziehung

Geborgenheit zu schaffen erfordert nicht nur geeignete Räume mit warmer Atmosphäre, sondern auch feste Bezugspersonen. Schule hat einen Bildungs- und einen Erziehungsauftrag, die untrennbar miteinander verbunden sind. Pädagogische Einflussnahme auf der Basis des autoritativen Erziehungsstils ist ohne persönliche Beziehungen zwischen Lehrer/innen und Schüler/innen nicht machbar. Dialog, emotionale Nähe und Vertrauen (RÜEDI 2003) erfordern Kontinuität und zeitliche Präsenz.

Von einem Gymnasiallehrer hörte ich einmal den Satz: »Ich unterrichte Mathematik, nicht Kinder.« Das ist unmissverständlicher Ausdruck einer Beziehungsverweigerung. Allerdings reicht es nicht, dass sich die Lehrer als Personen verstehen und auf ihre

Schüler/innen einlassen. Auch die Lehrauftragsverteilung muss Beziehung ermöglichen, indem sie Klassenlehrern mindestens eine Stunde täglich in ihrer Klasse zuweist. Die Stundentafel muss Zeit für Beziehung zur Verfügung stellen, beispielsweise durch Verfügungsstunden.

Zeit ist das Schlüsselwort für die Forderung nach Beziehung. »Zeit ist Geld« heißt es immer; jede Lehrerstunde, jede Planstelle kosten. Aber die ursprüngliche Bedeutung von »Schule« ist »schöpferische Muße« im Unterschied zur Sklavenarbeit. Hektik und Hetze im Schulalltag machen Lehrer wie Schüler krank. Entschleunigung und Zeit für Beziehung würden die Qualität des Bildungs- und Erziehungsprozesses in der Schule erheblich verbessern.

Ganztagsschule

Nichts vermag auf institutioneller Seite leichter mehr Muße in die Schule zu bringen und zugleich dem Ziel von Disziplin, Respekt und guten Noten besser zu entsprechen als die gebundene Ganztagsschule. Sie erfordert ein spezifisches pädagogisches Konzept mit einem rhythmisierten Tagesablauf, der den Wechsel von Anspannung und Entspannung, die Verbindung von Geist, Körper und Seele ermöglicht.

Die Praxis der weitverbreiteten offenen Ganztagsschulen wirkt hingegen eher abschreckend. Dieses Konzept bietet nur einem Teil der Kinder und Jugendlichen eine Betreuung an, die einfach zum Schulvormittag (oft genug plus mehrmals Nachmittagsunterricht pro Woche) addiert wird. Damit ist eine echte Rhythmisierung nicht möglich. Selbst die Qualität der Betreuung ist häufig nicht so gut wie in einem separaten Hort.

Der gebundene Ganztag hingegen bezieht alle Schüler/innen ein, wie es für die meisten europäischen Staaten sowie die USA selbstverständlich ist. Er allein bietet die Chance, bereits im Vormittag mehr sportliche und musische Angebote unterzubringen. Er ermöglicht das Integrieren von Übungsphasen in den Unterricht und entlastet damit alle Familien von der Hausaufgabensituation.

Gebundene Ganztagsschulen sind außerdem eine der Antworten auf die Herausforderung, den Zusammenhang zwischen Schülerleistung und sozialem Status der Herkunftsfamilie zu verringern.

Und schließlich rechnen sich die Ganztagsschulen: Mit acht Prozent verzinsen sich Deutschlands Investitionen in die Qualität von Bildung langfristig, haben Bildungsökonomen errechnet.

Eine Schule für alle

Laut der schon mehrfach erwähnten Studie spielt Gerechtigkeit im Werteverständnis von Kindern eine große Rolle. Ihre Bedeutung ist gegenüber 2008 sogar um drei Prozentpunkte gestiegen (46 % »total wichtig«, 48 % »wichtig«). Damit meinen Kinder zunächst, dass Erwachsene sich gerecht verhalten und etwa beim Teilen von Kuchen niemanden benachteiligen. Aber eine Dreizehnjährige sieht das Thema auch schon differenzierter: »Gerechtigkeit finde ich wichtig, da ich der Meinung bin, dass auch Ausländer in Deutschland gerecht behandelt werden sollten, weil man später vielleicht auch einmal in ein anderes Land ziehen möchte« (GEOLINO 2010). Da wird schon die Sichtweise von Respekt als Rücksichtnahme auf die unterschiedlichen Bedürfnisse unterschiedlicher Menschen deutlich.

Doch wie gerecht ist Schule? Verteilt sie den Bildungskuchen fair? Berücksichtigt sie die unterschiedlichen Bildungsbedürfnisse aller Kinder? »Die Chancen von Schülern, soziale Nachteile zu überwinden und ihr Leistungspotenzial auszuschöpfen, unterscheiden sich von Bundesland zu Bundesland deutlich. Das zeigt der Chancenspiegel, mit dem die Bertelsmann Stiftung und das Institut für Schulentwicklungsforschung (IFS) an der Technischen Universität Dortmund die Schulsysteme aller Bundesländer auf Chancengerechtigkeit untersucht haben. Ergebnis: Kein Land ist überall Spitze, kein Land überall Schlusslicht – aber die Unterschiede zwischen den Ländern sind erheblich«, so heißt es in einer Pressemitteilung der Bertelsmann Stiftung vom 11.03.2012. Der Chancenspiegel zeigt deutlich, dass unser Bildungssystem insgesamt noch weit von seinem Mindestanspruch entfernt ist, soziale Herkunftsunterschiede der Kinder nicht noch zu verstärken.

Schon die 1979 in Konstanz begonnene Langzeitstudie »LifE« über Lebensverläufe von der späten Kindheit bis ins frühe Erwachsenenalter (FEND u. a. 2009), die 2012 immer noch fortgeführt wird, belegte die Chancen zur Reduzierung sozialer Selektivität durch Gesamtschulen. Auch in der Folge der PISA-Studien wird immer wieder diskutiert, ob nicht eine Schule für alle nach der Grundschulzeit oder gar eine Langzeitform der Gesamtschule von Klasse 1 bis 12 bzw. 1 bis 13 sozial gerechter wäre. Sie würde auf jeden Fall die respektlose und sozial diskriminierende Selektion der Schüler/innen nach dem vierten Schuljahr verhindern.

Inklusive Schule

Innerhalb eines selektiven Schulsystems ist Inklusion unmöglich. 2006 beschlossen die Vereinten Nationen das »Übereinkommen über die Rechte von Menschen mit Behinderungen« (UN-Behindertenrechtskonvention = BRK). Die Bundesrepublik Deutschland hat diese Konvention ratifiziert, womit sie seit März 2009 geltendes Recht bei uns ist. Die Länder stehen damit in der Pflicht, umgehend für den Zugang aller Kinder zu allen Bildungseinrichtungen zu sorgen.

Die Idee der inklusiven Schule bezieht sich auf die Menschen- und Bürgerrechte. Danach ist die Unterscheidung in »normal« und »förderbedürftig« überflüssig, denn es herrscht grundsätzlich eine Vielfalt sowohl an Ressourcen als auch an Bedürfnissen in jeder Lerngruppe. Inklusion billigt allen Kindern und Jugendlichen gleichberechtigte Teilhabe und Mitgestaltungsmöglichkeiten bei gleichzeitiger Berücksichtigung ihrer individuellen Bedürfnisse zu, für die es manchmal der Bereitstellung spezieller Mittel und Methoden bedarf. Sie ist also weit mehr als nur ein moderner Begriff für Integration von Menschen mit Behinderungen, berücksichtigt vielmehr, dass alle Kinder ohnehin verschieden, aber gleichberechtigt sind. Damit ist ein Paradigmenwechsel gefordert: Nicht die Schüler sind den Anforderungen anzupassen und auf verschiedene Schularten zu sortieren, sondern die Schule hat sich in der Gestaltung ihrer Lehr-Lern-Prozesse an den Kindern und Jugendlichen und ihren individuellen Lernbedürfnissen zu orientieren.

Das ist die konsequente Fortsetzung des Fördergrundsatzes der Individualisierung und dient nicht nur der besseren Qualität schulischer Bildung. Es ist gleichzeitig ein Beitrag zu mehr Demokratie innerhalb der Gesellschaft, weil sich ihre gesamte Breite in einer Schulklasse spiegeln kann. Schließlich wissen wir, dass 85 Prozent der deutschen Topmanager aus jenen oberen sozialen Schichten stammen, die nur 3,5 Prozent der Bevölkerung ausmachen. Hat nicht diese Bildungsinzucht die Wirtschafts- und Bankenkrise noch befördert?

Angstfreies Lernen

»Angst macht dumm«, weiß der Volksmund. Trotzdem findet man in Internet-Suchmaschinen etwa zehnmal so viele Links zu »Schulerfolg« wie zum Suchwort »Schulangst«. Es gibt auch erstaunlich wenige Veröffentlichungen zu dieser Thematik; von den aktuell rund 1,2 Millionen lieferbaren Titeln des deutschen Buchhandels befassen sich nur etwa 20 damit. Dabei sind schulische Ängste weit verbreitet. Es werden in der Literatur Formen genannt wie

- Schullaufbahnangst (vor schlechten Zensuren, Sitzenbleiben und Schulversagen),
- Lern- und Leistungsangst,
- Stigmatisierungsangst (vor Bloßstellen, Lächerlichmachen oder Prestigeverlust),
- Strafangst,
- Personen- oder soziale Angst (vor dem Rektor, vor Lehrkräften oder Mitschülern),
- Konfliktangst oder
- Institutionsangst (vor den hierarchischen Herrschaftsstrukturen, der Größe, Komplexität, Unüberschaubarkeit der Schule).

Die Angst vor schlechten Noten und dem Sitzenbleiben führt diese Rangreihe an, häufig kombiniert mit der Sorge wegen damit verbundener Strafen. Leistungs- und Erwartungsdruck lasten schwer auf Kindern und Jugendlichen und blockieren in konkreten Leistungssituationen oft genug das Denken. Der Stress sorgt für das berühmte »Brett vor dem Kopf«.

Ängste in der Schule sind ein heimliches Strukturmerkmal unseres Systems und in anderen Ländern sowie bei uns in Integrierten Gesamtschulen deutlich geringer ausgeprägt. Die Gründe dafür liegen auf der Hand: Nirgendwo in den Ländern der OECD (außer in Österreich und einigen Schweizer Kantonen) werden so früh Ziffernnoten verteilt wie bei uns, und in einer integrierten Sekundarstufe gibt es keinen Selektionsdruck.

Ein Schulsystem, das Ängste schürt, ist nicht nur inhuman. Es übt strukturelle Gewalt aus, die ein diszipliniertes Miteinander erschwert und Disziplinprobleme produziert. Und ganz nebenbei stört es auch noch erfolgreiches Lernen.

Ermutigende Formen der Lernentwicklungsrückmeldung

Ziffernnoten sind pädagogisch nicht zu begründen (vgl. Kap. 3, S. 54 ff.). Sie korrumpieren leistungsstarke Schüler/innen, indem sie ihre natürliche Motivation aus Interesse an den Lerngegenständen in eine sekundäre Motivation um des Erfolgs willen verwandeln. Auf leistungsschwächere Schüler wirken sie entmutigend. Aber schon die Verwendung der Begriffe »leistungsstark« bzw. »-schwach« leitet sich aus der vergleichenden Benotungspraxis ab und wird der Individualität von Leistung nicht gerecht.

Was Schüler/innen brauchen, um sich positiv in ihren individuellen Lernbiografien zu entwickeln, sind ermutigende Formen der Rückmeldung über den jeweiligen Lernprozess. Sie benötigen eine Einschätzung, wo sie im Vergleich mit dem Bildungsziel stehen, was sie schon erreicht haben, was ihre nächsten Lernschritte sein sollten und was ihnen dabei helfen kann. Solch differenzierte Rückmeldungen lassen sich nur im Gespräch oder in schriftlichen Kommentaren vermitteln. Werden sie jedoch mit Noten kombiniert, zerstören die Ziffern den Gehalt der Kommentare.

Ein erweitertes Leistungsverständnis

Noten wirken außerdem auf den Unterricht in der Form zurück, dass vornehmlich das unterrichtet wird, was sich auch in Tests, Klassenarbeiten, Abfragen und praktischen Ergebnissen benoten lässt. Würden wir Noten durch ermutigende Kommentare ersetzen, könnten wir den Unterricht freier und inhaltlich wie methodisch vielseitiger gestalten.

Vor allem nähmen wir nicht nur die Ergebnisse von Lernprodukten in den Blick, sondern bereits den Prozess: Schon das Suchen, Recherchieren, Forschen, Denken, Bilden und Überprüfen von Hypothesen könnten wir als Leistung sehen und anerkennen. Damit verstärken wir die Lernanstrengungen aller Schüler/innen, anstatt erst am Ende des Prozesses den Daumen zu heben oder zu senken und damit die einen zu er- und die anderen zu entmutigen.

Ein derart erweitertes Leistungsverständnis geht von den einzelnen Kindern aus und nicht vom Bildungsplan. Es respektiert ihre Individualität, ihre Einzigartigkeit, und ermöglicht die beste Entfaltung ihrer Potenziale.

Eigene Unterrichtskonzepte

Dieses Leistungsverständnis verschafft Schulen auch einen größeren Freiraum für ein eigenes Unterrichtskonzept mit im bisherigen System eher exotischen Lern- und Arbeitsformen. Warum gibt es an Schulen so wenig Projektunterricht, so wenig kooperatives Lernen? Weil die Zeit fehlt, die man benötigt, um Lehrpläne zu erfüllen, deren Erfüllung ständig mit Tests und Klassenarbeiten kontrolliert werden muss. Wie viel Zeit könnten wir gewinnen, wenn wir statt der Kontrolle des Lernens das Lernen selber fokussierten! Wie viel mehr Energie könnten Schüler aufs Lernen konzentrieren, wenn sie nicht alle zur gleichen Zeit den gleichen Stoff mit der gleichen Methode lernen müssten, sondern gemäß ihren individuellen Bedürfnissen und Ressourcen voranschreiten könnten! Wie viel Motivation könnten wir freisetzen, wenn wir mehr spannende Projekte und offene Unterrichtssituationen anbieten dürften!

Öffnung der Schule

Damit bieten sich auch neue, bisher in der Regel kaum genutzte Möglichkeiten für Schulen an, sich ihrem Umfeld im Dorf oder Stadtteil zu öffnen. So können Kinder und Jugendliche ihre Schule als Teil des örtlichen Lebens erfahren und nicht als ein Reservat, das sie täglich aufsuchen, um sich auf das Leben vorzubereiten. Schule ist Leben – in welchem Kontrast steht das zu einem Satz, den einer meiner Siebtklässler an der Hauptschule in einem Aufsatz formulierte: »Schule ist schön, aber das Leben ist schöner.«

Unterricht vor Ort in Geschäften, Werkstätten, Fabriken und auf Bauernhöfen könnte von der seltenen Ausnahme zur Regel werden. Berufstätige Menschen bringen ihre Kompetenzen in die Schule ein. Damit steigt die Identifikation mit der Schule in der Gemeinde, was ihrer Ausgestaltung zugutekommt.

Gleichzeitig wird die Schule zu einem der Kristallisationspunkte des gesellschaftlichen Lebens am Ort. Schule kann zum Mittler zwischen Eltern und Institutionen werden, wenn beratende oder therapeutische Hilfen fürs Kind nötig sind. Das versucht sie auch heute schon oft genug, doch die Vernetzung von Jugendhilfe und Schule ist noch sehr unterentwickelt – von lokalen Ausnahmen einmal abgesehen. Die oft geäußerte Forderung nach »Elternschulung« könnte in selbstverständlicher und offener Weise als Angebot etabliert werden.

Schule kann sich auch zum Kristallisationspunkt kulturellen Lebens entwickeln, indem zum einen Schüler/innen als Chor, Theatergruppe oder als Vorleser/innen in Seniorenheime, Kindertagesstätten oder an Aufführungsstätten im Ort gehen, zum anderen öffentliche kulturelle Veranstaltungen in der Schule stattfinden, wodurch mehr Bürger in Kontakt mit ihren Bildungsinstitutionen kommen.

Die Verantwortung der Gemeinde für die Schule wie auch der Schule für ihre Gemeinde wird selbstverständlicher und damit für unsere Kinder und Jugendlichen erlebbar.

Schule als Lern- und Lebensraum für Schüler, Lehrer und Eltern

Die oben beschriebene Öffnung der Schule zu ihrem Umfeld hin setzt natürlich voraus, dass sie für alle drei an ihr beteiligten Gruppen ein Lern- und Lebensraum ist, ein Feld der Begegnung und Kooperation. Wollen wir die Tendenz verändern, dass Eltern ihre Kinder zu Bildungs- und Erziehungszwecken in der Schule abgeben, anstatt die Erziehungspartnerschaft ernst zu nehmen, dann müssen wir sie in die Arbeit einbinden und die gemeinsame Verantwortung aktiv wahrnehmen. Allerdings gilt es zu berücksichtigen, dass sich die Zeitfenster, die bei den jeweiligen Personengruppen dafür zur Verfügung stehen, nur begrenzt überlappen. Lehrerinnen und Lehrer jedenfalls brauchen seitens der Institution größere zeitliche Ressourcen, um ihrerseits den Ansprüchen an diese Partnerschaft genügen zu können. Andere Arbeitszeitmodelle sind dringend erforderlich. In der Schule tätig zu sein ist längst viel, viel mehr als lediglich Unterrichtsstunden abzuhalten – die »Bildungsrepublik Deutschland« ist angesichts der Untätigkeit (nicht nur) auf diesen Gebieten eine Farce.

Für Schüler ist die Möglichkeit, ihre familiären wie schulischen Bezugspersonen im formellen wie informellen Kontakt zu erleben, eine Bereicherung für ihre soziale Orientierung und Identitätsentwicklung. Das vermag ihr Gefühl von Sicherheit, Geborgenheit und Zugehörigkeit zu stärken.

Verantwortung für die Gemeinschaft

Schule ist in dreifacher Hinsicht Ort einer Verantwortungsgemeinschaft. Zum einen kann sie die Institution sein, in der Lehrer, Schüler und Eltern ihre jeweilige Verantwortung akzeptieren, tragen und in die gemeinschaftliche Gestaltung von Schule einbringen. Zum Zweiten kann sie die Einrichtung sein, in der Schüler Verantwortung für die Gemeinschaft um sie herum lernen und gemeinsam mit den Erwachsenen leben. Und zum dritten kann sie die Einrichtung sein, die von der gemeinschaftlichen Verantwortung für die Gestaltung unserer Gesellschaft in Politik, Wirtschaft und Kultur getragen wird. Da alle Kinder und Jugendlichen das Bildungssystem durchlaufen, hängt die Zukunft unseres Gemeinwesens von seiner Qualität ab, für die alle gesellschaftlichen Kräfte gemeinschaftlich verantwortlich sind.

Wer als Jugendlicher Verantwortung dadurch erlernt, dass er sie übernehmen darf, wer Wertschätzung dadurch erfährt, dass er Sinnvolles in der und für die Gemeinschaft tut, wer seine Identität im Ausbalancieren von Eigensinn und Gemeinschaftssinn entwickeln kann, der findet seinen Weg zu Disziplin, Respekt und guten Noten. Die Verantwortung für eine solche Entwicklung tragen wir, tragen klare Erwachsene.

Literatur

Abendblatt (2011): »Pubertät ändert alles«: Dumm gelaufen mit den IQ-Tests, in: *Abendblatt*, 20.02.2011; Quelle: www.abendblatt.de/vermischtes/article2065346/Pubertaet-aendert-alles-Dumm-gelaufen-mit-den-IQ-Tests.html, Abruf: 03.02.2012

AHS (2012): Faltblatt. Quelle: gedruckt über Aktion Humane Schule, Bundesgeschäftsstelle, Rathausplatz 8, 53859 Niederkassel, Tel.: 0 22 08/90 96 89; als Download über http://www.aktion-humane-schule.de/AHS-Faltblatt-2012-01-27.pdf

Arnold, Rolf (2007): *Aberglaube Disziplin. Antworten der Pädagogik auf das »Lob der Disziplin«*, Heidelberg (Carl Auer)

Bauer, Joachim (2007): *Lob der Schule. Sieben Perspektiven für Schüler, Lehrer und Eltern*, Hamburg (Hoffmann und Campe)

Bergmann, Wolfgang (2007): *Disziplin ohne Angst. Wie wir den Respekt unserer Kinder gewinnen und ihr Vertrauen nicht verlieren*, Weinheim (Beltz)

Bergmann, Wolfgang (2008a): Gehorsam macht dumm, in: *Frankfurter Rundschau*, 7.7.2008

Bergmann, Wolfgang (2008b): Der schaut mich an, das macht mir Mut! Wie gute Lehrer sich verhalten und warum sie ungehorsam sein müssen, in: *ebh elternbrief*, Zeitschrift des elternbund hessen e. V., Nr. 96, IV. Quartal, Dez. 2008

Bettelheim, Bruno (2007): *Liebe allein genügt nicht. Die Erziehung emotional gestörter Kinder*, 2. Aufl., Stuttgart (Klett-Cotta)

BILD (2008): »Warum unsere Kinder Tyrannen werden« von Dr. Michael Winterhoff, in: *BILD* v. 23.05.2008, Quelle: www.bild.de/ratgeber/gesund-fit/schlimm/die-haeufigsten-fehler-in-der-erziehung-4388544.bild.html; Abruf: 18.01.2012

Bowlby, John (2006): *Bindung und Verlust*, Bd. I–III, München (Verlag Ernst Reinhardt)

Breithecker, Dieter (o. J.): *»Lasst den Philipp doch mal zappeln!«* Broschüre der Bundesarbeitsgemeinschaft Haltung und Bewegung e. V., Wiesbaden

Brügelmann, Hans, u. a. 2006 (= Arbeitsgruppe Primarstufe an der Universität Siegen): Sind Noten nützlich – und nötig? Ziffernzensuren und alternative Formen der Leistungsbeurteilung im empirischen Vergleich. Zusammenfassung der Kurzfassung, in: *Grundschule aktuell*. Zeitschrift des Grundschulverbandes, H. 95/ Sept. 2006, S. 22 ff.

Bueb, Bernhard (2006): *Lob der Disziplin. Eine Streitschrift*, Berlin (Paul List)

Chua, Amy (2011): *Die Mutter des Erfolgs. Wie ich meinen Kindern das Siegen beibrachte*, Zürich (Nagel & Kimche)

DerWesten (2012): Gewalt bei Erziehung von Kindern noch weit verbreitet, Quelle: http://www.derwesten.de/panorama/gewalt-bei-erziehung-von-kindern-noch-weit-verbreitet-id6451377.html, Abruf: 11.04.2012)

DIE ZEIT (2007): Von der Kunst des Erziehens, Interview mit Daniel Cohn-Bendit und Bernhard Bueb vom 1. März 2007: www.zeit.de/2007/10/Von_der_Kunst_des_Erziehens, Abruf: 18.01.2012

dpa (2010): Meldung vom 19.08.2010, veröffentlicht auf http://www.n24.de/news/newsitem_6275269.html; Abruf: 12.01.2012

Endres, Wolfgang (2008). *So macht Lernen Spaß. Praktische Lerntipps für Schülerinnen und Schüler, Sek. I*, 21., Aufl., Weinheim (Beltz)

Fend, Helmut, u. a. (2009): *Lebensverläufe, Lebensbewältigung und Lebensglück: Ergebnisse der LifE-Studie*, Wiesbaden (VS Verlag)

Fischer, Arthur/Münchmeier, Richard (Hrsg.; 1997): *Jugend '97. 12. Shell-Jugendstudie. Zukunftsperspektiven, gesellschaftliches Engagement, politische Orientierungen*, Opladen (Leske + Budrich)

Frick, Jürg (2011): *Die Kraft der Ermutigung. Grundlagen und Beispiele zur Hilfe und Selbsthilfe*, 2., überarb. u. erg. Aufl., Bern (Hans Huber)

Gardner, John William (o. J.): zit. n.: www.respectresearchgroup.org, Rubrik »Community«, Unterbegriff »Zitate'', Abruf: 28.01.2012

GEOlino (2010): GEOlino-Kinderwertemonitor 2010. Ergebnis-Kurzfassung: http://www.unicef.de/fileadmin/content_media/presse/Kurzfassung_Ergebnisse_GEOlino-Kinderwerte-Monitor.pdf (Abruf: 23.04.2012)

Gordon, Thomas (2011): *Lehrer-Schüler-Konferenz. Wie man Konflikte in der Schule löst*, München (Heyne)

Griese, Hartmut M./Mansel, Jürgen (2003): Sozialwissenschaftliche Jugendforschung. Jugend, Jugendforschung und Jugenddiskurse: Ein Problemaufriss, in: Orth, Barbara/Schwietring, Thomas/Weiß, Johannes (Hrsg.): *Soziologische Forschung. Stand und Perspektiven*, Opladen (Leske + Budrich)

Hackenberg, Achim, u. a. (Hrsg.),

(2012): *Auf Augenhöhe? Rezeption von Castingshows und Coachingsendungen*, Konstanz (UVK)

Hergesell, Sabine (2011): Zum Heulen! In: *Humane Schule*, 37. Jg., Heft Okt. 2011 (Themenschwerpunkt: »Motivation in einer bedrohten Welt«), S. 17

Hohr, Hansjörg/Retter, Hein (2008): *Gesellschaft, Religion und Ästhetik in der Erziehungsphilosophie John Deweys*, Bad Heilbrunn (Klinkhardt)

Hopf, Werner (2002): Sozialwirksame Schule: ein neues Konzept pädagogischer Schulentwicklung (Teil II). Evaluation des Konzepts sozialwirksame Schule, in: *Schul-Verwaltung Bayern*, Nr. 1/2002, S. 24–31

Hopf, Werner (2007): »An einem Strang ziehen«, in: *Humane Schule*, 32. Jg., Heft Okt. 2007 (Themenschwerpunkt: »Schule und Disziplin«), S. 19 f.

Hurrelmann, Klaus/Timm, Adolf (2011): *Kinder Bildung Zukunft. Drei Wege aus der Krise*, Stuttgart (Klett)

IGS Ernst Bloch (2012): Was macht das Schulparlament eigentlich?, in: *Humane Schule*, 38. Jg., Heft Mai 2012 (Themenschwerpunkt: »Demokratie in der Schule«), S. 25 f.

Ingenkamp, Karl-Heinz (1977): *Die Fragwürdigkeit der Zensurengebung*, 7. Aufl., Weinheim (Beltz)

Juul, Jesper (2011): *Elterncoaching. Gelassen erziehen*, Weinheim (Beltz)

JWG-Uni (2000): *Musik macht Kinder intelligenter und sozial kompetent*. Pressemitteilung der Johann Wolfgang Goethe-Universität Frankfurt/M. v. 06.04.2000; Quelle: www.uni-protokolle.de/nachrichten/id/57860/; Abruf: 03.02.2012

Kaltwasser, Vera (2008): Achtsamkeit in der Schule. Stille-Inseln im Unterricht: Entspannung und Konzentration. Mit einem Vorwort von Klaus Hurrelmann, Weinheim/Basel (Beltz)

Keller, Gustav (1999): *Lehrer helfen lernen. Lernförderung – Lernhilfe – Lernberatung*, 5., überarb. u. erw. Aufl., Donauwörth (Auer)

Keller, Gustav (2003): *Ich will nicht lernen! Motivationsförderung in Elternhaus und Schule*, 2., korr. Aufl., Bern (Hans Huber)

Kläsener, Cornelia/Korte, Martin (2004): *Gute Noten. Wie Eltern den Schulerfolg ihrer Kinder fördern können*, 2. Aufl., Berlin (Argon)

Klein, Jochen/Träbert, Detlef (2009): *Wenn es mit dem Lernen nicht klappt. Schluss mit Schulproblemen und Familienstress*, Weinheim (Beltz)

Knapp, Rudolf (2007): Merkmale einer guten Erziehungshaltung von Lehrerinnen und Lehrern, in: *Humane Schule*, 32. Jg., Heft Okt. 2007 (Themenschwerpunkt »Schule und Disziplin«), S. 17–18

Köhle, Anne-Bärbel/Rieß, Stefan (2007): *Das Dalai-Lama-Prinzip für Eltern. Erziehen mit Liebe und Respekt*, München (Mosaik bei Goldmann)

Krowatschek, Dieter/Krowatschek, Gita/Wingert, Gordon (2010): *Marburger Konzentrationstraining für Jugendliche (MKT-J)*, 2. Aufl., Dortmund (Borgmann Media)

Krowatschek, Dieter/Krowatschek, Gita/Reid, Caroline (2011): *Marburger Konzentrationstraining (MKT) für Schulkinder*, 8. Aufl., Dortmund (Borgmann Media)

Lanig, Jonas (2006): *Lehrer verändern Schule – Jetzt. Was du selber kannst besorgen, das verschiebe nicht auf oben*, Mülheim (Verlag an der Ruhr)

Leitner, Sebastian (2011): *So lernt man lernen. Der Weg zum Erfolg*, 18. Aufl., Freiburg (Herder)

Lindgren, Astrid (1978): Dankesrede anlässlich der Verleihung des Friedenspreises des deutschen Buchhandels 1978, zitiert nach: http://efraimstochter.de/astridlindgren/friedenspreis_des_deutschen_buchhandels.shtml, Abruf: 11.04.2012

Martin, William (2000): *Das Tao te king für Eltern*, Braunschweig (Aurum)

Menrad, Gerhard (2012): Schulversammlung – Zentraler Baustein der Werteerziehung, in: *Humane Schule*, 38. Jg., Heft Mai 2012 (Themenschwerpunkt: »Demokratie in der Schule«), S. 32

Miller, Reinhold (2011a): *Beziehungsdidaktik*, 5., neu ausgest. u. akt. Aufl., Weinheim (Beltz)

Miller, Reinhold (2011b): »Da drin ist es mir zu laut!« Schulgeschichten, hrsg. von Bundesverband

Aktion Humane Schule e. V., Niederkassel (Eigenverlag; www.aktion-humane-schule.de)

Nolting, Hans-Peter (2011): *Störungen in der Schulklasse. Ein Leitfaden zur Vorbeugung und Konfliktlösung*, 9. Aufl., Weinheim (Beltz)

Olweus, Dan (2006): *Gewalt in der Schule. Was Lehrer und Eltern wissen sollten – und tun können*, 4. Aufl., Bern (Hans Huber)

Preuss-Lausitz, Ulf (1999): Wie schaffen wir Schulen der Zivilgesellschaft – für die Kinder des nächsten Jahrtausends? In: *Humane Schule*, 25. Jg., Heft Mai 1999 (Themenschwerpunkt: »Schule als lernendes System«), S. 1–7

Pringle, Mia Kellmer (1979): Was Kinder brauchen, Stuttgart (Klett-Cotta)

puschi 2004: Posting vom 05.10.2004 auf www.4teachers.de/?action=showtopic&topic_id=3166&page=0; Abruf: 21.01.2012

Quaquebeke, Niels van (2009): »Achtung gebührt jedem, Anerkennung muss man sich verdienen« – Interview in: *Personalführung* 1/2009, S. 30–33, zit. n. www.respectresearchgroup.org, Rubrik »Literatur«; Abruf: 25.01.2012

Rauschtrinken (2012): Stichwort auf http://de.wikipedia.org/wiki/Rauschtrinken; Abruf: 20.02.2012

Roth, Ina/Reichle, Barbara (2008): *Prosoziales Verhalten lernen. »Ich bleibe cool!« – ein Trainings-*

programm für die Grundschule, Weinheim (Beltz)

Ruedi, Jürg (2003): Es funktioniert auch anders. Interview S & E mit Jürg Rüedi, in: *Schule und Elternhaus*, H. 2/2003, S. 6–7

Rüedi, Jürg (2008): *Disziplin in der Schule. Plädoyer für ein antinomisches Verständnis von Disziplin und Klassenführung*, 3., akt. Aufl., Bern (Haupt)

Rüedi, Jürg (2011): *Wie viel und welche Disziplin braucht die Schule? Möglichkeiten, Wege und Versuchungen. Plädoyer für ein antinomisches Verständnis von Disziplin und Unterrichtsstörungen*, Bern (Hans Huber)

Rüedi, Jürg (2012): zitiert von seiner Website www.disziplin.ch, Abruf: 17.01.2012

Rutschky, Katharina (Hrsg.; 1977): Schwarze Pädagogik. Quellen zur Naturgeschichte der bürgerlichen Erziehung, Berlin (Ullstein)

Rutter, Michael u. a. (1980): *Fünfzehntausend Stunden. Schulen und ihre Wirkung auf die Kinder*, Weinheim (Beltz)

Schmidt-Falck, Günther (2009): Ungehorsam im Schuldienst. Eine Rezension des gleichnamigen Buches von Barbara Wenders und Reinhard Stähling, in: www.magazin-auswege.de, Abruf: 28.01.2012

Schröter, Gottfried (1981): *Zensuren? Zensuren!* Baltmannsweiler (Burgbücherei Schneider)

Shell-Jugendstudie (2010): *Jugend 2010. 16. Shell-Jugendstudie*. Die Tabelle stellt die Übertragung einer Infografik dar, Quelle: http://www-static.shell.com/static/deu/downloads/aboutshell/our_commitment/shell_youth_study/2010/youth_study_2010_graph_values.pdf; Abruf: 29.01.2012

Singer, Kurt (o. J.): Kinder und Jugendliche brauchen ein aufrichtendes Wort: Ermutigung stärkt den Lernwillen. Quelle: Punkt 4 in www.prof-kurt-singer.de/leitgedanken1.htm, Abruf: 22.02.2012

Singer, Kurt (1995): *Einmischen statt wegschauen – Jugendliche wagen Zivilcourage*, München (Broschüre der Aktion Humane Schule Bayern)

Singer, Kurt (1998): *Die Würde des Schülers ist antastbar. Vom Alltag in unseren Schulen – und wie wir ihn verändern können*, Reinbek (rororo)

Spitzer, Manfred (2006): *Vorsicht Bildschirm! Elektronische Medien, Gehirnentwicklung, Gesundheit und Gesellschaft*, München (dtv)

Stähling, Reinhard/Wenders, Barbara (2011): *Ungehorsam im Schuldienst. Der praktische Weg zu einer Schule für alle*, 2. Aufl., Baltmannsweiler (Schneider Verlag Hohengehren)

Starke Eltern (2012): Beobachtung von Glückskindern. Quelle: www.starke-eltern.de, Rubrik »Eltern«, Stichwort »Erziehungstipps« (Abruf: 29.01.2012). Internetpräsenz der AOK Hessen in Kooperation mit der Hessischen

Landesstelle für Suchtgefahren und den Hessischen Fachstellen für Suchtprävention

Träbert, Detlef (2004a): *Starke Eltern – erfolgreiche Schüler*, 2. Aufl., Reinbek (Rowohlt Taschenbuch Verlag)

Träbert, Detlef (2004b): *Richtig schreiben lernen*, Reinbek (Rowohlt Taschenbuch Verlag; vergriffen – Restexemplare beim Autor erhältlich)

Träbert, Detlef (2007): *Konzentrationsförderung in der Grundschule. Grundlagen – Evaluation – praktische Übungen*, Lichtenau (AOL-Verlag)

Träbert, Detlef (2008): *Konzentrationsförderung in der Sekundarstufe I. Grundlagen – Evaluation – praktische Übungen*, 2. Aufl., Buxtehude (AOL)

Träbert, Detlef (2010a): *Null Bock auf Lernen? So fördern Eltern die schulische Leistung ihrer Kinder*, Weinheim (Beltz)

Träbert, Detlef (2010b): *So lernt mein Kind ganz konzentriert. Das Schritt-für-Schritt-Erfolgsprogramm*, 4. Aufl., Buxtehude (AOL)

Träbert, Detlef (2011a): Mit einem Interventionsprogramm gegen Gewalt an unserer Schule, in: Ders.: *»Packen wir's an!« – Gegen Mobbing und Gewalt in der Schule*, Broschüre, Eigenverlag (www.traebert-materialien.de), S. 18 f f.

Träbert, Detlef (2011b): *Kleine Schuhse – große Wirkung. 99 Tipps für den Erziehungsalltag*, Dreieich (MEDU)

TU Chemnitz (2002): *Gute Schüler fürchten den Strebervorwurf ihrer Mitschüler*. Pressemitteilung der TU Chemnitz v. 3. Januar 2002. Quelle: www.tu-chemnitz.de/tu/presse/2002/01.03-11.21.html; Abruf: 27.02.2012

TU Chemnitz (2006): Streber – oder wenn Leistung bestraft wird. Pressemitteilung der TU Chemnitz v. 29. November 2006. Quelle: www.tu-chemnitz.de/tu/presse/2006/11.29-10.16.html; Abruf: 27.02.2012)

Wallrabenstein, Wulf (1999): *Gute Schule – schlechte Schule. Ein Schwarz-Weiß-Buch*, Reinbek (Rowohlt)

Werner-von-Siemens-Realschule Erlangen: www.wvs-erlangen.de, Rubrik »Schulprofil«, Unterbegriff »Schulcharta«; Abruf: 23.01.2012

Werning, Rolf (2002): Disziplin. Pädagogische Beziehungen gestalten, in: *Disziplin*. Friedrich Jahresheft XX/2002, Seelze (Friedrich)

Wertekommission (2012): Warum wir Werte fördern und fordern. Unsere Motive, auf: http://www.wertekommission.de/was-uns-antreibt/motive/ (Abruf: 23. April 2012)

Winterhoff, Michael (2008): *Warum unsere Kinder Tyrannen werden. Oder: Die Abschaffung der Kindheit*, Gütersloh (Gütersloher Verlagshaus)

Winterhoff, Michael (2009): *Tyrannen müssen nicht sein. Warum Erziehung allein nicht reicht – Auswege*, Gütersloh (Gütersloher Verlagshaus)